D1689736

Extreme Abenteuer

Norman Bücher

Extreme Abenteuer

ÜBER GRENZEN LAUFEN

Bildrechte Bilder Cover: © Christian Frumolt; Bildrechte Seite 6: © Christian Frumolt; Bildrechte Seite 7: © Nicolae Cioloca; Bildrechte Bilder Kapitel „Bis zum Horizont und weiter", „Im Schatten der Achttausender", „Abenteuer Atacama", „Der weiße Berg": © Christian Frumolt; Bildrechte Bilder Kapitel „Durch die grüne Hölle": © Shirley Thompson; Bildrechte Bilder Kapitel „Ab in die Wüste": © Hermien Webb

Alle Rechte, insbesondere das Recht der Vervielfältigung und Verbreitung sowie der Übersetzung, vorbehalten. Kein Teil des Werks darf in irgendeiner Form (durch Fotokopie, Mikrofilm oder ein anderes Verfahren) ohne schriftliche Genehmigung des Verlags reproduziert werden oder unter Verwendung elektronischer Systeme gespeichert, verarbeitet, vervielfältigt oder verbreitet werden.
Die Autoren und der Verlag haben dieses Werk mit höchster Sorgfalt erstellt. Dennoch ist eine Haftung des Verlags oder der Autoren ausgeschlossen. Die im Buch wiedergegebenen Aussagen spiegeln die Meinung der Autoren wider und müssen nicht zwingend mit den Ansichten des Verlags übereinstimmen.
Der Verlag und seine Autoren sind für Reaktionen, Hinweise oder Meinungen dankbar. Bitte wenden Sie sich diesbezüglich an verlag@goldegg-verlag.com.

Der Goldegg Verlag achtet bei seinen Büchern und Magazinen auf nachhaltiges Produzieren. Goldegg Bücher sind umweltfreundlich produziert und orientieren sich in Materialien, Herstellungsorten, Arbeitsbedingungen und Produktionsformen an den Bedürfnissen von Gesellschaft und Umwelt.

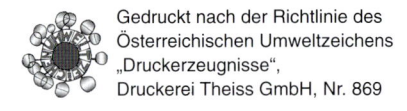

Gedruckt nach der Richtlinie des Österreichischen Umweltzeichens „Druckerzeugnisse", Druckerei Theiss GmbH, Nr. 869

FSC MIX Papier aus verantwortungsvollen Quellen FSC® C012536

ISBN Print: 978-3-902903-07-5

© 2013 Goldegg Verlag GmbH
Friedrichstraße 191 • D-10117 Berlin
Telefon: +49 800 505 43 76-0

Goldegg Verlag GmbH, Österreich
Mommsengasse 4/2 • A-1040 Wien
Telefon: +43 1 505 43 76-0
E-Mail: office@goldegg-verlag.com
www.goldegg-verlag.com

Layout, Satz und Herstellung: Goldegg Verlag GmbH, Wien
Druck und Bindung: Theiss GmbH

Inhaltsverzeichnis

Vorwort	6
Norman Bücher	8
Christian Frumolt	11
Bis zum Horizont und weiter	12
Im Schatten der Achttausender	46
Durch die grüne Hölle	81
Abenteuer Atacama	99
Der weiße Berg	138
Ab in die Wüste	161
Danksagung	189

Vorwort

Immer wieder werde ich gefragt, warum ich mir die Strapazen meiner Extremläufe überhaupt antue? Was motiviert mich, hunderte von Kilometern durch eine Wüste zu laufen? Eine einfache Antwort darauf gibt es nicht. Sicherlich ist es kein Hang zum Masochismus, der mich antreibt. Auch nicht auf das Sammeln von Rekorden und Medaillen kommt es mir an. Mein Ziel ist es auch nicht, eine bestimmte Zeit auf Minuten und Sekunden zu laufen oder mich mit anderen im Wettbewerb zu messen. Was ist es dann, das mich antreibt? Eher schon Neugier. Neugier auf die Erforschung der eigenen Grenzen. Der körperlichen wie der mentalen. Die eigenen Grenzen immer wieder zu erfahren, diese zu verschieben und neu zu definieren – das bedeutet für mich allerhöchste Lebensqualität. Dabei geht es mir vor allem um die Intensität meiner Erfahrungen. Erfahrungen, über einen toten Punkt hinwegzulaufen, eine ausweglos erscheinende Situation zu meistern, über sich hinaus zu wachsen, stellen für mich besondere, intensive Lebensmomente dar, die ich bewusst suche und die mich antreiben.

Aber auch die Neugier auf Fremdes und die Begegnung mit anderen Menschen motiviert mich. Menschen, deren tägliche Essensration gerade für sie selbst ausreicht und die mich als Fremden zum Essen einladen. Menschen, die mit einer freundschaftlichen Unbefangenheit auf mich zukommen. Menschen, die aus ganzem Herzen mehr geben als nehmen. Diese Offenheit, Neugier und Warmherzigkeit, mit der mir Menschen auf meinen Reisen begegnen, erfüllen mich mit großer Freude und stellen einen weiteren positiven Antreiber für meine Abenteuer dar. Dazu kommen die Faszination der atemberaubenden Landschaften und das Eintauchen in die Natur, die ich im Rahmen meiner Abenteuer immer wieder erleben darf. Die Stille und

Einsamkeit der Wüste. Die Abgeschiedenheit und Unberechenbarkeit der Berge. Die Lebendigkeit und Intensität des Dschungels.

Diese Faszination, die ich bei meinen Abenteuern erfahre, möchte ich gerne mit Dir in diesem Buch teilen. Du kannst auf diese Weise bei sechs meiner spektakulärsten Laufabenteuer hautnah dabei sein. Du begleitest mich durch das Gebirge des Himalaya, in die Atacamawüste und in den brasilianischen Dschungel. Du läufst mit mir um den Mont Blanc, in der Kalahari Wüste und bist mir eine willkommene Begleitung bei der Durchquerung des australischen Outbacks. Du wirst so wie ich die schmalen Pfade, übersät mit Geröll und spitzen Steinen, unter Deinen Füßen spüren. Der feine Sand und die warmen Sonnenstrahlen werden auf Deiner Haut tanzen. Beim Anblick des bekanntesten Felsens dieser Welt wirst Du wie ich von unglaublicher Emotion ergriffen. Auf den folgenden Seiten warten grandiose Bilder, unglaubliche Abenteuer, euphorische und auch schwere Momente. Ich teile sie alle mit Freude mit Dir.

Mit abenteuerlichen Grüßen
NORMAN BÜCHER

Norman Bücher

Extremläufer und Vortragsredner

Motivationsexperte und Vortragsredner Norman Bücher ist Extremläufer aus Leidenschaft. Mit 22 Jahren lief er seinen ersten Marathon, ein Jahr später zum ersten Mal die 100 Kilometer von Biel. Als 29-jähriger beendete er erfolgreich den härtesten und anspruchsvollsten Extremberglauf in Europa, den Ultra-Trail du Mont-Blanc (166 Kilometer, 9.400 Höhenmeter). Der Abenteurer stellt sich extremen sportlichen Herausforderungen und bestreitet die schwierigsten Marathonläufe der Welt. Seine Durchquerung der Atacama Wüste in Chile, dem 265-Kilometer-Nonstoplauf durch das Königreich Bhutan und die erfolgreiche Durchquerung des australischen Outbacks in 15 Tagen belegen dies eindrucksvoll. Sein Lebensmotto: break your limits.

Als Diplom-Betriebswirt und Diplom-Sportmarketing-Manager verfügt er über fundiertes wirtschaftliches Fachwissen. Nach längeren Auslandsaufenthalten arbeitete Norman Bücher bei mehreren Unternehmensberatungen. Seine jahrelange Erfahrung aus dem Extremsport, kombiniert mit seinem Wissen über betriebswirtschaftliche Zusammenhänge, gibt er heute in seinen mitreißenden und spannenden (Firmen)Vorträgen weiter. Der 5 Sterne Redner hat die Gabe, als Referent dem Publikum seinen außergewöhnlichen Erfahrungsschatz mit Kompetenz, Leidenschaft und rhetorischem Geschick zu vermitteln. Zu seinen Kunden zählen u.a. SAP, Daimler, UBS, Nikon, Telekom, Peek & Cloppenburg, Österreichische Post, Versatel.

Der Motivationsexperte vermittelt in seinen Vorträgen, was der Extremsport mit dem Arbeits- und Alltagsleben zu tun hat. Besonders die lebendige, authentische und dynamische Art und Weise, mit der Norman Bücher es schafft, den Bogen von seiner sportlichen Welt zum Publikum und zum Business zu schlagen, macht die Einzigartigkeit seiner lehrreichen, unterhaltsamen und bildgewaltigen Vorträge aus.

WWW.NORMAN-BUECHER.DE | WWW.EXTREMSPORT-REDNER.DE
Für weitere Informationen zu Vorträgen von Norman Bücher senden Sie bitte eine Mail an: h.kuerzeder@5-sterne-team.de

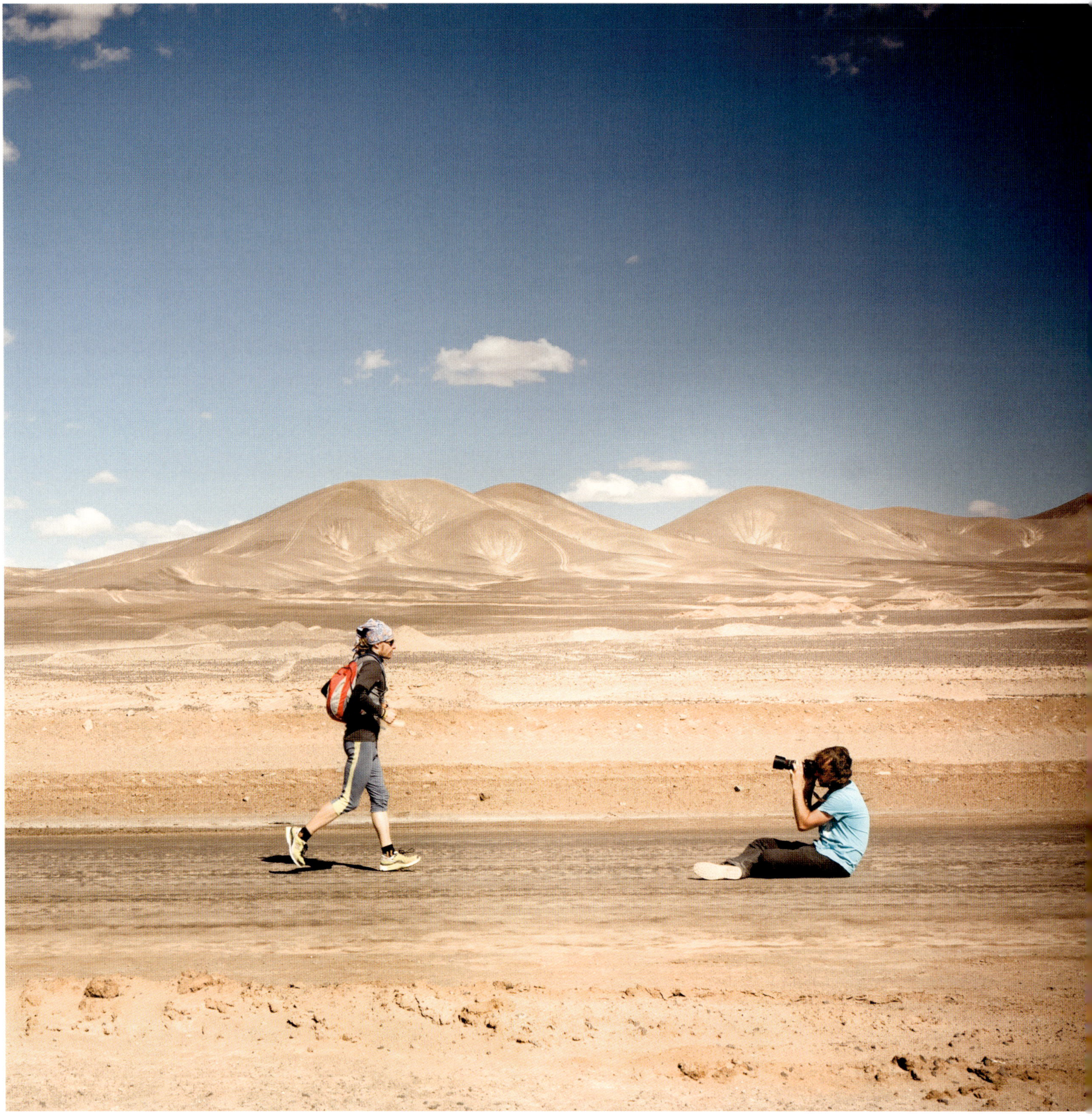

Christian Frumolt
Fotograf

Seit 2008 arbeitet Christian Frumolt als selbständiger Fotograf. Genauso lange begleitet er Norman Bücher bei seinen Abenteuern in der ganzen Welt. Ob Chile, Australien, Indien oder Nepal – der gebürtige Aalener liebt das Reisen und ferne Länder. Neben der Reportage-Fotografie fotografiert er für diverse Unternehmen. Während den Sommermonaten ist er häufig als Portraitfotograf (u.a. bei Hochzeitsreportagen) unterwegs.

Im Jahr 2010 gewann er den Canon-Profifoto-Förderpreis mit seiner Portraitserie „Sequences apart of time", bei welcher er Menschen in Indien portraitierte.

Christian Frumolt ist nicht der klassische Studiofotograf. Im Gegenteil: er braucht das natürliche Licht und ist deshalb hauptsächlich „draußen" bei seinen fotografischen Arbeiten aufzufinden.

Mehr Informationen unter
WWW.FRUMOLT.COM | WWW.LUMINOXX-FOTOGRAFIE.DE

Bis zum Horizont und weiter
1120 Kilometer durch das australische Outback

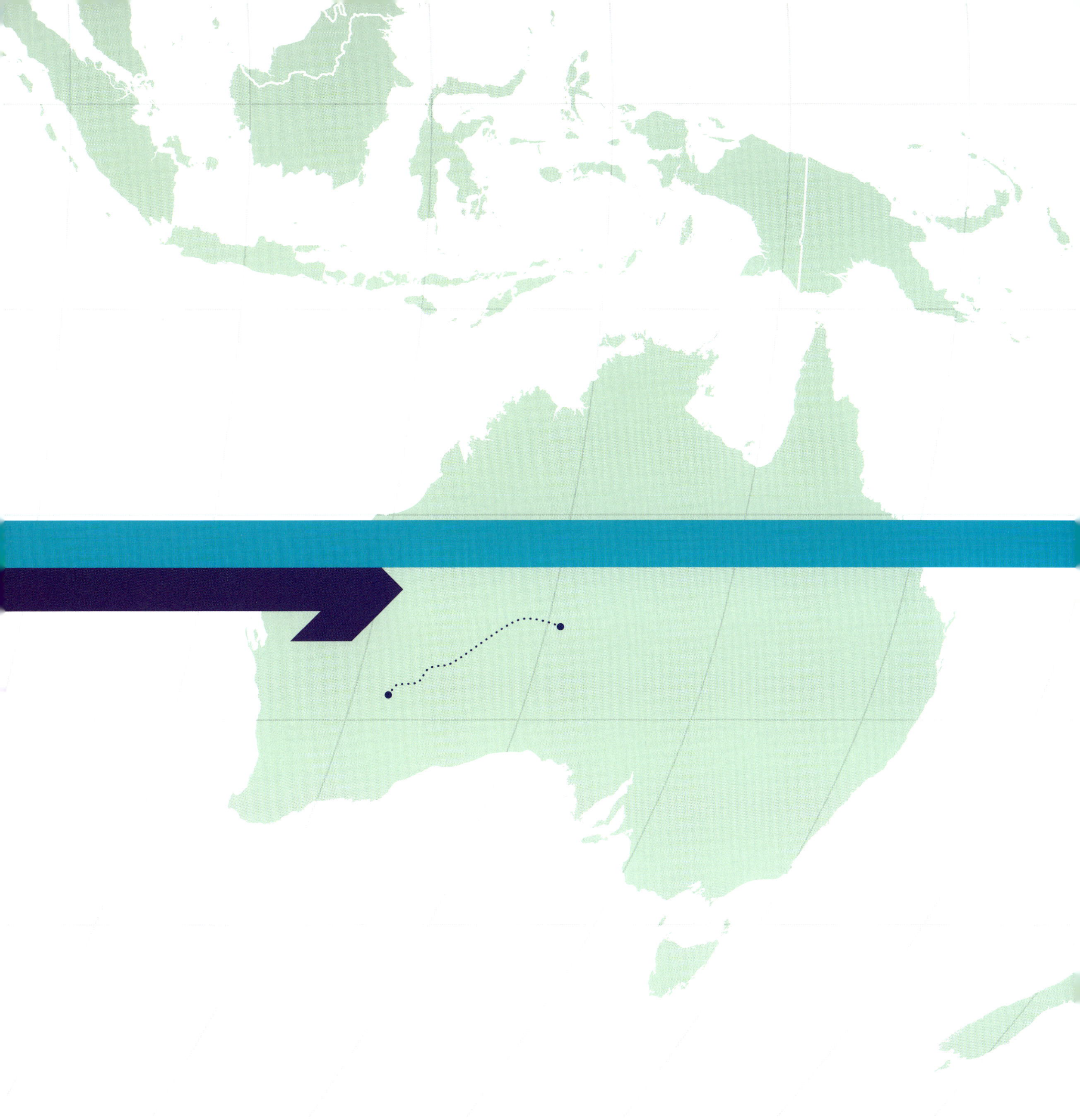

DIE STRASSE NIMMT EINFACH KEIN ENDE. Sie führt immer nur geradeaus. Sand und Schotter, so weit das Auge reicht. Und da laufe ich nun. Alleine. Mitten im Outback. Keine Menschenseele weit und breit. 30 Grad Außentemperatur, null Prozent Luftfeuchtigkeit, hundert Prozent Stille. Zwischen meinen Zähnen spüre ich das Knirschen des roten Sands, der mir vom sanften Wind ins Gesicht geblasen wird. Ich blicke über eine unendliche Busch- und Graslandschaft, die bis zum Horizont reicht. Es kribbelt in mir – vom Kopf bis zu den Zehen. Ein angenehmes Wärmegefühl durchdringt meinen ganzen Körper, wenn ich an mein großes Ziel denke. Es ist ein sehr ambitioniertes Ziel, das ich mir wieder gesetzt habe. Vielleicht dieses Mal doch etwas zu hoch? Definitiv ist es unvernünftig. Und außerdem reizvoll, anziehend, einfach krass. Ich laufe durch das australische Outback – zum Ayers Rock. „Run to the Rock" lautet der passende Titel dieses Abenteuers. 1120 Kilometer in 14 Tagen. Das bedeutet täglich eine Distanz von 80 Kilometern. Wenn du von Rügen im hohen Norden Deutschlands bis nach Freiburg, also einmal quer durch Deutschland, fährst, entspricht das ungefähr diesen 1120 Kilometern.

Rückblende: Vor fünf Tagen sind wir auf dem fünften Kontinent, genauer gesagt in Perth, der Hauptstadt Westaustraliens, angekommen. Wenn ich von WIR spreche, meine ich damit meine Freunde Christian, Kevin und Marian, die mich bei diesem Abenteuer begleiten. Zu viert wollen wir das Projekt „Run to the Rock" angehen. Für mich ist es ein sehr emotionaler Moment, als wir die Flughafenhalle morgens um 1:30 Uhr verlassen und in die milde Nacht von Perth hinaustreten. Ich könnte die Welt umarmen. Oder zumindest Australien. Es ist ein „Eins a"-Déja-vu-Erlebnis. Denn vor ziemlich genau acht Jahren war ich schon einmal in dieser Stadt. Damals bin ich ein Jahr lang durch Australien gereist. Mit Rucksack und ohne konkreten Plan. Dieses Mal habe ich eine genaue Zielsetzung. Übrigens habe ich wieder den gleichen Rucksack dabei. Ein gutes Omen?

Perth ist eine lebendige, dynamische, gleichzeitig aber auch eine entspannte Stadt. Mit knapp 1,7 Millionen Einwohnern zählt sie neben Sydney, Melbourne, Brisbane und Adelaide zu den fünf Millionenstädten in Australien. Die Stadt am Swan River ist genau der richtige Ort, um nach dem langen Flug anzukommen, sich zu sammeln und die letzten organisatorischen Dinge zu klären, bevor wir die Zivilisation verlassen. Wenn ich hier die vielen Menschen und das rege Treiben in der Einkaufspassage beobachte, dann sehne ich mich heute schon nach der Stille des Outbacks. Gleichzeitig genieße ich nochmals bewusst den Luxus, ein großes, saftiges Steak essen zu können. Fette Sauce inklusive. Ich werde schon bald jede zusätzliche Kalorie brauchen. Apropos Kalorien: Das Thema Essen und

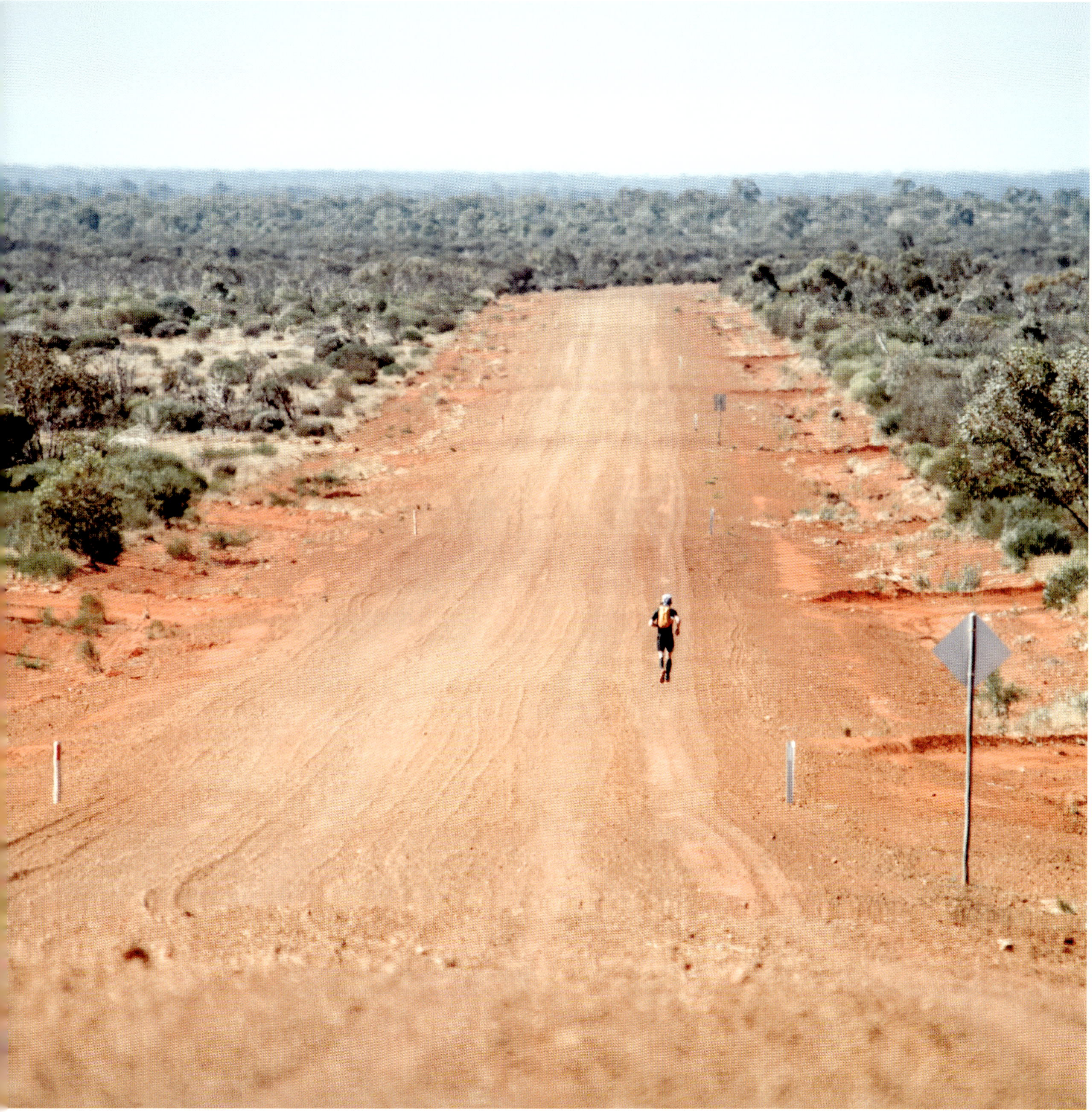

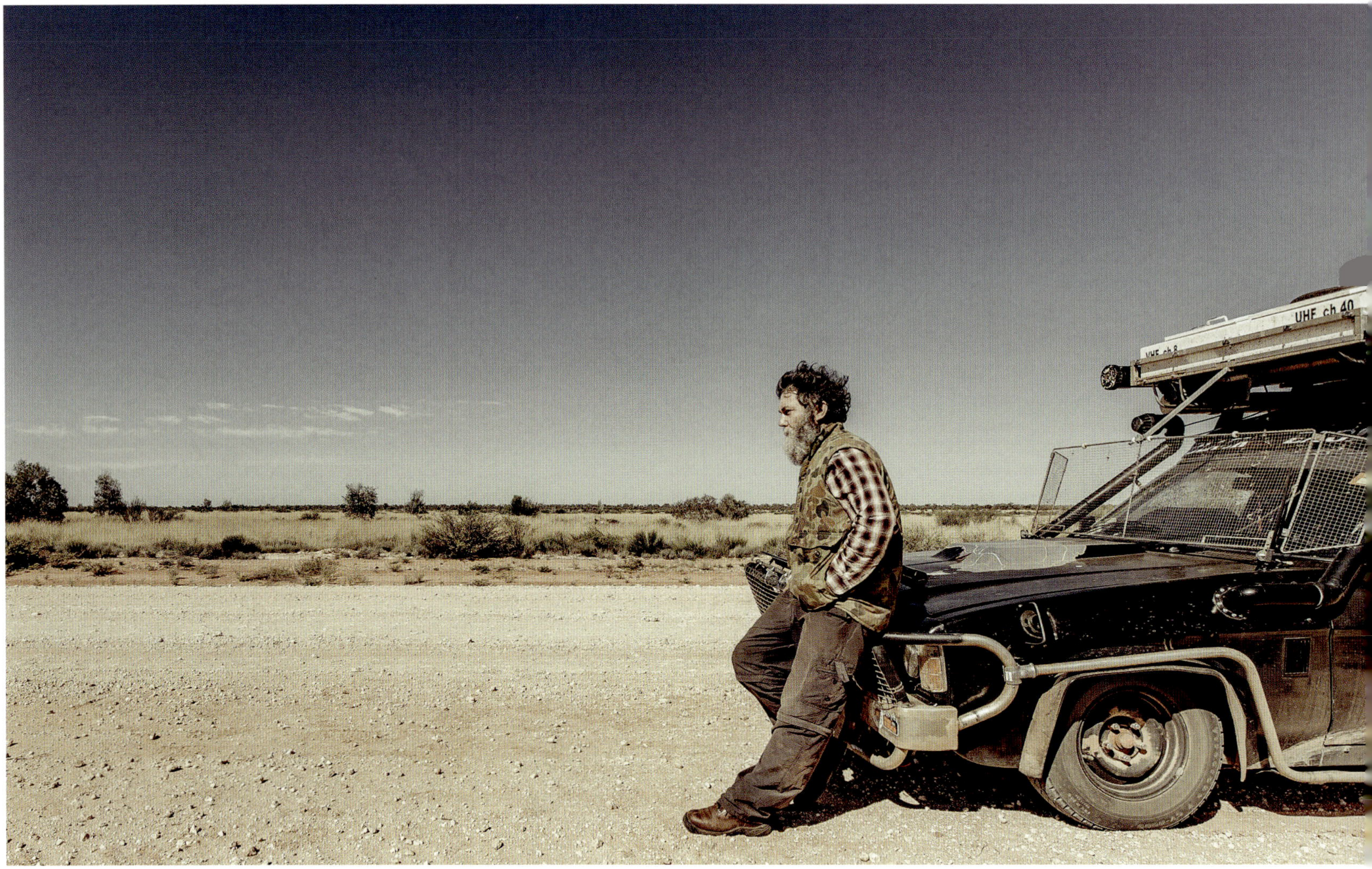
UHF ch 40
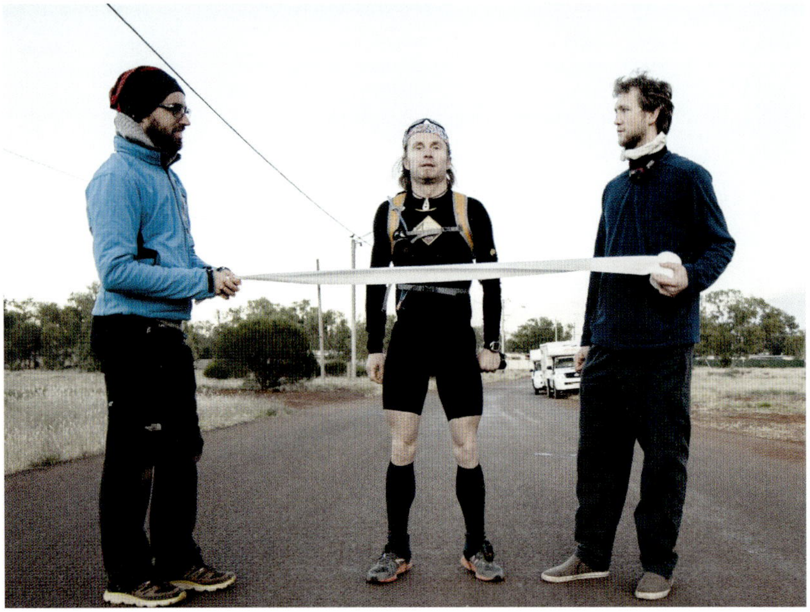
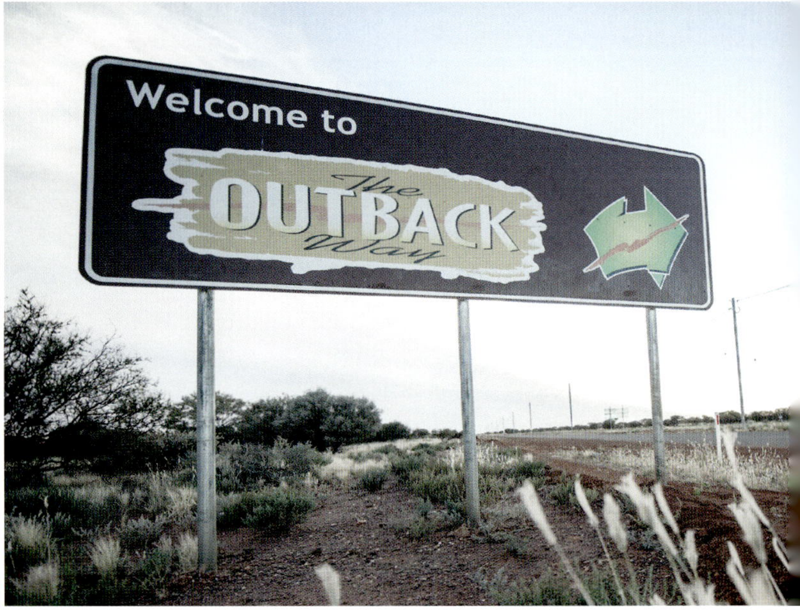
Welcome to
The OUTBACK Way

Trinken hat für uns große Bedeutung, seit wir in Australien angekommen sind. Schon am nächsten Tag machen wir uns auf den Weg zum Einkaufen. Shopping stellt für mich normalerweise eine belanglose Tätigkeit dar, die ich nur durchführe, wenn es gar nicht anders geht. Doch an diesem Tag freue ich mich darauf, denn es wird unser gesamtes Essen und Trinken für die nächsten zwei Wochen gekauft. Und da kommt schon etwas zusammen. Ich werde niemals das Gesicht der jungen Kassiererin vergessen, als wir schließlich mit vier großen, bis oben vollgepackten Einkaufswägen vor ihr an der Kasse stehen und anfangen die ersten Artikel aufs Band zu legen. Staunen und ungläubiges Kopfschütteln kann ich auf ihrem Gesicht ablesen. Aus dem starren „Das-hab-ich-ja-noch-nie-erlebt"-Blick wird aber dann ein sympathisches Lächeln. Okay, ich darf nicht unerwähnt lassen, dass wir für umgerechnet fast 1.000 Euro Lebensmittel eingekauft haben. Fast 100 Liter Wasser, zehn Kilo Nudeln und gut 500 Müsliriegel und Kekse inklusive, um nur ein paar Artikel zu nennen.

Kurzstopp am „Platz der glänzenden Birnen"

Nach zwei Tagen Akklimatisation verlassen wir Perth und fahren mit zwei Geländewagen weiter Richtung Osten. Die alte Goldgräberstadt Kalgoorlie-Boulder ist nach fast 600 Kilometern unser nächstes Ziel. Der Name Kalgoorlie kommt aus der Sprache der Aborigines, der Ureinwohner Australiens, und bedeutet so viel wie „Platz der glänzenden Birnen", wie mir mein Reiseführer verrät. Gemeint sind die Früchte der Marsdenia australis, der Buschbanane, die nur in Australien vorkommt. Wegen des großen australischen Goldrausches Ende des 19. Jahrhunderts wurde Kalgoorlie 1895 als Goldgräbersiedlung aus dem Boden gestampft. Ein kleines bisschen fühlen wir uns wie Goldgräber, als wir kurz vor Einbruch der Dunkelheit unser Nachtlager ein paar Kilometer außerhalb der 28.000-Einwohner-Stadt aufschlagen. Doch ob die Goldsucher damals wohl auch so viele Schnacken wie wir gehabt haben?

Weiter geht es über das Städtchen Leonora bis nach Laverton, unserem Ausgangspunkt für das große Abenteuer. Laverton, 315 Einwohner stark, befindet sich am westlichen Ende der Großen Victoria-Wüste. Wie aus dem Nichts tauchen die ersten Häuser auf. Hier sagen sich Hase und Igel gute Nacht. Das Dorf scheint wie verlassen, als wir am späten Nachmittag dort ankommen. Nur im Pub, dem einzigen im Dorf, treffen wir ein paar Einheimische, die dort an der Theke Bier trinken. „Cheers mate. Habt ihr euch verirrt oder warum seid ihr hier?", fragen sie uns neugierig. Als wir ihnen dann unser Vorhaben erklären, hal-

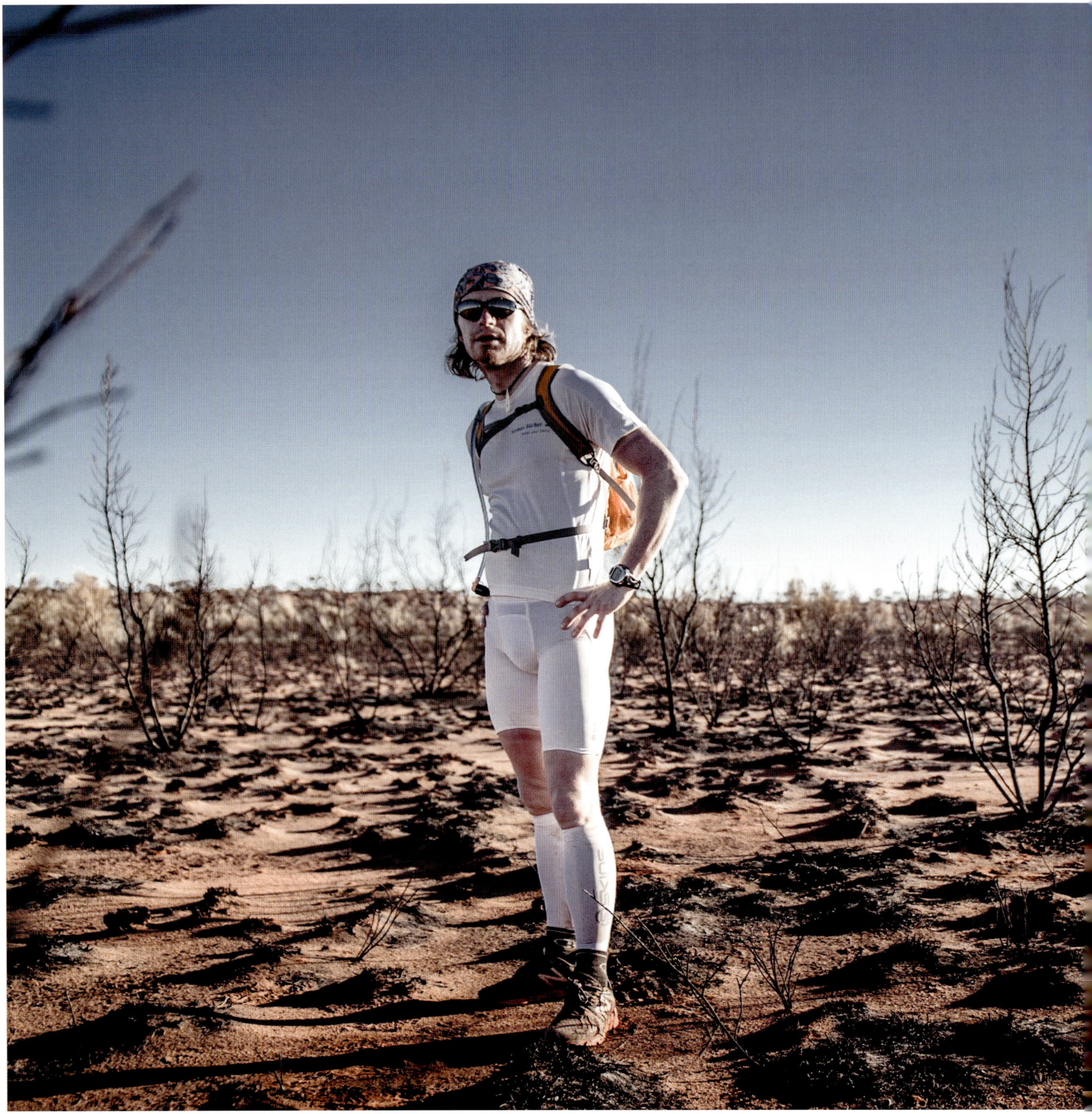

ten sie uns für komplett verrückt. Ob es an ihrem Alkoholpegel liegt oder an unserem Projekt, lasse ich mal dahingestellt.

Laverton ist auch der Beginn der Great Central Road oder des Outback Highway, wie diese „Straße" genannt wird. Bei der Great Central Road handelt es sich um eine Sand- und Schotterpiste, die West- und Zentralaustralien miteinander verbindet. Über 1.000 Kilometer führt sie durch eine der entlegendsten Gebiete der Erde. Und diese Straße bildet für die nächsten zwei Wochen meinen Laufuntergrund. Mein Ziel ist es, 80 Kilometer pro Tag zu laufen. Und das zwei Wochen lang. Ohne Gegner. Ohne Zuschauer. Ohne Druck. Nur ich gegen meinen inneren Schweinehund. Diesen Schweinehund werde ich besiegen beziehungsweise mir zum Freund machen. Ich sehe schon bildhaft vor mir, wie ich ihn anleine und er mich durch das einsame Outback begleitet. Diese Gedanken nehme ich mit in die Nacht. Die letzte, bevor ich morgen endlich die ersten Kilometer unter meine Laufschuhe nehme.

Es geht los

Fünf, vier, drei, zwei, eins und looooooos! Als Chris, Kevin und Marian den Countdown zählen, hüpft mir mein Herz vor Anspannung fast aus der Brust. Endlich geht es los! Nach Monaten der Vorbereitung. Nach unzähligen Stunden Training. Nach unglaublich viel Zeit, Herzblut und Energie, die ich schon vorab in dieses Vorhaben investiert habe. Mein Atem ist deutlich sichtbar in der klaren, kühlen Luft. „Frisch heute morgen, oder?", kommentiert Chris meine letzten Aufwärmübungen. Auch deshalb freue ich mich endlich loslaufen zu dürfen. Ich genieße es hier zu sein. Die ganz große Freiheit hat jetzt begonnen. Die ersten Kilometer sind seltsam. Ich bin ganz alleine unterwegs, kein einziger Zuschauer, kein einziger Mitläufer. Statt eines bunten Rahmenprogramms mit Unterhaltung und lauter Musik nehme ich nur die unsagbare Stille und die Trockenheit des Outbacks wahr. Statt strenger Kilometerzeiten und fester Pulsfrequenzen höre ich nur auf meinen Körper und genieße die Umgebung. Irgendwann sortieren sich meine Sinne und ich spüre: Das Outback lebt.

Drei Tage und 240 Kilometer später. Die Sonne knallt ununterbrochen herab. Immer noch keine einzige Wolke am blauen Himmel. Weites, flaches Buschland, so weit das Auge reicht. Ab und an säumen ein paar karge, blätterlose Bäume den Weg. Und dann diese endlos erscheinende Sandpiste. Kerzengerade, mit ganz wenigen Kurven, führt sie mitten durch das Outback. Wie weit ich mich schon nach den ersten Tagen dieses Abenteuers von meinem Alltag in Deutschland entfernt fühle. Kein Vortrag, kein

Buchmanuskript, kein Telefonat, keine E-Mails, keine Tochter. Mein Kopf ist leer. Ich sehe die Weite des Outbacks. Wohin ich auch blicke, landschaftlich ist es immer das Gleiche. Faszination und Abschreckung gleichermaßen. Sanfter Wind bläst mir ins Gesicht. Eine Wohltat bei der Hitze! Um mich herum schwirren unzählige Fliegen. Sie scheinen es auf mich abgesehen zu haben. Kein Wunder, bei meinem schweißdurchtränkten Shirt und dem etwas salzigen Geruch, der an mir klebt. Die letzte Dusche liegt bereits Tage zurück. „Du stinkst wie ein Iltis nach der Paarung", hat mir mal ein Kumpel zum Besten gegeben, als er mich bei einer längeren Trainingseinheit im Hochsommer begleitete. Dieser Spruch kommt mir jetzt in den Sinn. Zugegebenermaßen habe ich mich schon frischer gefühlt. Heute, am vierten Tag des Laufs, trage ich immer noch dasselbe Laufshirt. Auch die Socken könnte ich mal wechseln. Mein geliebtes Kopftuch hat sicherlich schon bessere Tage erlebt. Unter meinen Fingernägeln klebt Sand. In meinen Schuhen ist Sand. Sogar in meiner Unterhose ist Sand. Gefühlsmäßig ist er bereits in jeder Pore meines Körpers. Doch das stört mich nicht. Überhaupt nicht. Denn hier im Outback sind meine Prioritäten ganz anders gesetzt. Jeder einzelne gelaufene Meter zählt. Jeder Kilometer ist entscheidend. Jede erfolgreich beendete Etappe ist elementar. Und das Wichtigste: Mir geht es gut.

Während ich so durch den feinen Sand laufe und meinen Blick durch die karge Landschaft schweifen lasse, kommt mir plötzlich meine Zeit als Student in den Sinn. Einfach so. Wann habe ich nochmals mein Studium abgeschlossen? 2002? 2003? Was, schon wieder neun Jahre her? Was war das für eine geile Zeit! Durchgezechte Nächte, lustige Studienreisen, drei Monate Auslandssemester in Kanada und nebenbei noch den Betriebswirt gemacht. Mit ein bisschen Abstand lässt sich bekanntlich vieles schönreden. Höhepunkte während des Sommersemesters waren immer die Ausflüge in den Schlossgarten. Ohne Dozenten wohlgemerkt. Ausgiebig Pause machen stand für mich damals noch sehr hoch im Kurs. Als mir schließlich die VWL-Vorlesung in den Sinn kommt, die wir stets freitagnachmittags hatten, bin ich froh als Abenteurer „Karriere" gemacht zu haben. Wie bin ich jetzt nur auf meine Studienzeit gekommen? Ich weiß es nicht, aber diese Gedanken tun mir gut. Ich brauche solche Gedanken. Ich suche sie ganz bewusst. Denn: Die Monotonie und Einsamkeit hier hat mich in ihren Bann gezogen. Sie scheint mich erdrücken zu wollen. Ich sehne mich nach Menschen, nach Kommunikation, nach Ablenkung. Doch die trostlos erscheinende Busch- und Graslandschaft um mich herum sorgt für wenig Abwechs-

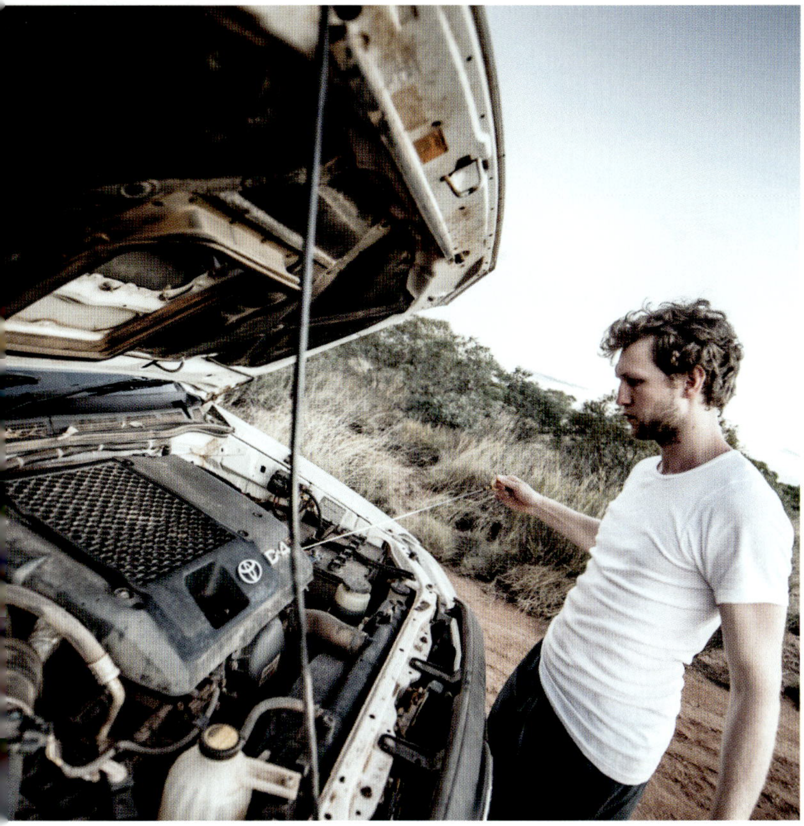
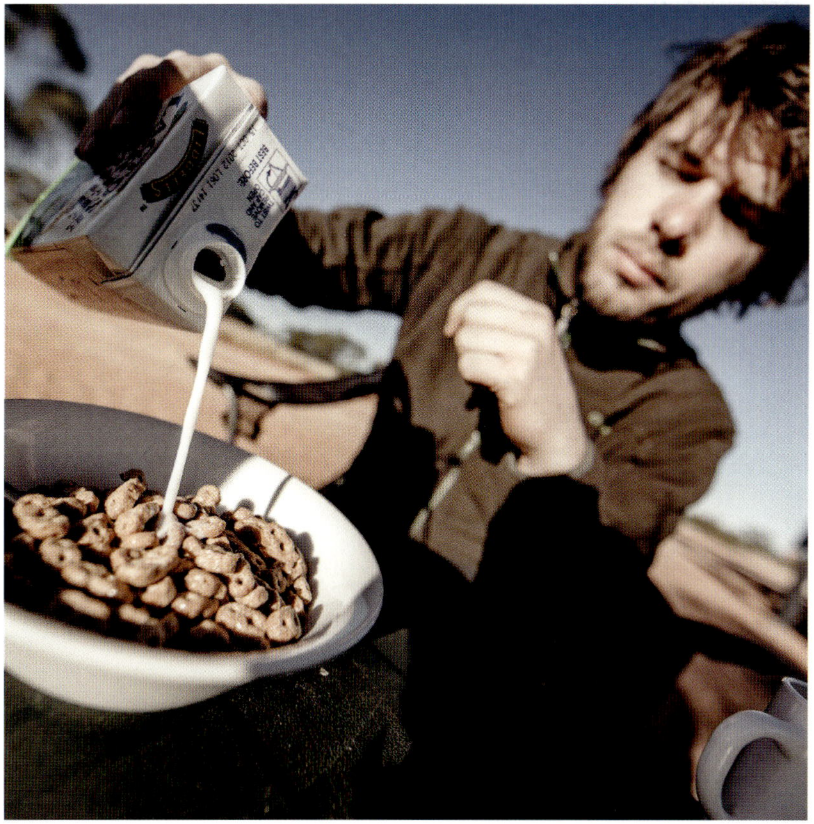
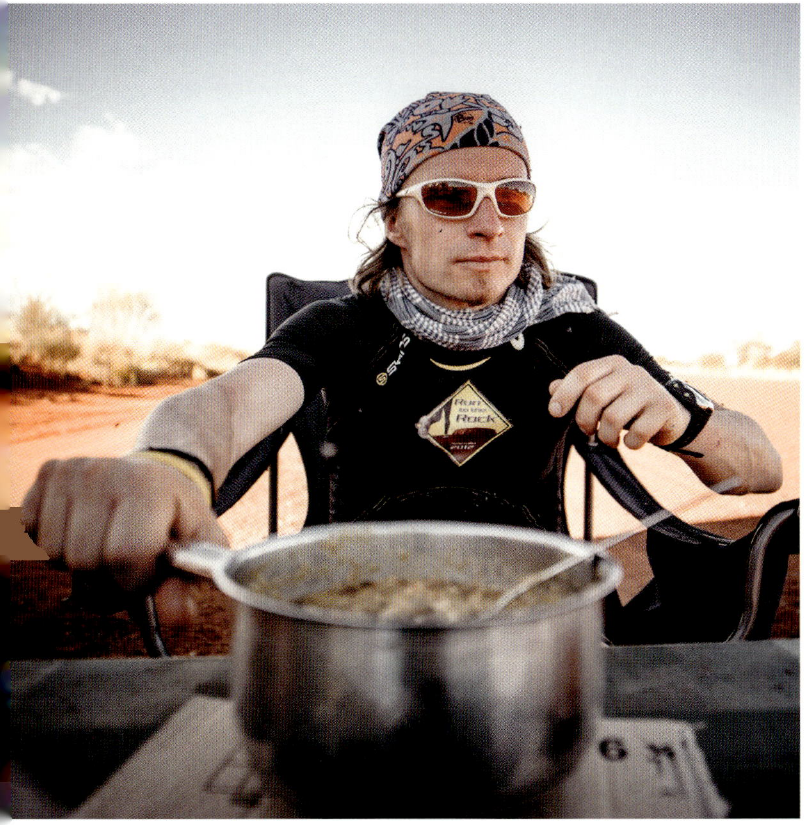
Run to the Rock
2012
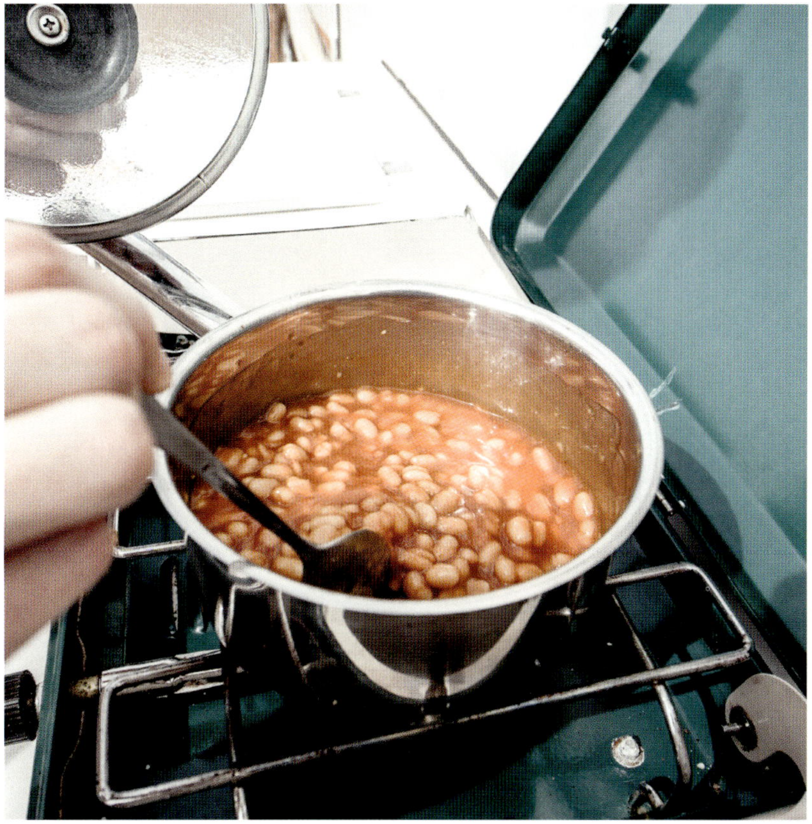

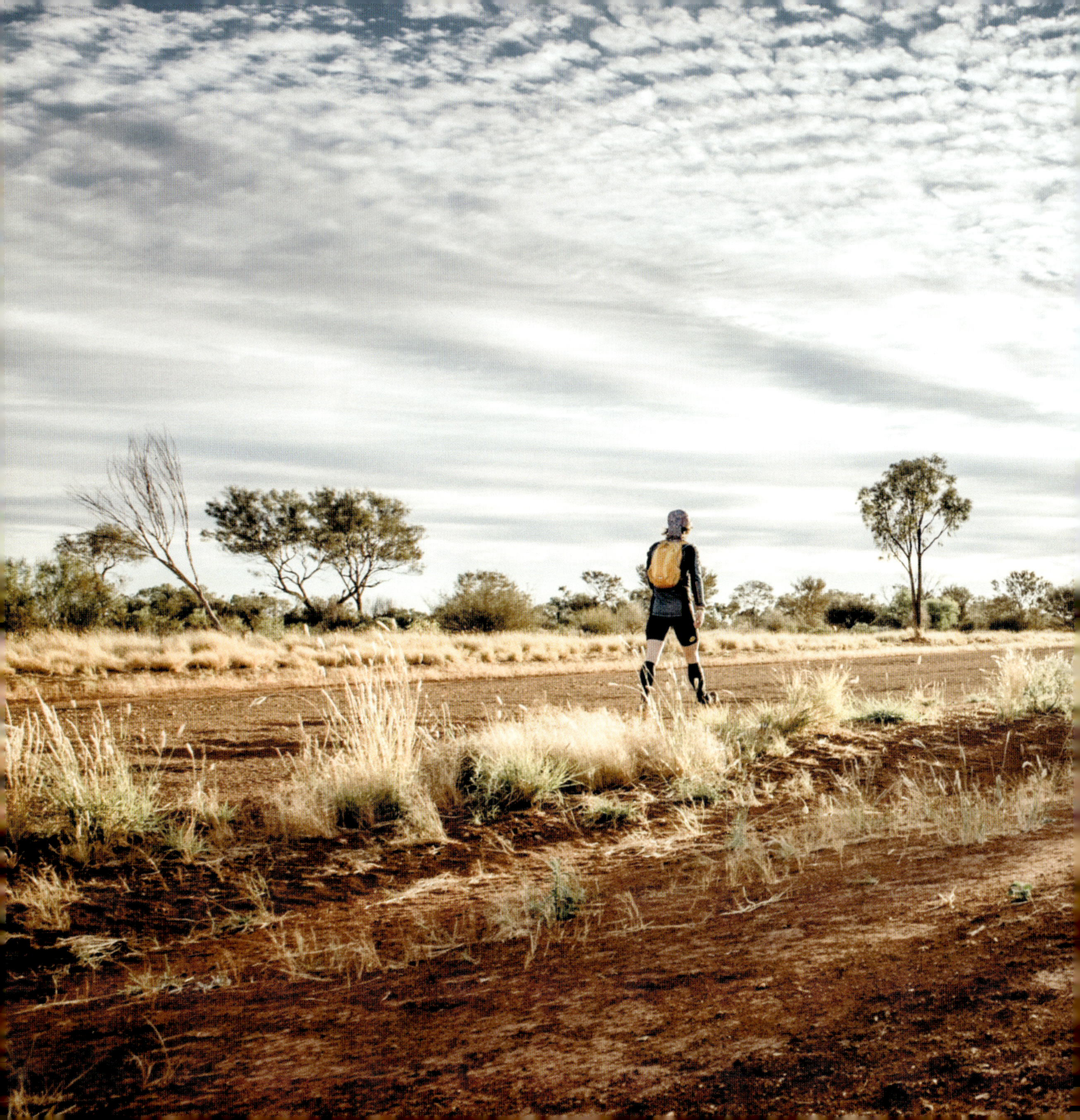

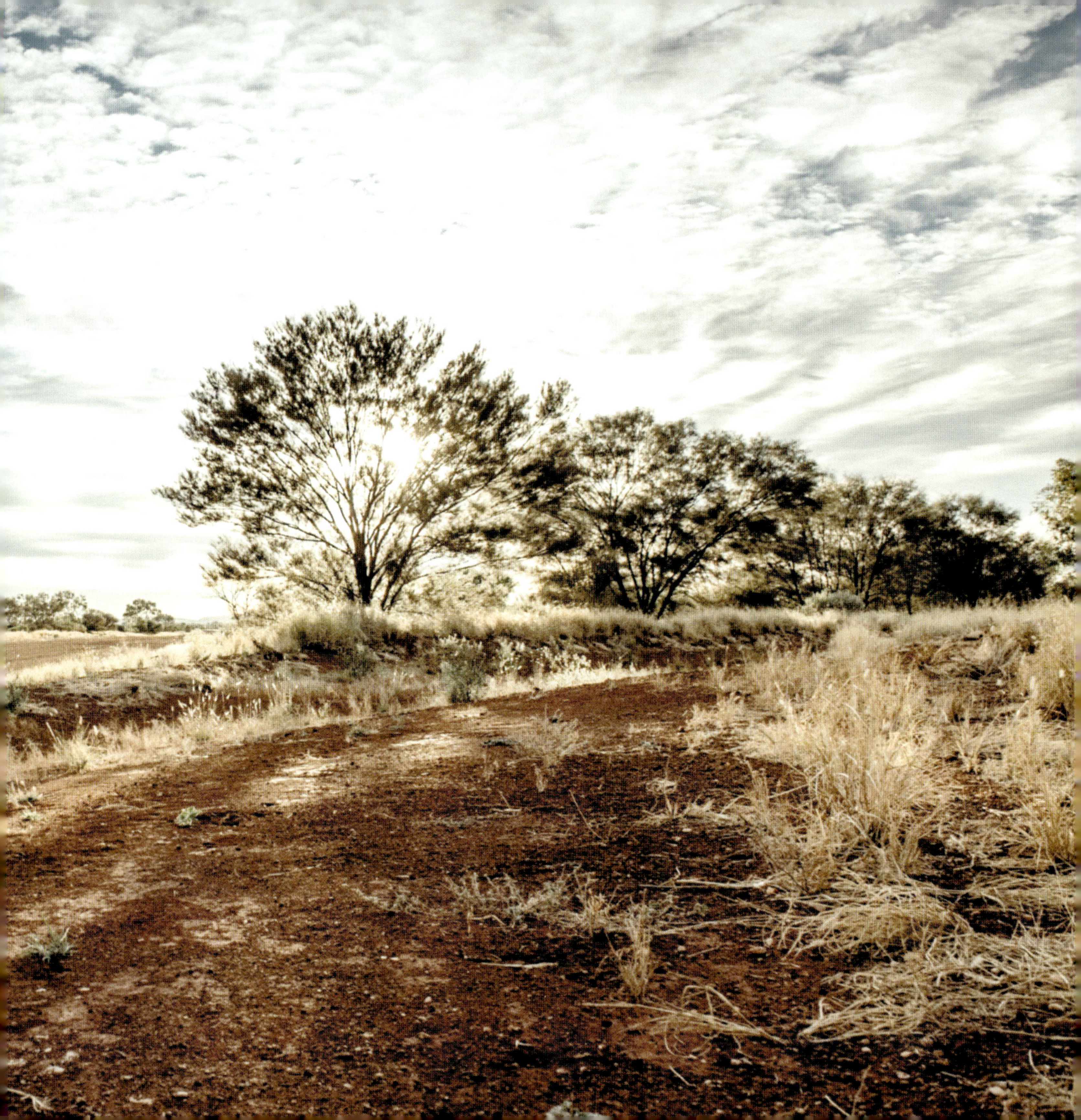

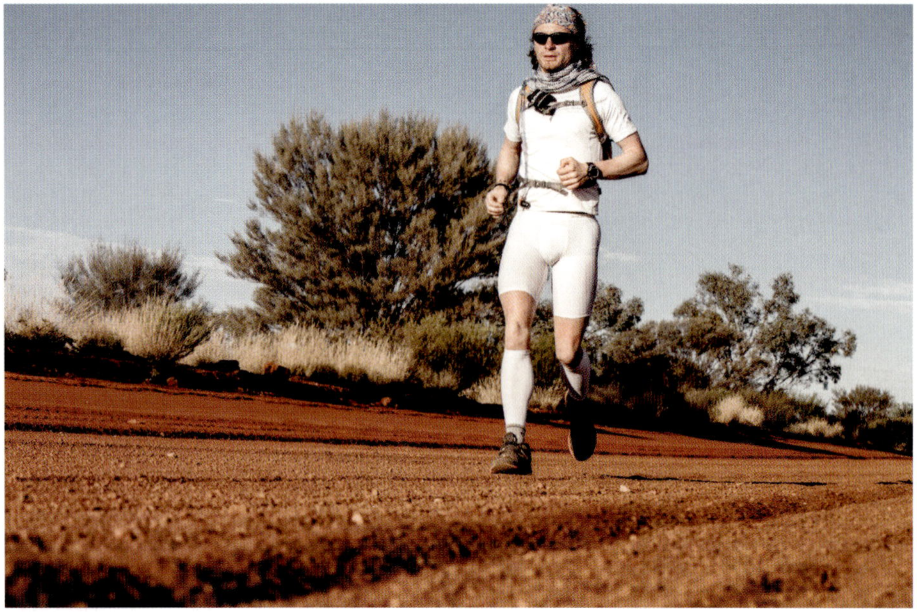

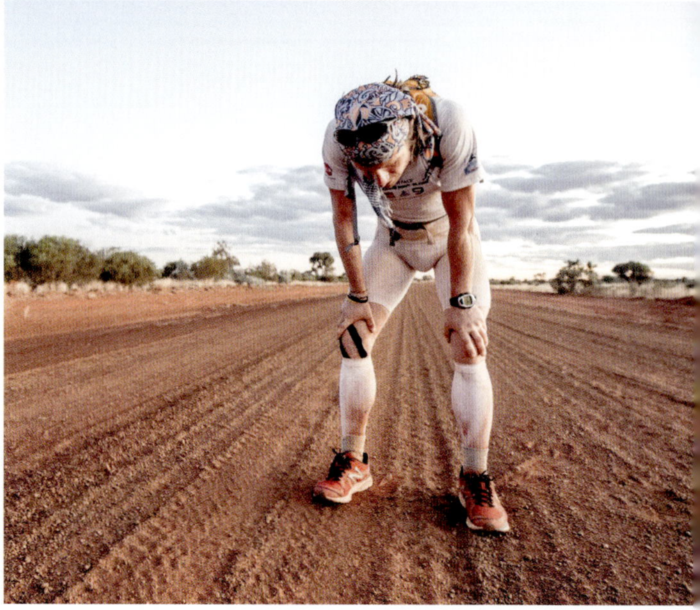

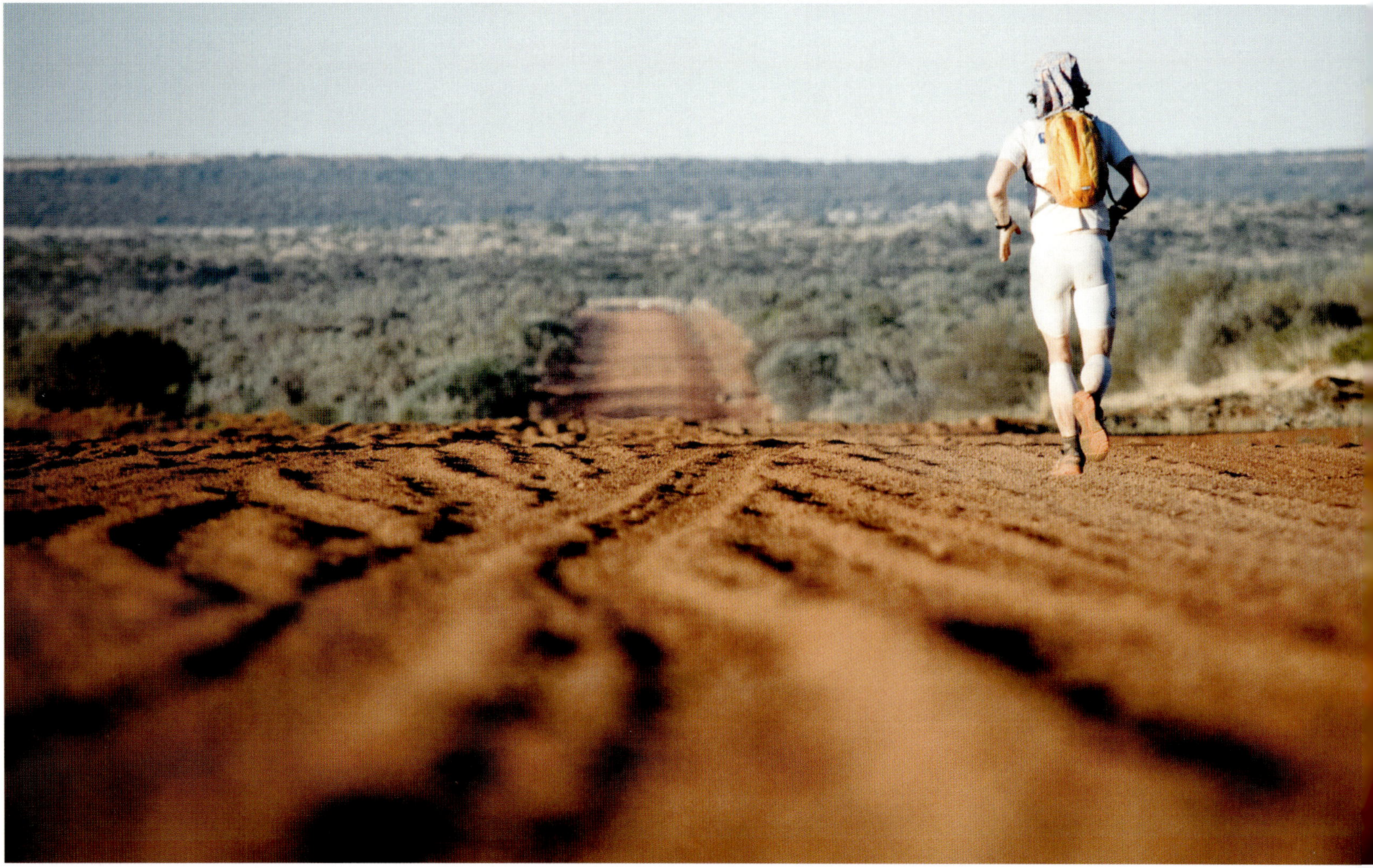

lung. Halt! Nicht ganz. Eben habe ich wieder ein altes, eingerostetes Auto passiert, das verlassen am Wegesrand steht. Ein echter visueller Höhepunkt.

Kopf aus, Autopilot an!

Durchschnittlich laufe ich zehn bis zwölf Stunden pro Tag. Und das ist vor allem eines: Kopfsache. Welche Gedanken lässt du zu? Wie lenkst du dich am besten ab? In dem Modus „Kopf aus, Autopilot an" vergeht Stunde um Stunde. Meine Beine bewegen sich fast schon mechanisch auf und ab. Wie ein Schweizer Uhrwerk spulen mein Körper und mein Geist Kilometer für Kilometer ab. Doch von dem viel zitierten Flow-Zustand kann nach den ersten Etappen keine Rede sein. Mein Blick wandert häufiger als gewollt auf die Uhr, um den aktuellen Kilometerstand abzurufen. „32 hast du schon", bestärke ich mich. „Noch drei Kilometer bis zum nächsten Checkpoint." Christian, Kevin und Marian fahren mit unseren beiden Fahrzeugen immer zum jeweils nächsten Treffpunkt voraus und warten dann auf mich. Das ist bei Kilometer 20, 35, 50 und 65 der Fall. Ich freue mich wie ein kleines Kind auf den jeweils nächsten Checkpoint. Sie stellen für mich Motivation pur dar. Sind das dort hinten am Horizont schon die Fahrzeuge meines Teams? Der Gedanke erzeugt Wohlbefinden in mir. Doch der hell schimmernde Fleck entpuppt sich wieder als „totes" Auto. Mist, das wäre auch zu schön gewesen. Mein Gaumen freut sich auf eine Cola. Eine eisgekühlte Cola. Er schreit förmlich danach. Wasser und isotonische Getränke bestimmen in diesen Tagen im Wesentlichen meine Flüssigkeitsaufnahme. Doch mein Körper will kein Iso und auch kein Wasser mehr. Das zuckerhaltige Brausegetränk wird jetzt zu meinem Motivationsfaktor. Ich will so schnell wie möglich zum nächsten Checkpoint, will mein Team, meine Freunde sehen. Doch jeder Kilometer zieht sich gewaltig. Als ich kurze Zeit später die beiden Camper meines Teams am Horizont erblicke, lege ich einen Zahn zu und fliege förmlich dorthin. „Hey mate, alles fit?", begrüßt mich Chris.

Chris habe ich vor über acht Jahren in Australien kennengelernt und er ist mittlerweile einer meiner besten Freunde. Die Art und Weise, wie wir uns dort zum ersten Mal gesehen haben, ist eine Geschichte für sich. Wir waren beide im Dezember 2003 in Mildura, einem kleinen Ort zwischen Melbourne und Adelaide im Süden Australiens, und arbeiteten dort auf einer Weinplantage. Besser gesagt: Wir wollten dort arbeiten, denn am ersten Tag wurden wir beide gefeuert. So lernten wir uns kennen. Seit diesem Erlebnis haben wir zusammen diverse Reisen und Abenteuer unternommen. Seit ein paar Jahren arbeitet er selbstständig als Fotograf und hat sich mit seinen beeindruckenden Bildern einen Namen gemacht.

Ich lasse mich in den Campingstuhl fallen und gönne mir gleich die wohlverdiente Cola. Welch eine Wohltat. Kevin hat gekocht. Einen großen Topf mit gebackenen Bohnen in Tomatensauce. Aus der Konserve wohlgemerkt. Fünf Minuten später esse ich schon den zweiten Teller leer. Sehr lecker! Auch in diesem Punkt haben sich die Prioritäten gegenüber meinem Alltag verschoben. Denn: Fertigessen und Essen aus der Dose gehören normalerweise nicht zu meiner bevorzugten Ernährung. Aber wir sind ja hier auch nicht im Alltag. „Brauchst du noch etwas?", fragt mich Kevin.

Kevin stammt wie Chris aus dem Ostalbkreis. Er ist als Physiotherapeut, Koch und Fahrer bei diesem Projekt dabei. Seine ruhige und besonnene Art sollten sich noch von großem Vorteil erweisen. Während ich so dasitze und mir die Bohnen einverleibe, reicht mir Marian meine frisch gefüllte Trinkflasche. Marian fungiert als Kameramann und begleitet das Projekt filmtechnisch. „Wir sehen uns dann wieder bei Kilometer 50", verabschiedet er mich. Ich schiebe mir noch ein paar Kekse in den Mund. Dann geht es schon wieder weiter.

„The Crazy German"

„The Crazy German", das ist der Name, den ich hier im Outback liebevoll von den Einheimischen und Durchreisenden bekommen habe. Ist es wirklich „crazy", was ich hier mache? Über diesen Begriff denke ich während des Laufens lange nach. Zeit dafür habe ich ja zur Genüge. Wie es wohl auf jene Außenstehende wirkt, die mich ab und an im Geländewagen oder Roadtrain passieren, wenn sich jemand zu Fuß in dieser Einöde fortbewegt? Nur mit einem kleinen Rucksack ausgestattet, in einer Gegend, in der im Abstand von 250 bis 300 Kilometern ein Roadhouse kommt? Ein kleines bisschen Zivilisation inmitten dieser riesigen Wüste. Jede Abwechslung und jede Begegnung tun mir hier verdammt gut. Pro Tag kommen hier vielleicht vier oder fünf Fahrzeuge vorbei. Vor einer Stunde hat zu meiner Verwunderung ein Roadtrain angehalten. Schon einige Minuten bevor ich den riesigen Lastwagen erblickt habe, konnte ich ihn hören. Und als ich ihn dann sah, wollte ich Platz machen, um meinen Lauf lebend fortsetzen zu können. Denn vier Anhänger und gut dreißig Meter Länge sind imposant und ein wenig respekteinflößend zugleich. Eine riesige Staubwolke, die minutenlang anhält, gibt es beim Vorbeifahren normalerweise als Dessert inklusive. Doch dieses Mal stoppt der Roadtrain. Aus der Fahrerkabine blickt mich ein

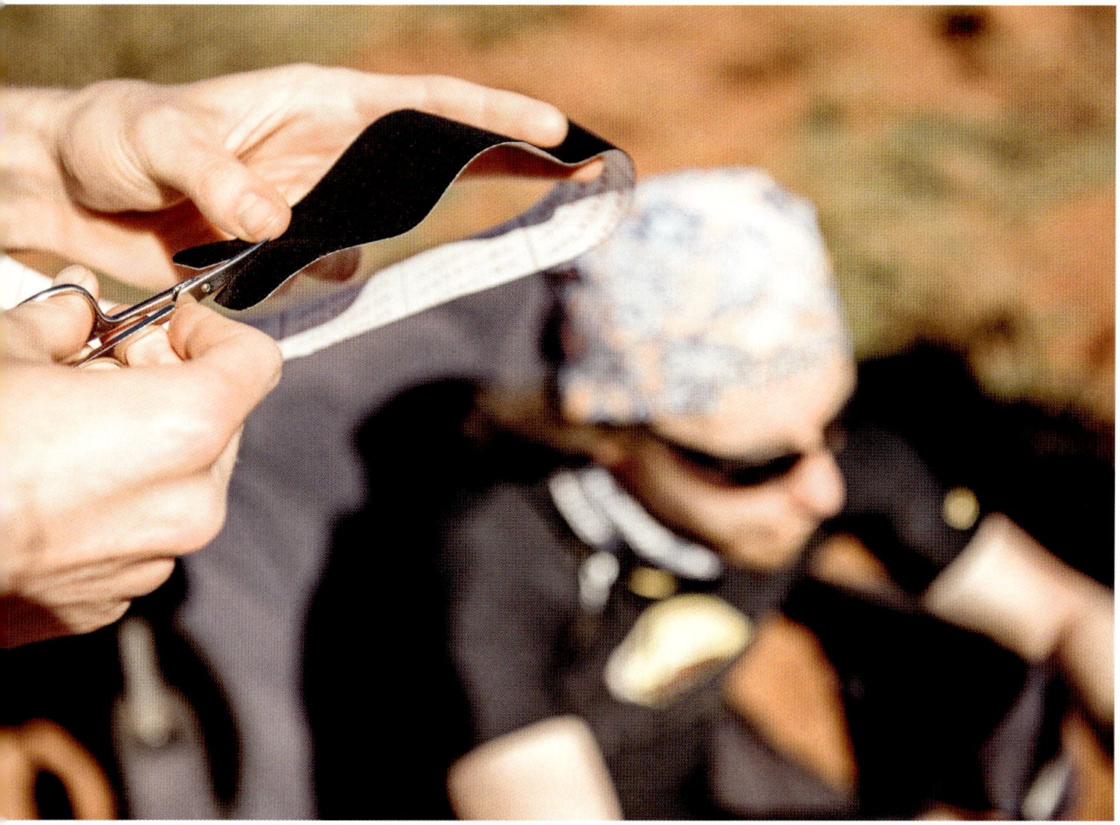

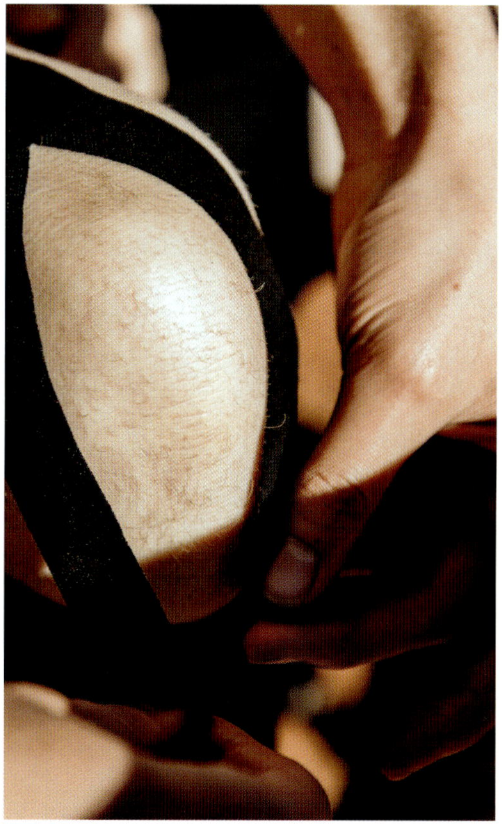

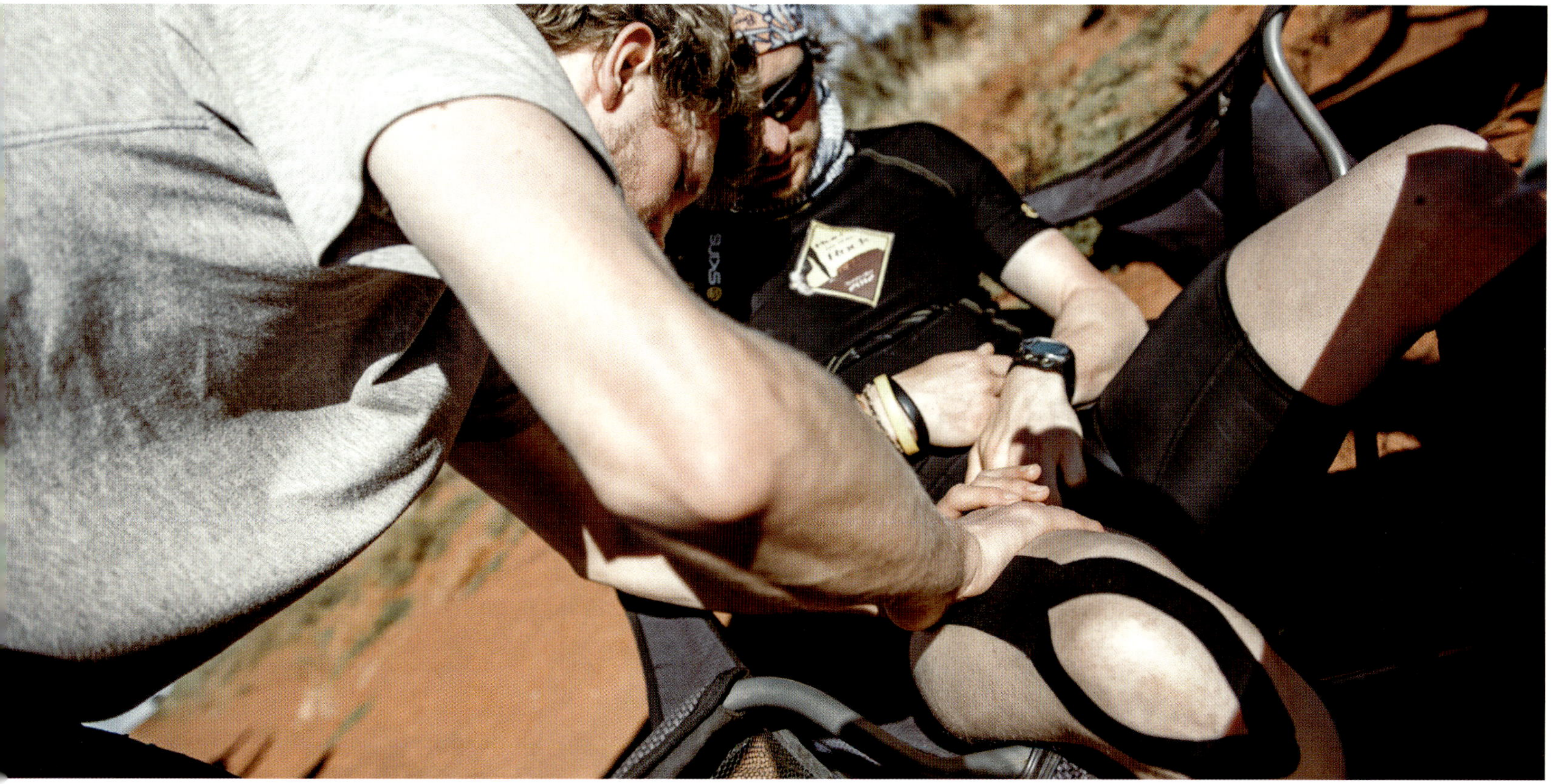

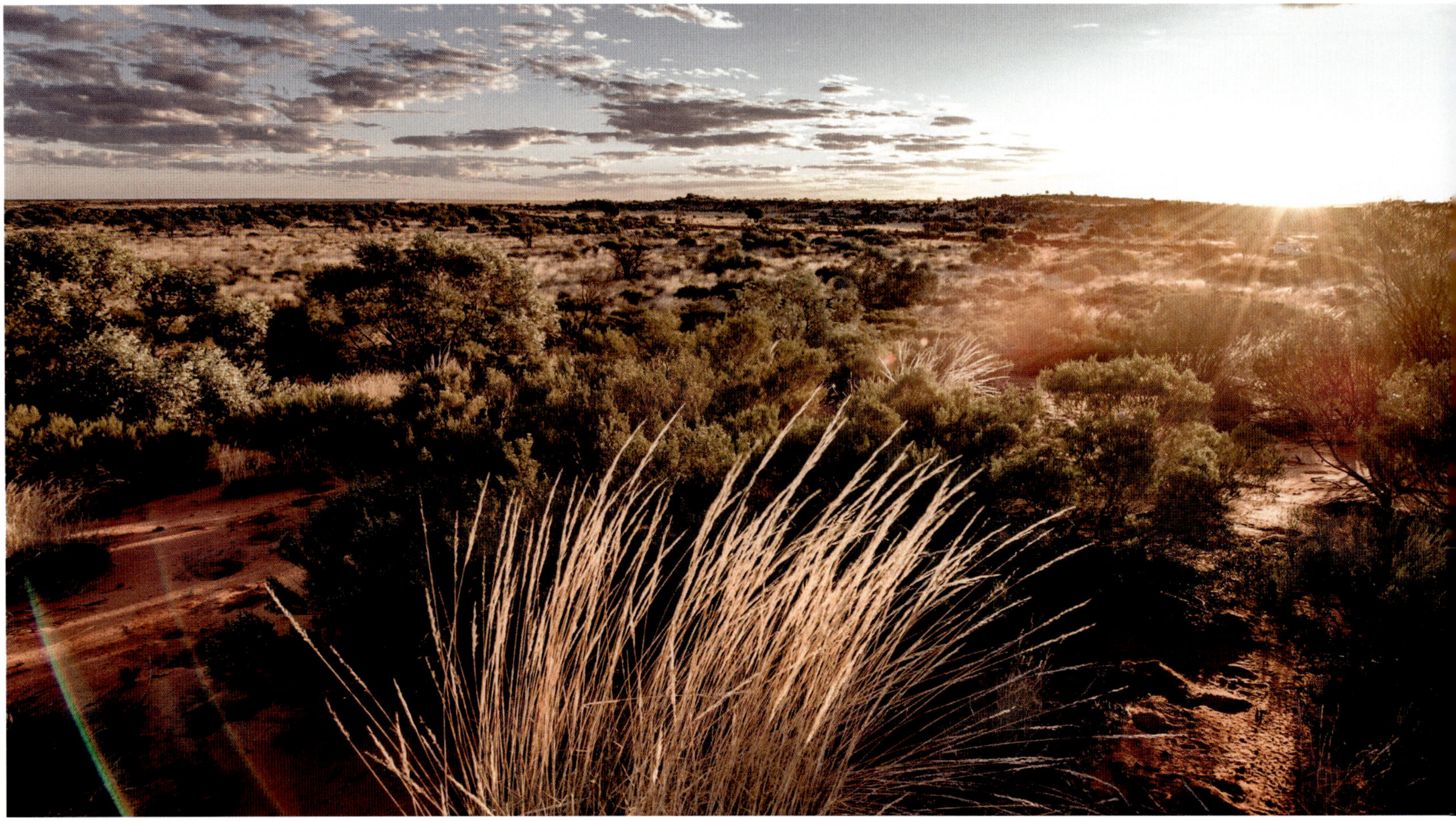

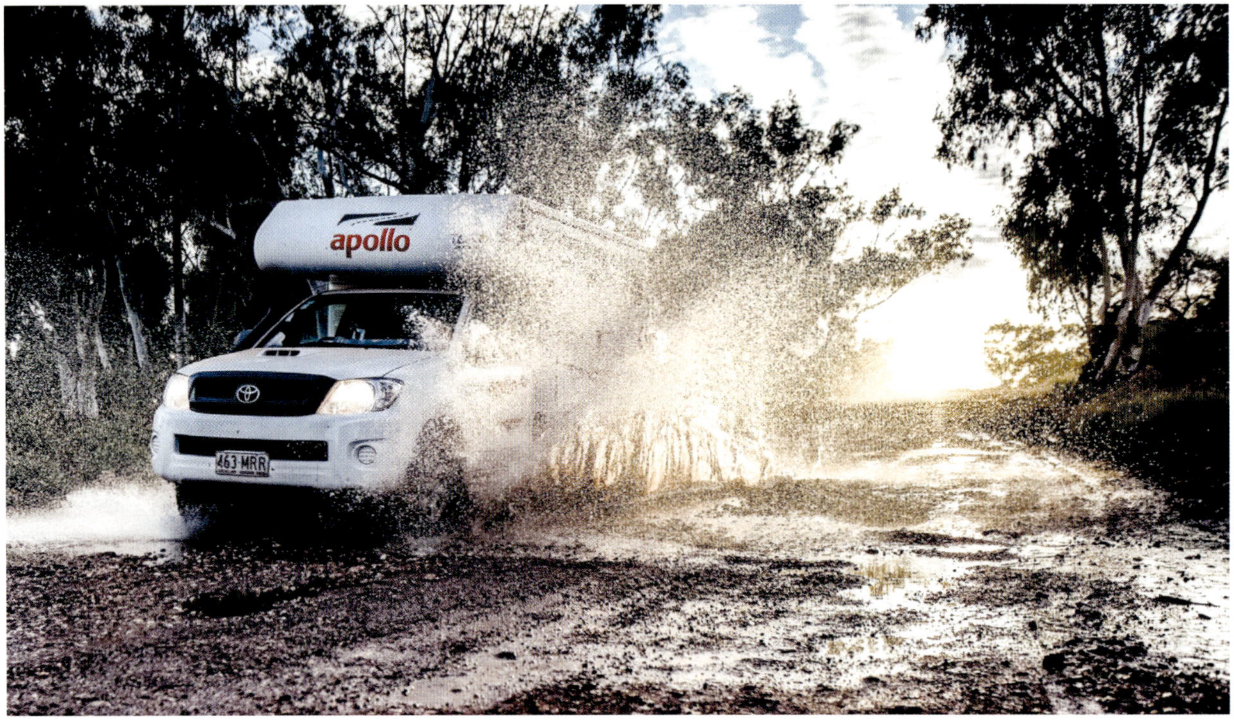
apollo
463 MRR

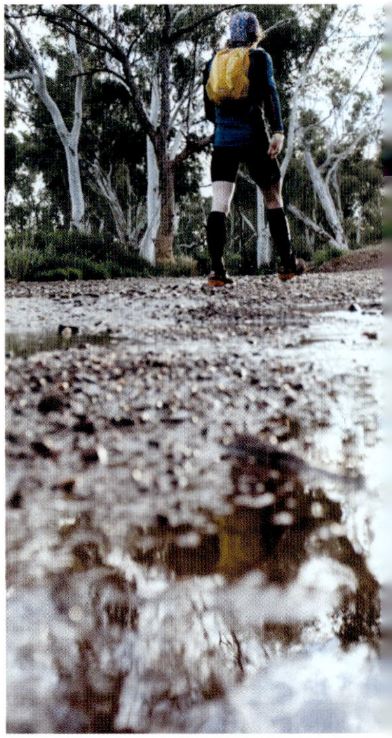

strahlendes Gesicht an. Ein Typ Mitte dreißig mit Baseballmütze und großer Sonnenbrille. Nicht unbedingt, wie man sich einen typischen Lastwagenfahrer vorstellt. „Hey mate, what's up? I am Brett from Byron Bay. Ach, du bist dieser Verrückte, der hier quer durchs Outback läuft. Hab schon davon gehört. Brauchst du Wasser?", fragt er mich besorgt. „Warum um Gottes Willen machst du so etwas?" Wir quatschen ein paar Minuten über Gott und die Welt. Dann wünscht er mir „good luck" und unsere Wege trennen sich wieder.

Warum mache ich überhaupt so etwas? Über diese Frage von Brett denke ich in den folgenden Stunden nach. Was hat mich wirklich dazu bewogen, 1.120 Kilometer durch das australische Outback auf mich zu nehmen? Die Hauptschuld dafür trägt ganz klar meine erste Reise durch Australien, denn da habe ich mich in dieses Land verliebt. In die Menschen. In die Weite und Größe des Landes. In die Schönheit der Natur. Natürlich stellten auch die zahlreichen großartigen Momente, die ich in dieser Zeit in Down Under erleben durfte, einen wesentlichen Grund dar. Angefangen von meinem Aufenthalt auf einer Krokodilfarm mitten im Outback, auf der ich mit 2.000 Salzwasserkrokodilen leben durfte. Oder das Wandern durch die unberührten Wälder Tasmaniens. Oder beim Äpfelpflücken in Manjimup, bei dem ich durch Nick das australische Familienleben kennenlernen durfte.

Oder das Arbeiten auf der Pferderennbahn in Darwin, wo man uns beim Vorstellungsgespräch massig Wein zum Verkosten gab. Und natürlich mein Silvester am Ayers Rock, das bis heute meinen schönsten Jahresanfang darstellt. Nach diesem Jahr in Australien schwor ich mir, dass ich eines Tages wieder hierher zurückkommen würde. Und jetzt bin ich hier. Jetzt ist dieser große Wunsch Realität geworden.

Eine Dusche – was für ein großes Privileg!

Was für eine Wohltat! Ein wunderbarer Augenblick. Ein Höhepunkt und gleichzeitig eine Belohnung für die Strapazen der ersten Tage. Ich habe eben das Privileg einer Dusche genossen. Wenn du hier tagelang im sandigen und staubigen Outback unterwegs bist, dann stellt so eine Dusche ein Luxusgut dar. Die einfachen Dinge des Lebens sind es, die mir hier Zufriedenheit stiften. Ich brauche nicht viel, um glücklich zu sein. Kein Handy, keinen Computer, keinen Fernseher, keine materiellen Dinge und erst recht keine Luxusgüter. Genau diese Einfachheit empfinde ich als absolutes Privileg. Das wird mir hier in der Wildnis Australiens wieder bewusst. Ein einfaches Leben, das das Sammeln von Erfahrungen zum Inhalt hat, bedeutet mir viel mehr als ein dickes Bankkonto. Hier am

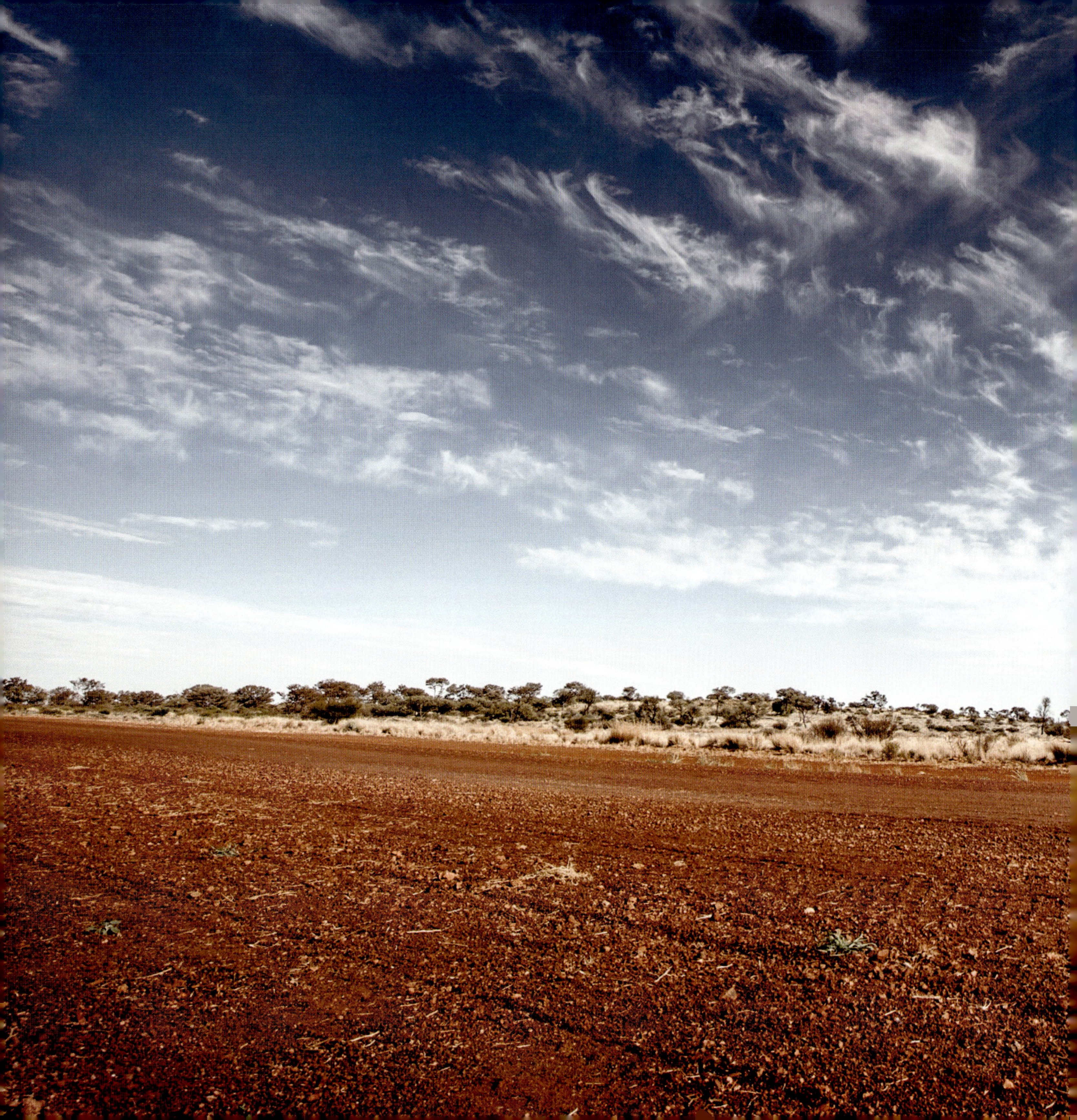

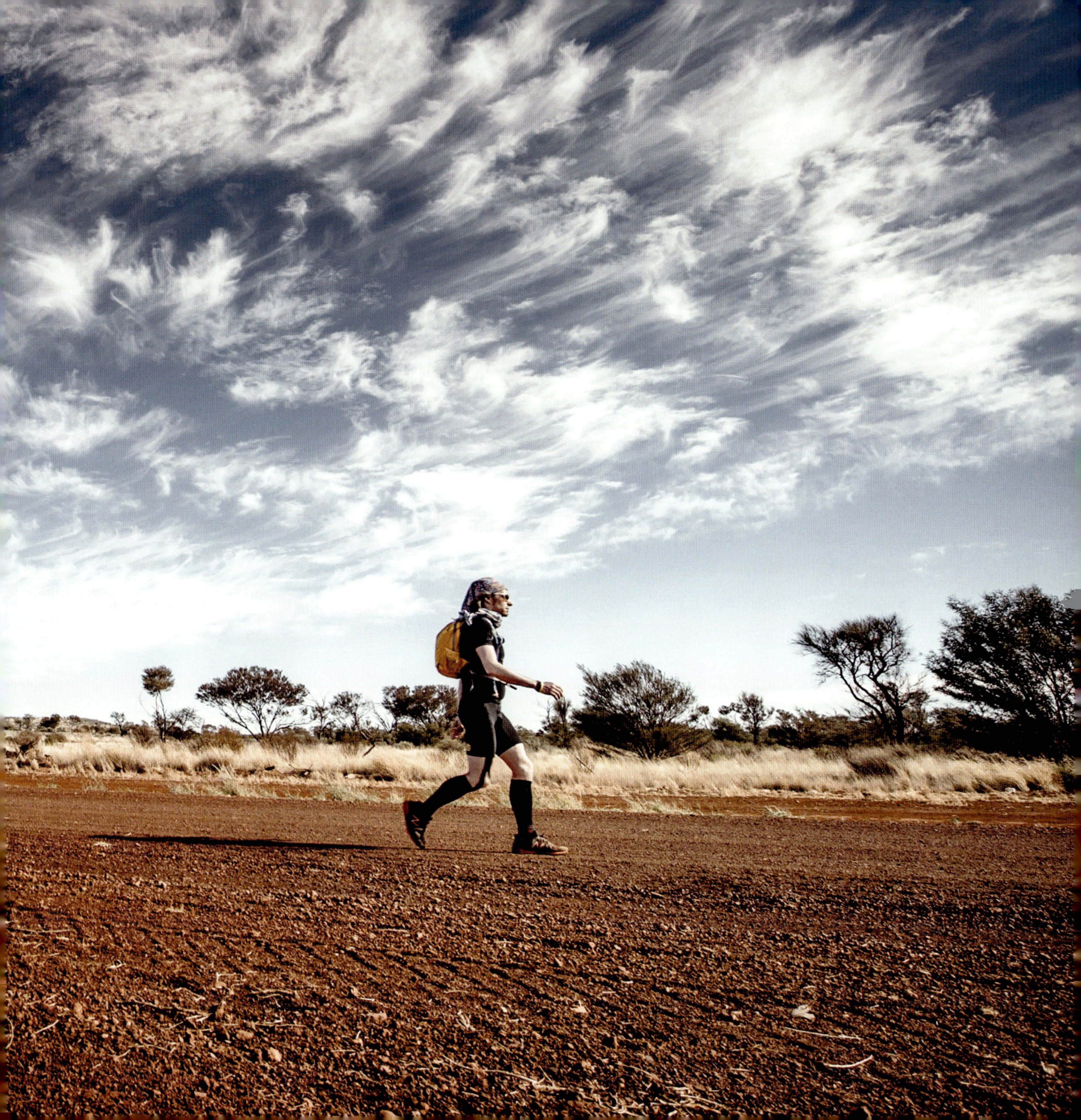

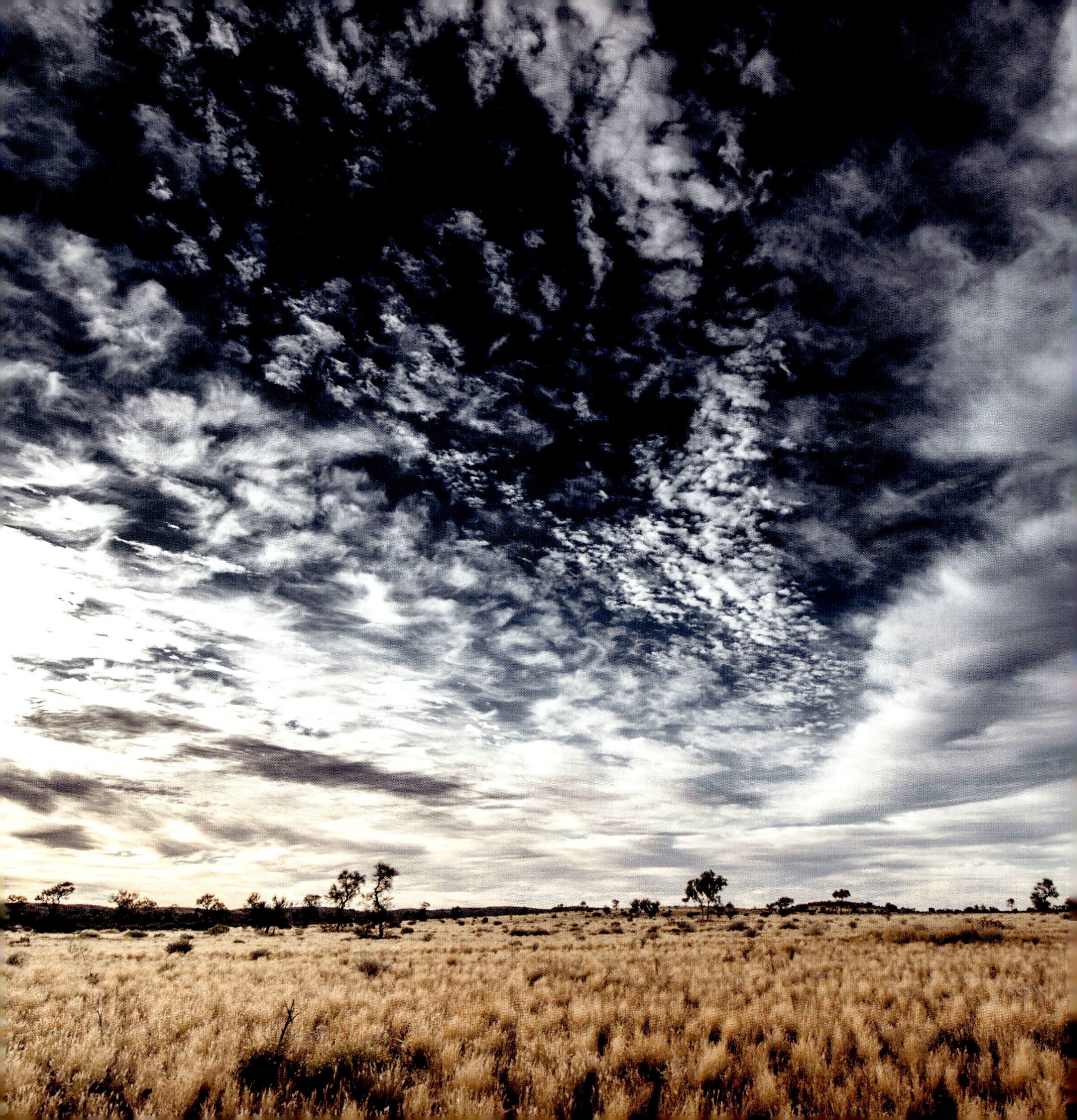

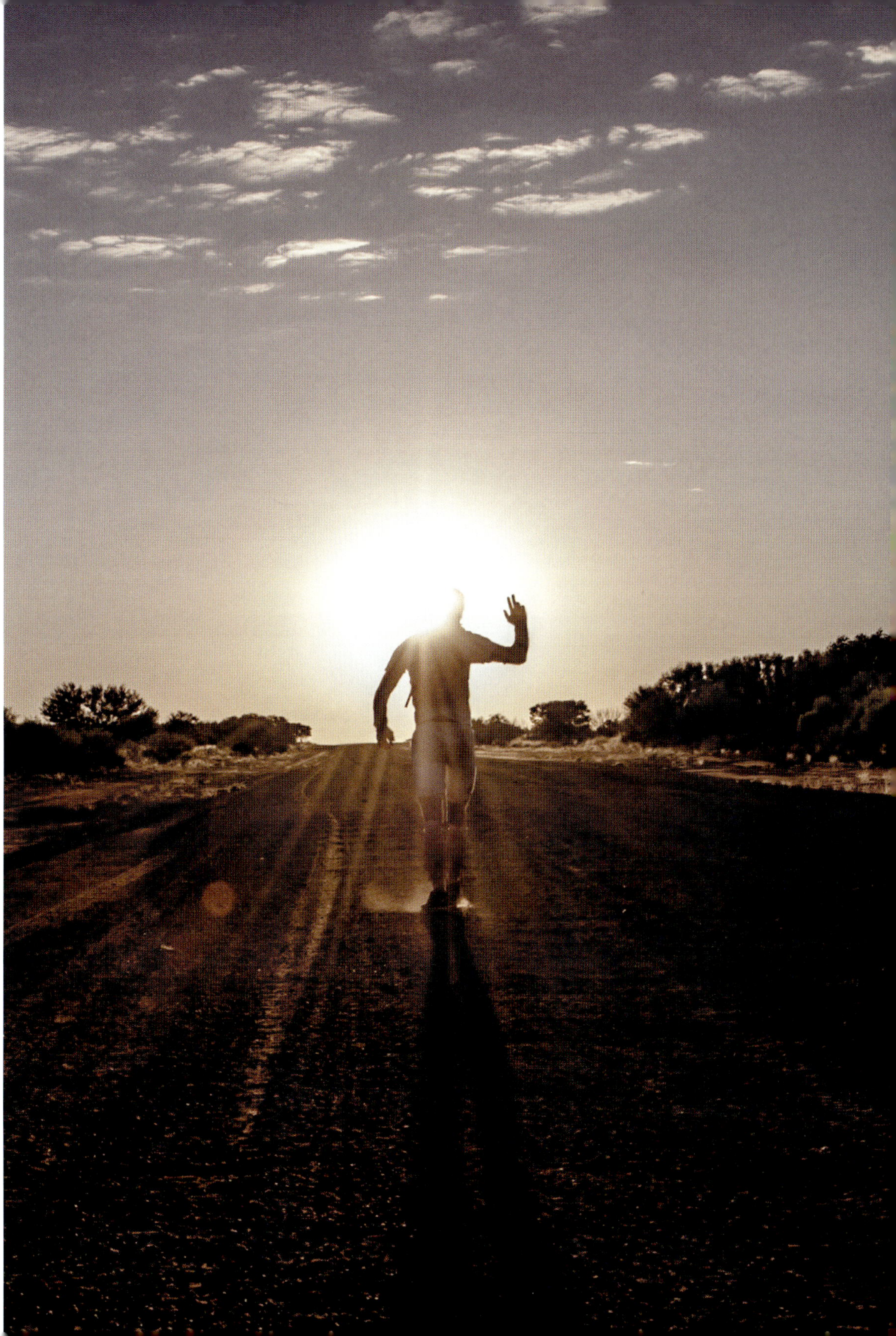

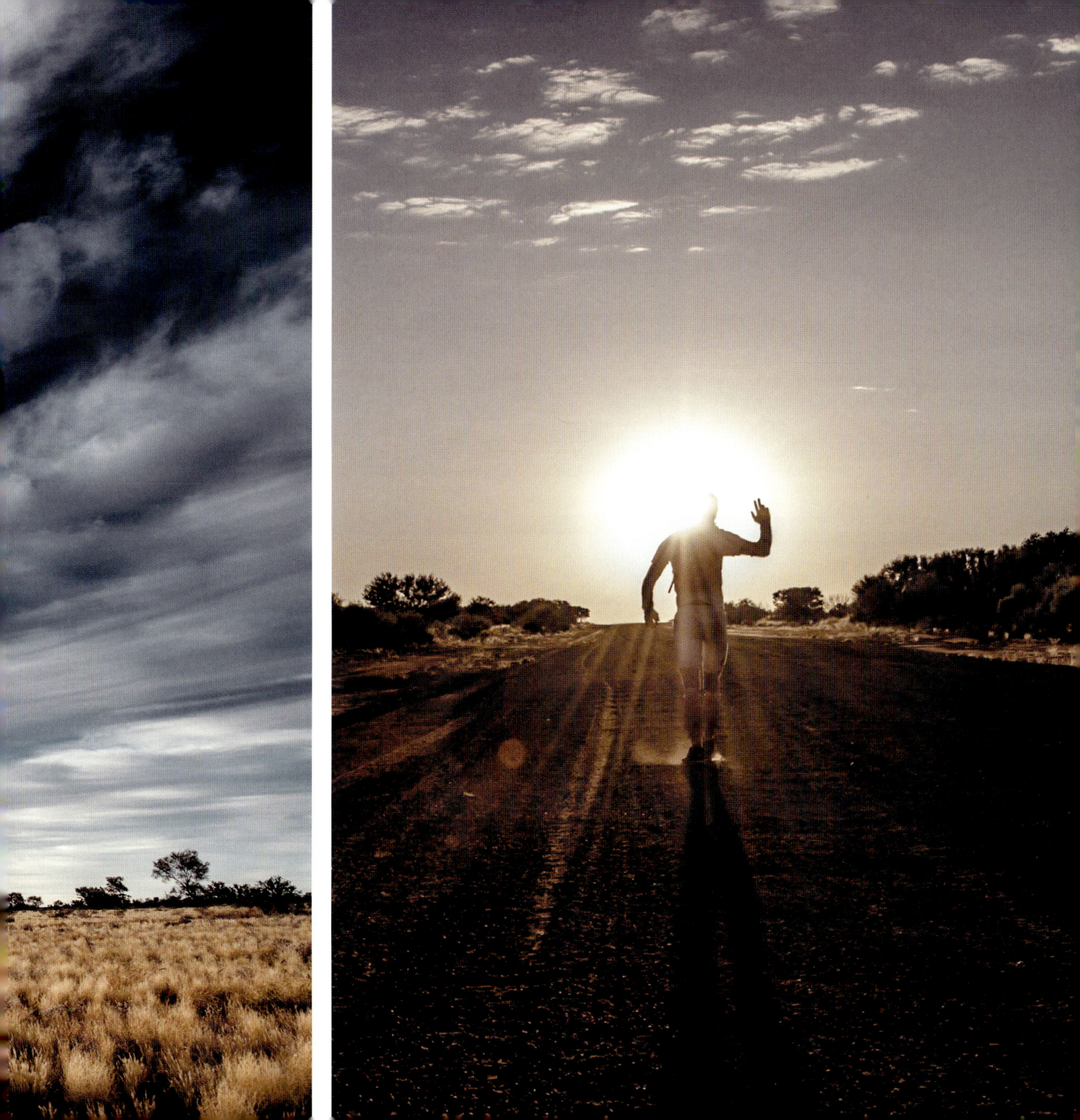

Tjukayirla Roadhouse, am Ende von Etappe vier nach 315 gelaufenen Kilometern, bekommen wir zumindest ein wenig das Gefühl von Zivilisation vermittelt. Eine Tankstelle, ein winziges Restaurant und einen Campingplatz mit Strom gibt es hier. Sogar eine Telefonzelle kann ich ausmachen. Unglaublich! Da läufst du Hunderte von Kilometern durch das Nichts und dann taucht plötzlich mit einem Schlag diese Oase auf. Wir sitzen einfach nur auf unseren Klappstühlen am Lagerfeuer und genießen die Stille und den Moment. In Zeiten von iPhone, Facebook und Twitter – ein großes Sonderrecht. Das bedeutet für mich allerhöchste Lebensqualität. Mir geht es ausgezeichnet. Nicht nur wegen der Dusche, sondern vor allem, weil ich die ersten Etappen sehr gut überstanden habe.

Tag der Leiden

Dann kommt Tag sieben. Über 500 Kilometer habe ich bereits in den Beinen. Am Ende der heutigen Etappe will ich sagen können: „Halbzeit des Laufes. Ab morgen zähle ich rückwärts." Doch die positiven Gedanken am Morgen sind schnell verflogen, denn mein rechter Oberschenkel bereitet mir immer größere Sorgen. Die Muskulatur wird härter und härter. So hart wie die unzähligen roten Steine, über die ich immer wieder stolpere. Kevin massiert mich bei jedem Checkpoint und legt mir umgehend ein Kinesio-Tape an. Mit diesem „heilenden Klebeband" lässt sich die Muskulatur lockern und Verletzungen kurieren. Ob mir dieser bunte Pflastersteifen weiterhilft?

Auch die ersten Blasen an meinen Füßen sind gekommen. Roboterhaft setze ich einen Fuß vor den anderen. Schwerfällig, aber ich komme voran. Mein Körper gewöhnt sich nur widerwillig an die täglichen Strapazen. Wie soll das bloß weitergehen? Wie soll ich weiterhin jeden Tag fast zwei Marathondistanzen bewältigen? Meine Laune sinkt. Der Schmerz nimmt zu. Ich bin zum ersten Mal am Zweifeln. Völlig sinnlos, das alles hier! Mit jedem Schritt fühle ich mich schlechter. Mein Kopf ist leer. Was würde ich jetzt alles dafür geben, meine Familie zu sehen? Nur für einen kurzen Augenblick. Beim Gedanken an meine Tochter Marla huscht mir ein Lächeln über den Mund. Das einzige am heutigen Tag. Ich mag mich heute nicht so recht als Läufer fühlen. Das Ganze hat doch jetzt sehr viel mehr mit Walking oder neudeutsch Power-Walking zu tun. Ich schleppe mich von Checkpoint zu Checkpoint. Wie lange ein einzelner Kilometer sein kann. Und da kommt er plötzlich wieder. Nur ganz kurz, aber gegenwärtig: der Gedanke ans Aufgeben. Es ist ein böser, hinterhältiger und fieser Gedanke, der sich zunächst ganz langsam einschleicht. „Stopp! Weiter geht's", sage ich mir. Doch Kopf

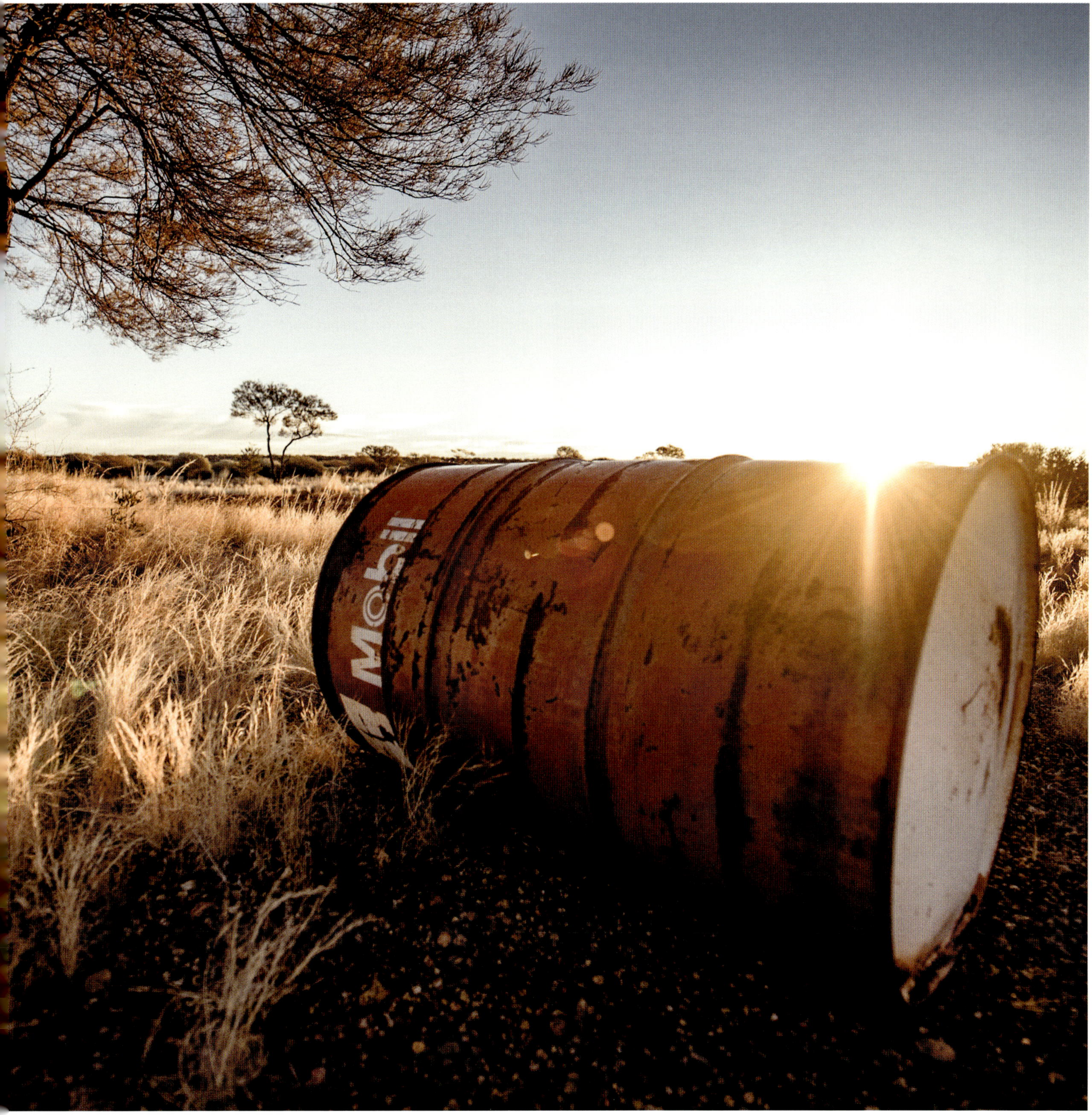
Mobil

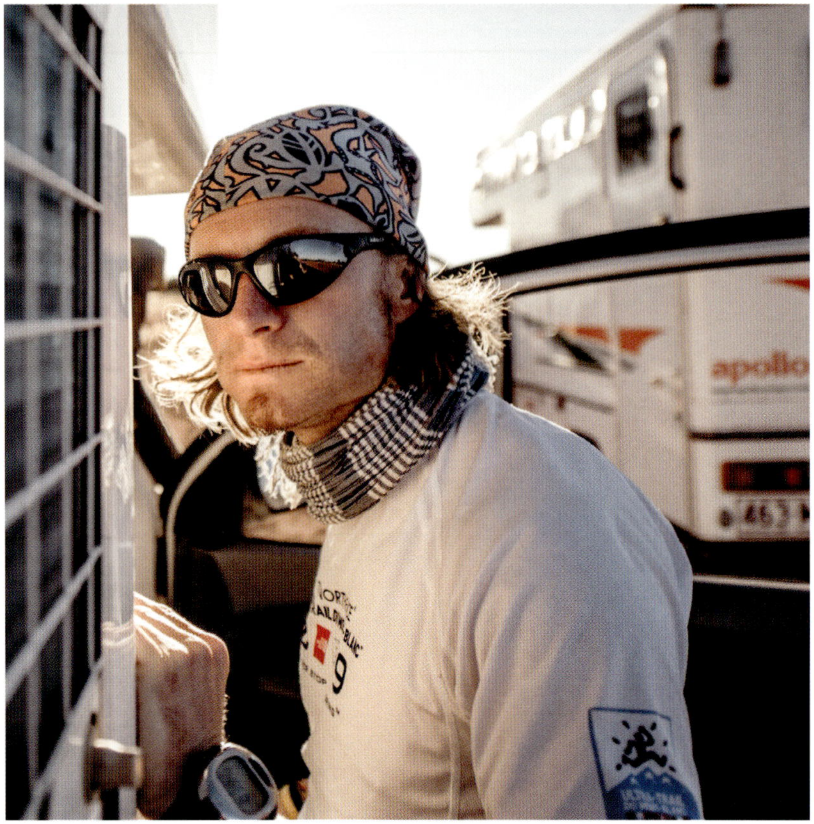
apollo
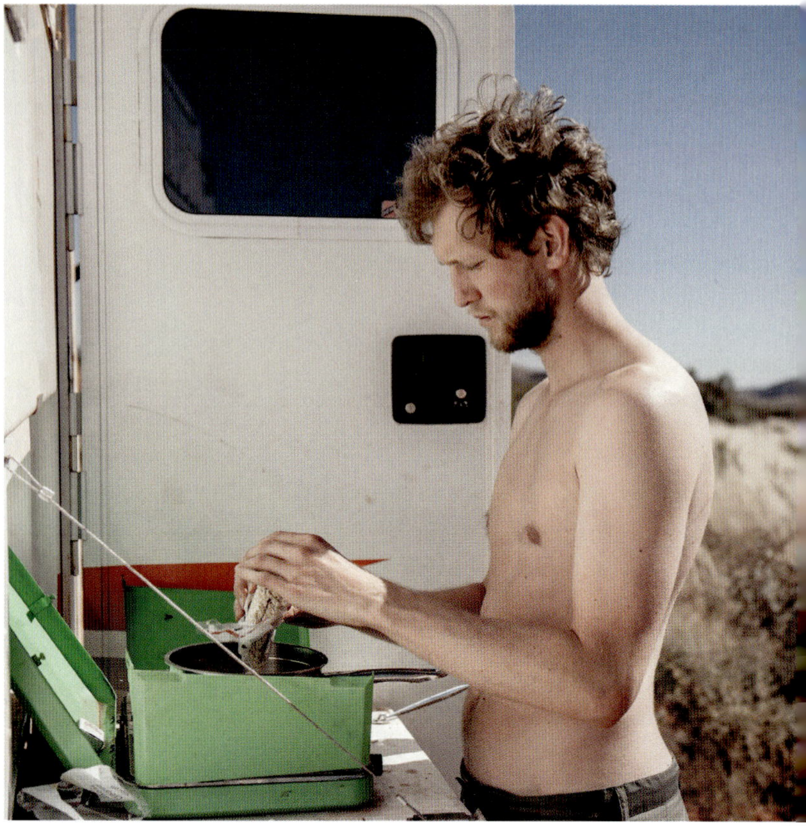
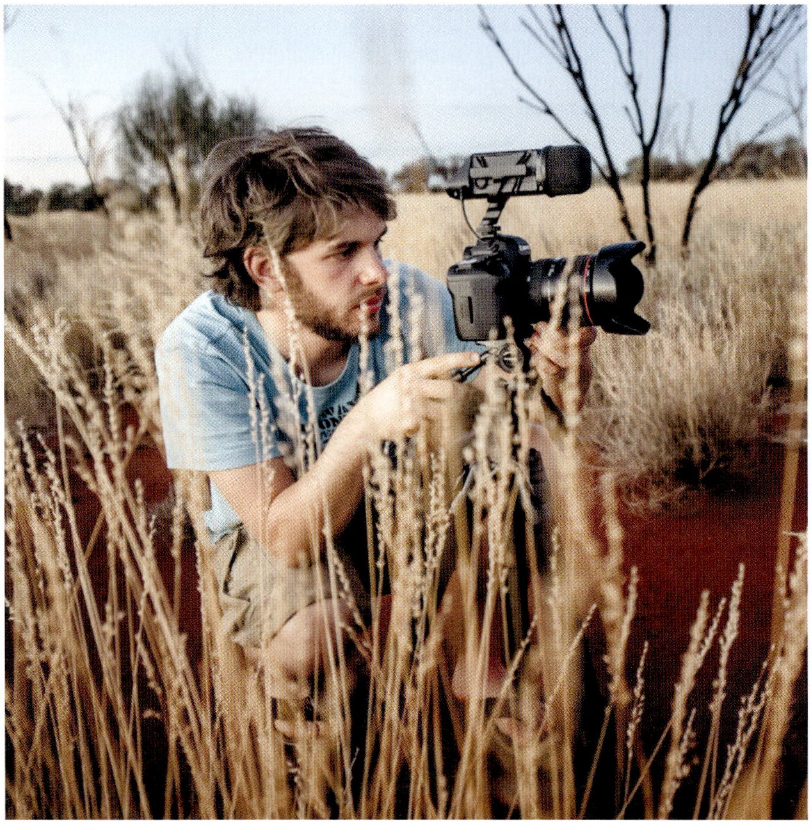
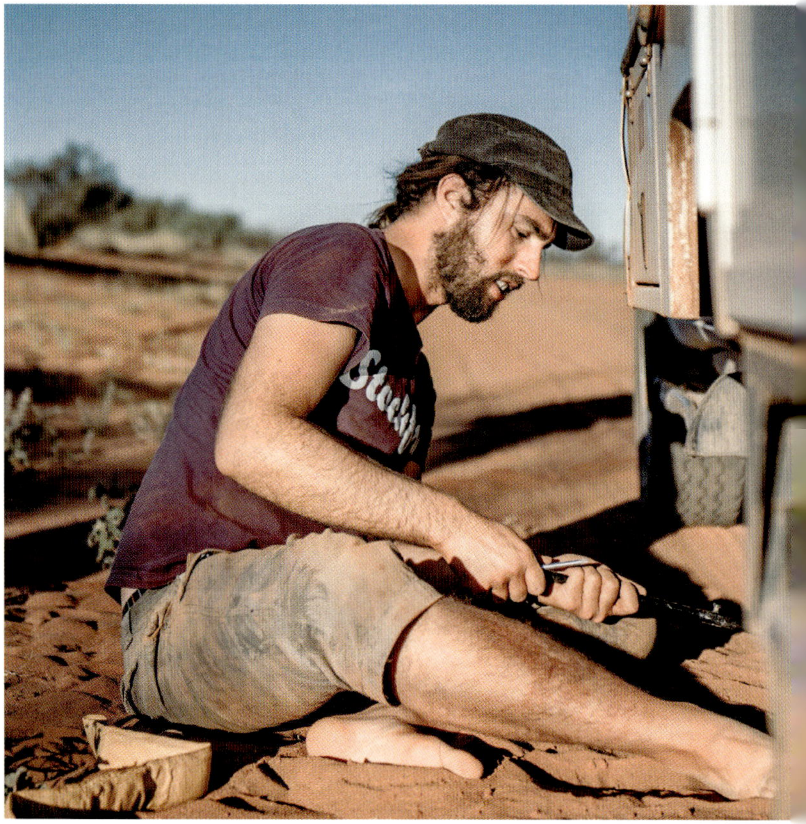

und Körper bilden an diesem Tag nicht immer eine Einheit. Ich versuche wieder positiv zu denken und rede mir ein: „Hey, sei froh, dass du hier in dieser traumhaften Umgebung sein darfst." Es hilft nicht viel, die letzten paar Kilometer verschlingen ganze zwei Stunden. Ich bin heilfroh, als ich das Warburton Roadhouse erreiche. Meine Stimmung schwindet weiter. Nicht nur wegen des heutigen Tages, sondern wegen der sich langsam einschleichenden Ungewissheit, wie ich die restlichen 580 Kilometer bis zum Ayers Rock überstehen kann. Auch die Gesichter von Chris, Marian und Kevin sehen alles andere als entspannt aus. Sie wirken angestrengt und verkrampft. Alle drei leisten jeden Tag einen vorzüglichen Job und unterstützen mich mit allen Kräften. Doch die Tatsache, dass ich die heutige Etappe nur mit Schmerzen durchstehen konnte, hinterlässt auch bei ihnen einen negativen Beigeschmack. „Kannst du deinen rechten Oberschenkel normal belasten?", fragt mich Kevin, als er diesen massiert. Doch mein schmerzverzerrtes Gesicht macht jede Antwort überflüssig. „Normalerweise braucht dein Körper jetzt ein paar Tage Erholung", gibt mir Kevin zu verstehen. Doch was ist bei einem Extremlauf durch das Outback schon normal? Die folgende Nacht schlafe ich hundsmiserabel. Immer wieder gehen mir dieselben Gedanken durch den Kopf: Wie werden die nächsten Tage verlaufen? Wird mein Oberschenkel halten? Kann ich weiterhin die 80 Kilometer pro Tag zurücklegen? Als mich um 4:30 Uhr der Handywecker aus dem Schlaf klingelt, fühle ich mich wie von einem Laster überrollt. Der erste Gedanke gilt meinem rechten Oberschenkel. Ich taste ihn vorsichtig ab und höre ganz tief in mich hinein. Wird er halten? Wie stark kann ich ihn belasten? Ich weiß es nicht, ich werde es fühlen.

Neuer Tag, neues Glück

Bei solch einem langen Rennen erlebt man vom Start bis zum Ziel immer wieder Krisen. Mentale Krisen, muskuläre Beschwerden, Magenprobleme. Es gilt jeden Tag aufs Neue aufzustehen, zu laufen und anzukommen. Und dann wieder und wieder und wieder. Die aufgehende Sonne gibt mir Kraft und neuen Mut. Neuer Tag, neues Glück. Frühstücken, Zähne putzen, anziehen, Rucksack richten – Routine hat sich mittlerweile eingestellt. Und dann kommt einer der schwierigsten Abschnitte jeder Etappe: das Loslaufen. Die Beine sind müde, die Muskeln hart, die Knie schmerzen und der innere Schweinehund ist riesengroß. Jeder Schritt ist eine Qual. Doch irgendwie geht es immer weiter. Ich muss schließlich nur einen Fuß vor den anderen setzen. Nach der ersten halben Stunde fühle ich mich schon wieder etwas besser. Es ist, als ob jemand Öl ins

Getriebe gegossen hätte. Der Motor läuft wieder rund. Einigermaßen zumindest. Geh- und Laufpassagen wechseln sich ab. Meine Stimmung nimmt mit jedem zurückgelegten Meter wieder zu. Dazu trägt auch Michael Jacksons „Man In The Mirror" bei, das ich mir reinziehe, „I'm starting with the man in the mirror, I'm asking him to change his way". Meinen eingeschlagenen Weg will ich bei diesem Lauf zwar nicht verlassen, sondern im Gegenteil unbeirrt weitergehen. Aber die Musik gibt mir Kraft und treibt mich an. Doch ich muss vorsichtig sein und darf meinen Oberschenkel nicht zu sehr überlasten. Immer wieder versuche ich mich abzulenken. Erinnerungen vergangener Abenteuer gehen mir durch den Kopf. Der fantastische Sonnenuntergang im Valle de la Luna in der Atacama-Wüste in Chile, der Anblick des gewaltigen Kanjenchunga im indischen Himalaya, die schroffen und steilen Wände in der Mafate auf der Insel La Réunion, die Dichte und Intensität des Dschungels im Amazonasgebiet in Brasilien. Das waren wunderbare Augenblicke, die sich ganz tief in mir eingenistet haben. Seelenorgasmen der allerfeinsten Art. Diese Bilder habe ich im Kopf und rufe sie immer wieder ab. Auch heute halte ich mich wieder streng an die Regel, jede Stunde eine Pellkartoffel, die Kevin täglich zubereitet, zu essen. Mein Rucksack-Buffet hat darüber hinaus einige weitere kulinarische Köstlichkeiten zu bieten: Müsliriegel, Kekse, Nüsse und natürlich Wasser. Doch nach über einer Woche hier im Outback kann ich keine Kartoffeln mehr essen und viel schlimmer noch – ich kann sie nicht mehr im Magen behalten. Seit meinem Start vor zehn Tagen habe ich kaum Gewicht verloren. Ich gebe mir alle Mühe und esse, wann immer sich eine Gelegenheit bietet. Schon morgens beim Frühstück gönne ich mir 250 Gramm Pasta – aus der Tüte wohlgemerkt. Das Geschmackserlebnis hat für mich dabei nicht die allergrößte Priorität. Was zählt, ist die Anzahl an Kalorien. Ach, wie sehne ich mich nach einem großen, leckeren Steak oder einer Pizza Funghi. Doch hier im Outback habe ich wenige Alternativen. Die Entscheidung, was ich esse, wird mir leicht gemacht. Pasta oder Reis? Reis oder Pasta? Es ist so einfach. Das sonst so komplexe Alltagsleben aus Familie, Kind, Geld und Beruf lässt sich in diesen zwei Wochen auf drei Dinge reduzieren: Laufen, Essen, Schlafen.

Freude oder Leid? Das ist hier die Frage

Was ist das denn? Ich nehme einen dumpfen, pochenden Schmerz am rechten Schienbein wahr. Verdammte Sch…! Das darf ja wohl nicht wahr sein. Als ob ich nicht schon genügend muskuläre Beschwerden habe, hat sich nun auch noch das unter Langstreckenläufern berüchtigte Schienbeinkantensyndrom dazugesellt. Das Schienbeinkantensyndrom, das umgangssprachlich auch Shin splints bezeichnet wird, ist die Bezeichnung für eine schmerzhafte Empfindung in den Schienbeinen. So steht es auf Wikipedia. Was den Schmerz im Schienbein anbelangt, kann ich dem Internetlexikon zustimmen. Als ob dir jemand bei jedem Schritt mit einem Hammer auf dein Schienbein schlägt. Welche Möglichkeiten habe ich? Weitermachen oder aufgeben? Freude oder Leid? „Ist der Schmerz nicht dein Feind, dann ist er dein Freund", sinniere ich. Ganz klar: Ich muss mich mit dem Schmerz verbünden. Das ist nicht angenehm, aber für einen erfolgreichen Ausgang des Projekts „Run to the Rock" zielführend. Kevin hilft mir dabei, die Schmerzen mit einem angelegten Druckverband zu lindern. Ich muss die Tagesleistung reduzieren. Anstatt der 80 sind es nur noch 70 Kilometer, die ich pro Tag laufe und gehe. Mein Ziel, die 1.120 Kilometer in 14 Tagen zu schaffen, rückt in immer weitere Ferne. Anstatt der zehn bis zwölf Stunden, die ich in der ersten Woche pro Tag für die 80 Kilometer benötigte, bin ich nun bis zu 14 Stunden täglich unterwegs. Doch länger laufen bedeutet gleichzeitig weniger Regeneration. Und das heißt wiederum, dass mein Team länger arbeiten darf. Auch heute werde ich nicht vor 20 Uhr im Lager sein. Die Sonne ist schon fast weg. Die Dunkelheit rückt immer näher. Noch zehn Kilometer. Mein Mund öffnet sich. Nicht, weil ich es so will. Die Müdigkeit gibt mittlerweile den Ton an. Zeit, meine Stirnlampe aufzusetzen. Die Situation ist trotz Finsternis und Müdigkeit etwas ganz Besonderes für mich. Ich nehme das Outback noch intensiver wahr als am Tag. Die Stimmung verändert sich komplett. Um dich herum ist es unheimlich, geheimnisvoll, geradezu mystisch. Links und rechts der Piste raschelt es immer wieder. Außer ein paar schwarz erscheinenden Büschen kann ich nichts erkennen. Die wenigen Bäume mit ihren breiten, dunklen Ästen wirken wie Gespenster auf mich. Es herrscht eine eigenartige, spannende und auch bizarre Atmosphäre. Wenn du bei Tageslicht läufst, kannst du die Umgebung in der Regel voll wahrnehmen. Du siehst sie ja mit deinen eigenen Augen. Du siehst den sandigen und staubigen Weg. Bei Nacht ist alles anders. Das Outback zeigt ein anderes Gesicht. Die unzähligen lästigen Fliegen, die den ganzen Tag um mich herumschwirren, sind verschwunden. Auch die Hitze ist weg. Dafür erscheint mir die Stille noch vollkommener. Außer meinem Laufschritt gibt es nichts, was mein Gehör wahrnimmt. Gar nichts. Unzählige Sterne funkeln am Himmel. Immer wieder wandern meine Blicke nach links und rechts. Folgt mir etwa jemand? Von Weitem erkenne ich zwei winzig kleine Lichtquellen, die ganz langsam näherkommen. Wie zwei Taschenlampen, die sich bewegen. Was ist das denn bitte? Ich laufe weiter, bloß ein paar Schritte. Halte dann wieder inne. Nach einer Phase der Orientierungslosigkeit folgt die Gewissheit: Ich habe es auch heute wieder geschafft.

Sobald ich am Ende einer Etappe die beiden Camper meines Teams erreiche, habe ich nur einen Gedanken: so schnell wie möglich ins Bett. Meine Uhr zeigt 20:10 Uhr an. Die Zeit ist mein ständiger Gegner bei diesem Rennen. 15 Minuten länger laufen bedeuten 15 Minuten weniger Schlaf. In nicht mal neun Stunden geht es schon wieder weiter mit der nächsten Etappe. Drei Teller Pasta, umziehen, Körperpflege und ab geht es ins Bett. Vorher ist noch kurzes Abstimmen für die morgige Etappe mit meinem Team angesagt. Für längere Gespräche mit meinen Freunden fehlt mir leider die Kraft. Ich beschränke mich nur noch auf das absolut Notwendigste. Die Massage von Kevin, die ebenfalls zu einem täglichen Ritual geworden ist, lässt mich behutsam in meinen Schlaf finden.

Noch 240 Kilometer – was ist das schon!

Ab jetzt ticken die Uhren anders. Darauf habe ich lange gewartet. Ich befinde mich mittlerweile in Nordaustralien, genauer gesagt im Northern Territory. Der Norden Australiens ist für mich das wahre Australien. Gefährliche Salzwasserkrokodile, sengende Hitze, rote Erde, wenige Menschen – all das assoziiere ich mit dem Northern

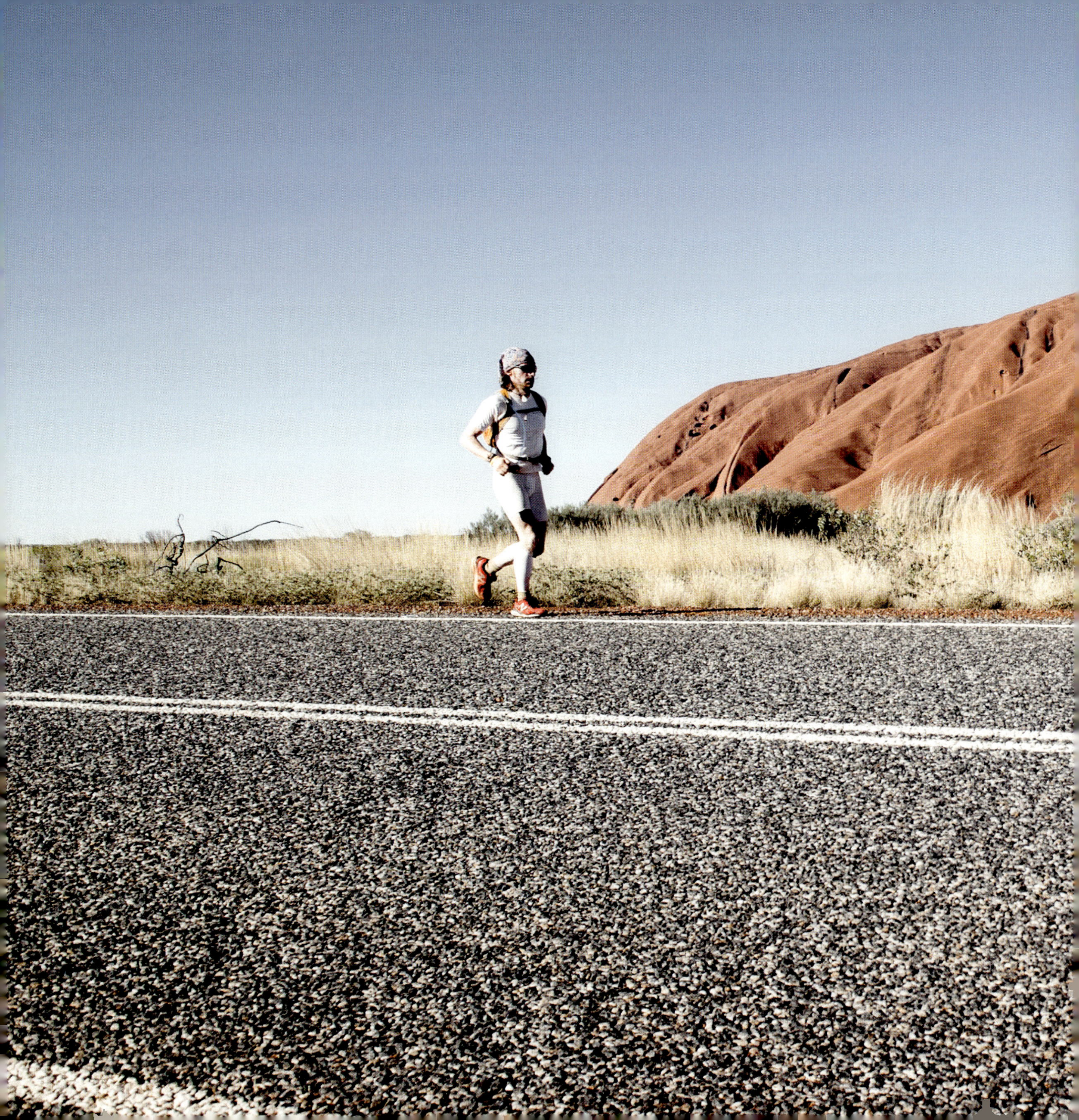

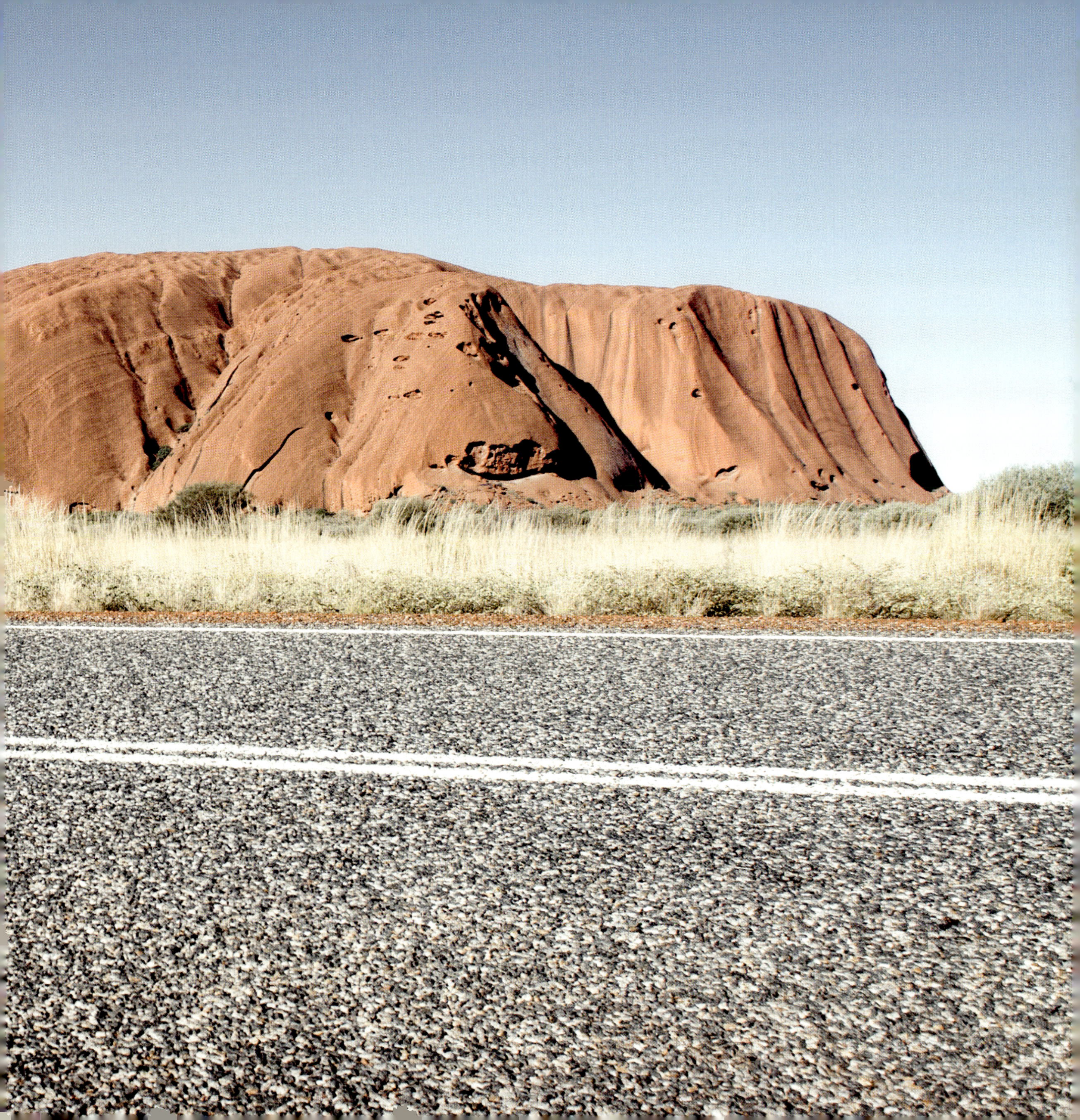

Territory. Neunzig Minuten wird die Zeit gegenüber Westaustralien vorgestellt. Doch viel wichtiger ist für mich die Tatsache, dass es ab hier nur noch 240 Kilometer bis zum Ayers Rock sind. Und was sind schon 240 Kilometer, wenn du bereits 900 Kilometer in den Beinen hast? Die Perspektive verändert sich. Und dadurch auch das körperliche Befinden. Meine Oberschenkelverhärtung und die Blasen an meinen Füßen, die mich schon seit Tagen plagen, scheinen auf einmal wie weggeblasen. Auch den stechenden Schmerz im rechten Knie nehme ich plötzlich nicht mehr wahr. Meine Gedanken sind jetzt ganz auf das Ziel programmiert. Ich spüre wieder die innere Gewissheit, dass ich bald den Ayers Rock erreichen werde. Dieses Gefühl wird immer stärker. Mit jedem Schritt nimmt es weiter zu. Alles geht auf einmal so leicht.

Im Ziel – am Ayers Rock

Das ist schon komisch. Ein eigenartiges Gefühl. Nach über 1.000 gelaufenen Kilometern betrete ich das erste Mal wieder asphaltierten Boden. Willkommen in der Zivilisation. Direkt vor mir liegen die Olgas, eine Gruppe von 36 Bergen. Kata Tjuta, viele Köpfe, werden sie von den Aborigines genannt. Im Sonnenaufgang bieten diese roten Berge einen faszinierenden Anblick. 50 Kilometer trennen mich jetzt noch vom Ayers Rock. Doch ein flüssiges Lauftempo will sich bei mir auf der asphaltierten Straße nicht einstellen. Nur schwerfällig komme ich voran. Mit der Stille ist es nun vorbei. Immer wieder fährt ein Touristenbus oder ein Auto an mir vorbei. Gehupe inklusive.

Dann die letzten zehn Kilometer bis zum Rock. Ich denke an nichts anderes mehr. Ich will nur noch diesen Fels berühren. Ich will nur noch ankommen. Ich löse die letzten Bremsen und fliege dem Ziel förmlich entgegen. Ich bin voll in meinem Element. Ich brenne. Ich renne – den Kilometer unter fünf Minuten. Tränen schießen mir in die Augen. Meine Mundwinkel wandern immer mehr Richtung Nasenhöhe. Freudestrahlend schaue ich hoch in den wolkenfreien Himmel, an dem die Sonne wie eine Königin thront. Dabei macht sich Gänsehaut auf meinem Körper breit. In mir ist es ganz warm. Es prickelt in mir vom Kopf bis zur Fußspitze. Ich bin völlig losgelöst von allem. Bin ganz bei mir angekommen. Ich brauche nichts in diesem Moment. Bin einfach nur da. Meine Beine, meine Arme, meine Füße, mein Kopf – alles fühlt sich ganz leicht an. Die letzten Meter. Dann im Ziel. Meine Hände berühren nach 1.120 Kilometern und 15 langen Tagen den Ayers Rock. Chris, Marian, Kevin und ich fallen uns in die Arme. Ich bin glücklich und doch irgendwie leer. Mein gesamter Körper zittert – vor Glück und Erschöpfung. Selten zuvor hat ein Dosenbier so gut gemundet wie dieses am Ayers Rock. Cheers!

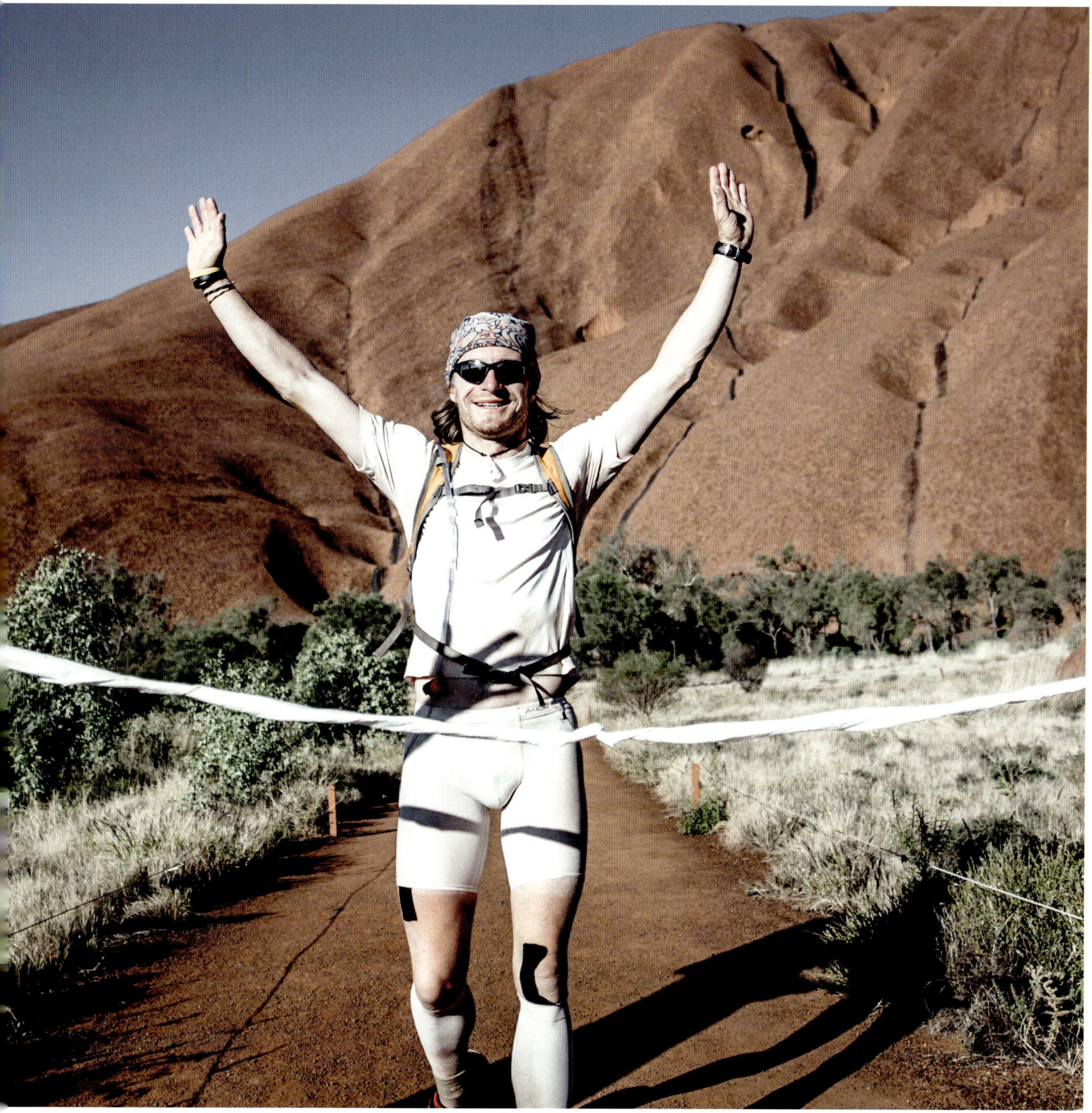

Im Schatten der Achttausender

100 Meilen durch den Himalaya

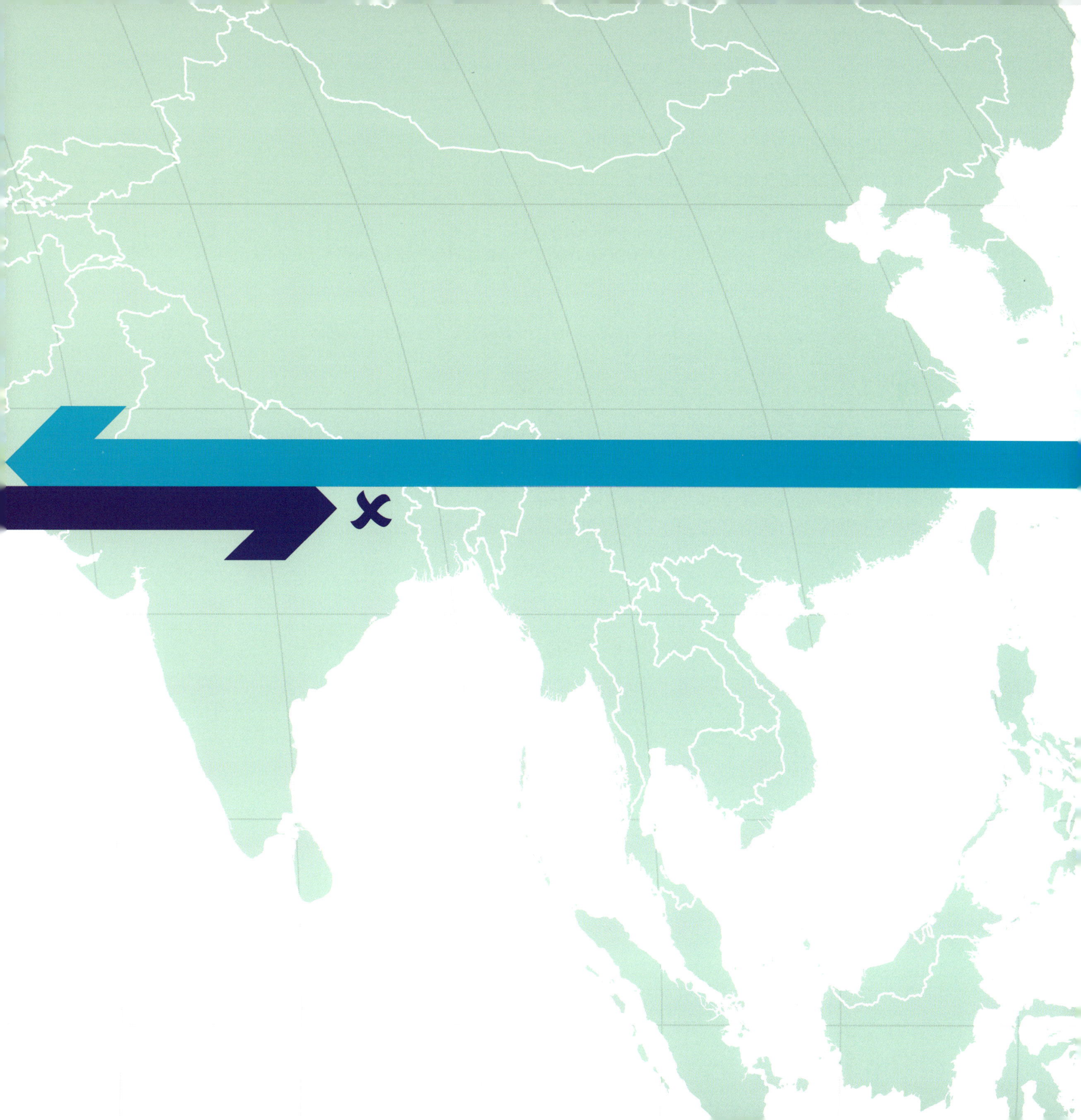

MUSS ES IMMER HÖHER, SCHNELLER UND WEITER SEIN? Immer extremer? Meine Antwort lautet ganz klar: Nein. Wenn du einmal bei einem Lauf wie dem Himalayan 100 Mile Stage Race dabei warst, verstehst du meine Haltung.

Beim Himalayan 100 Mile Stage Race, einem organisierten Lauf im indischen Bundesstaat Westbengalen, gilt es 161 Kilometer und gut 7.000 Höhenmeter in fünf Tagesetappen zurückzulegen. Jedes Jahr stellen sich zwischen 40 und 80 Läufer dieser Herausforderung.

Doch bei diesem Rennen geht es weniger um die absolute sportliche Grenzerfahrung oder um Platzierungen und Rekorde. Die Schönheit der Natur, die vielfältigen kulturellen Eindrücke und die Begegnungen mit den Einheimischen sind für mich genauso wichtig gewesen. Was können auch schon die nackten Zahlen über den Reiz eines solchen Abenteuers, über die Tausenden von unterschiedlichen Sinneseindrücken dieser Reise aussagen?

Den Himalaya mit eigenen Augen sehen zu dürfen reizte mich schon immer. Einmal ins höchste Gebirge der Erde – das ist ein ganz großer Traum von mir gewesen. Nicht nur ein Traum, sondern ab dem Jahr 2008 ein konkretes Ziel. Himalaya – alleine der Name ruft eine große Portion Faszination in mir hervor. Zehn der vierzehn höchsten Berge der Erde befinden sich hier. Viele Mythen und zum Teil tragische Geschichten existieren um diese Bergriesen. Doch alles der Reihe nach.

Zuvorkommend, unbefangen und warmherzig

Mit meinem Fotografen und Kumpel Christian fliege ich schon vier Wochen vor dem Lauf zunächst nach Nepal, um mich entsprechend vorzubereiten und richtig zu akklimatisieren. Kathmandu, die Hauptstadt Nepals, ist dabei unsere erste Station. Kathmandu ist politisches und kulturelles Zentrum von Nepal und mit fast 900.000 Einwohnern die größte Stadt des Landes. Sie liegt zusammen mit den Städten Patan und Bhaktapur im Kathmandutal, das von der UNESCO als Weltkulturerbe angesehen wird. Kathmandu ist eine impulsierende und faszinierende Metropole. Die Altstadt ist geprägt von engen Gassen, Chaos, Hektik, Gehupe und lärmendem Verkehr. Imposante Tempelanlagen und geschichtsträchtige Plätze wechseln sich hier mit einfachen Lehmhütten und völlig überfüllten Straßen ab. Fleisch- und Fischspezialitäten werden auf offener Straße zwischen streunenden Hunden und hupenden Rikschafahrern angeboten. Wir kommen uns wie in einer anderen Welt vor. Einer Welt voller interessanter Dinge und auch voller Armut. Nepal zählt zu den ärmsten Ländern der Erde. Umso erstaunlicher

IMALAYAN 100
Himalayan 100 Mile Stage Race
61
Himalayan Run
Himalayan Run & Trek
74
83

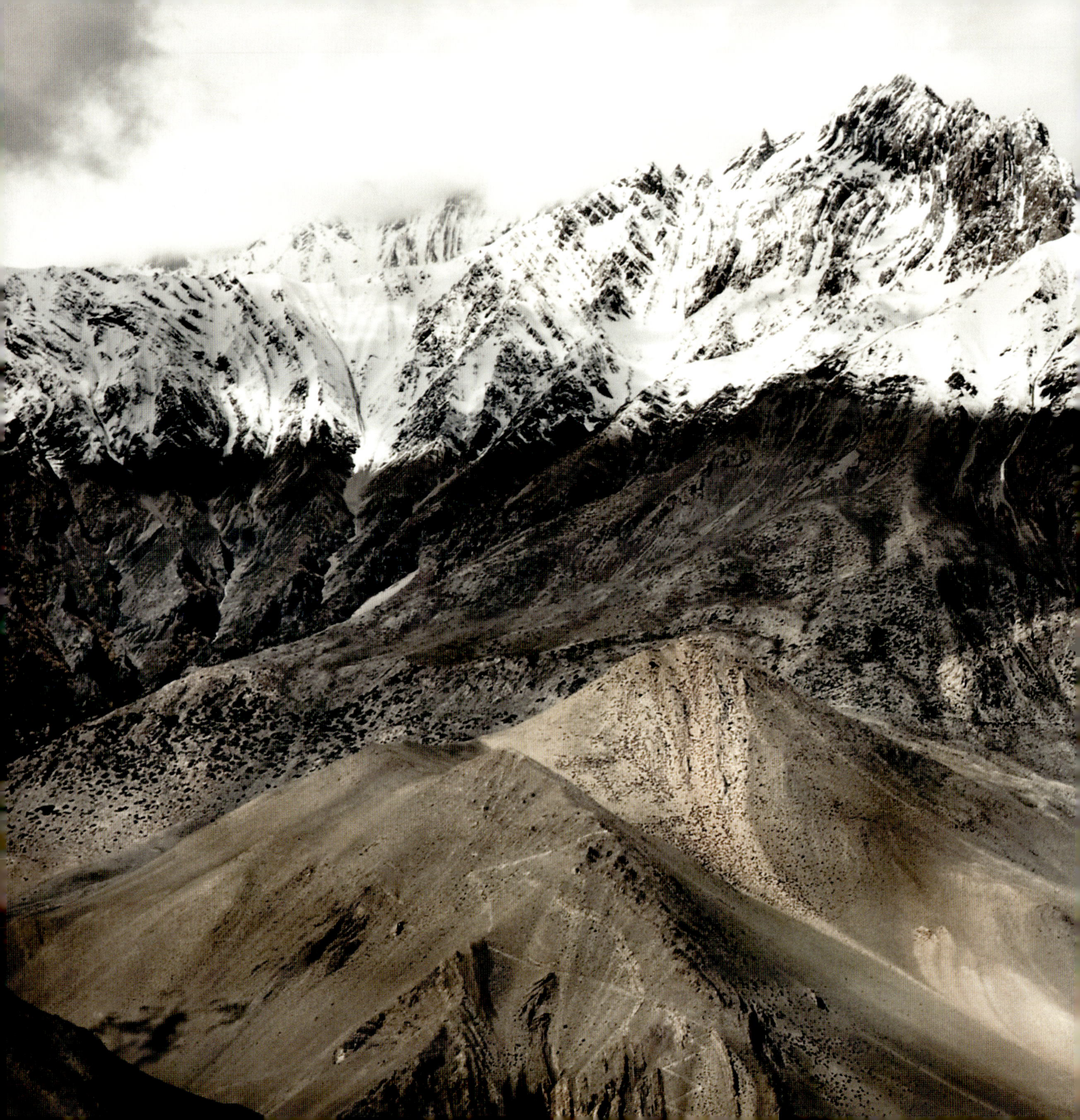

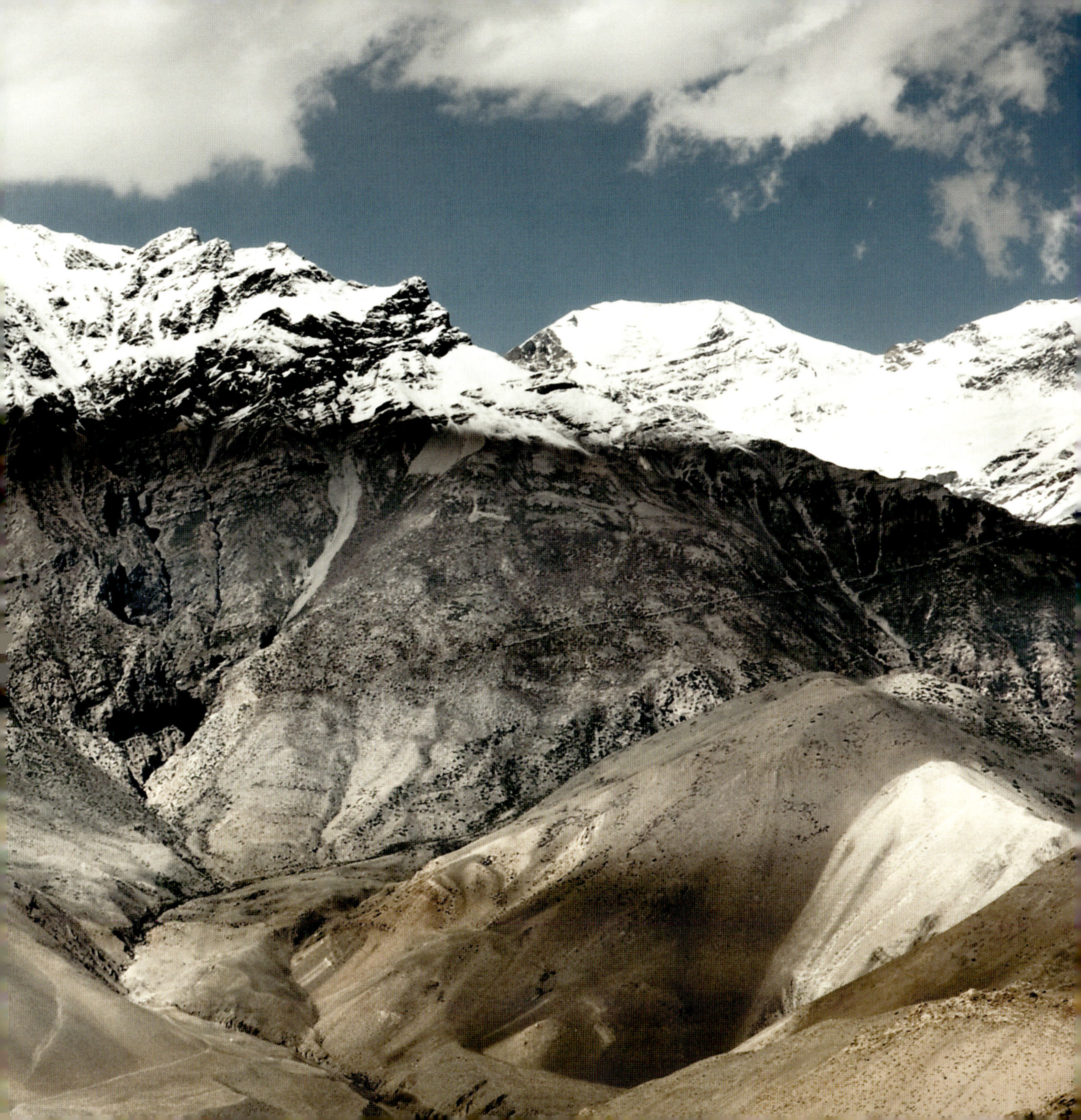

ist es für mich zu erleben, dass die Menschen teilweise zufriedener und glücklicher wirken als viele Menschen in den westlichen Industrienationen.

Christian und ich schlendern durch die Straßen. Diese sind holprig und staubig. Wo die Abflussgräben nicht bedeckt sind, gähnen große, tiefe Löcher. Es wimmelt von Menschen. Alle paar Minuten werden wir angesprochen. Ob Souvenirhändler, Schuhputzer, Rikschafahrer oder Obstverkäufer – die Menschen hier sind neugierig. Den Kontakt mit der einheimischen Bevölkerung empfinden wir als absolute Bereicherung. Zuvorkommend, unbefangen und warmherzig – diese Attribute beschreiben die Menschen dort sehr treffend. Als Fremde werden wir des Öfteren zum Essen eingeladen, obwohl die tägliche Essensration gerade für die Menschen selbst ausreicht. Trotz größter Armut scheinen die Menschen hier ein zufriedenes und glückliches Leben zu führen.

Bei all den Augen, die auf uns gerichtet sind, ist es mir unmöglich, mich in Ruhe zu orientieren. Dazu kommt, dass überall Bettler ihre Bettelschalen hochhalten und damit klappern, damit man sie bemerkt. Und dann läuft mir dieses junge Mädchen hinterher. Sie ist vielleicht fünf oder sechs Jahre. Ein winziges, kleines Wesen, das nur aus Haut und Knochen besteht. Von Entsetzen gepackt, weiß ich nicht mehr, was ich machen soll. Dem Kind Geld geben oder einfach wegrennen? Ich gehe weiter und fühle mich dabei hundeelend und gleichzeitig wütend.

Vorbereitung ist alles

Nach unserer Ankunft in Nepal und einem kurzen Aufenthalt in der nepalesischen Hauptstadt fahren wir weiter über Pokhara ins Annapurna-Gebiet, wo ich mich gezielt auf den Lauf vorbereiten will.

Das Annapurna-Gebiet ist ein gewaltiges Bergmassiv im Nordwesten Nepals. Hier erheben sich mit dem Annapurna 1 und Annapurna 2 zwei der 16 höchsten Berge der Welt. Diese traumhafte Kulisse stellt für die nächsten drei Wochen mein Trainingsgebiet dar. Mein primäres Ziel ist es dabei, mich in der Vorbereitungsphase an die Höhenlage zu gewöhnen. Da ich mich beim Lauf auf einer Höhe von fast 4.000 Metern bewegen werde, will ich vorab das Laufen in dieser Höhe trainieren. Genau dieser Aspekt, Laufen in einer Höhenlage von fast 4.000 Metern, stellt für mich die Herausforderung bei diesem Abenteuer dar. Die Distanz und die Anzahl an Höhenmetern kannte ich zum damaligen Zeitpunkt schon vom Ultra-Trail du Mont Blanc. Doch dort ist spätestens bei einer Höhenlage von 2.600 Metern Schluss. Bevor wir jedoch nun in größere Höhen aufbrechen, verbringen Christian und ich die ersten Tage in einer Höhenlage zwischen 500 und 1.000 Metern. Kürzere Läufe und Treppensteigen stehen zunächst auf meinem Trainingsplan. Mir geht es als Erstes, neben der Akklimatisation, um die Anpassung der Muskulatur und des passiven Bewegungsapparates an die vielen Auf- und Abstiege. Besonders die Oberschenkelmuskulatur will ich auf die zahlreichen Schläge beim Bergablaufen vorbereiten. Beim Bergauflaufen wird überwiegend das Herz-Kreislauf-System beansprucht, während beim Bergablaufen die Muskulatur, die Gelenke, Sehnen und Bänder belastet werden.

Mir bereitet das Training vom ersten Tag an richtige Freude, besonders wegen der sich ständig verändernden Umgebung. Wir kommen immer wieder an kleineren Siedlungen und Weilern vorbei, wo wir auch in einfachen Lodges übernachten.

In manchen Dörfern haben wir das Gefühl, dass wir ins Mittelalter zurückversetzt wurden. In Ghasa, einem kleinen verschlafenen Dorf im Siedlungsgebiet der Thakali, scheint die Zeit still gestanden zu sein. Einfache Hütten aus Lehm und Stein. Vielleicht zwei Dutzend für die wenigen Einwohner. Ein holpriger Pfad führt uns durch den Weiler. Immer wieder machen wir spielende Kinder aus, die neugierig zu uns herschauen. Es ist ein friedlicher Ort, in dem zufriedene Menschen leben. Von der Hektik und den Menschenmassen wie in Kathmandu überhaupt keine Spur. Wir fühlen uns hier richtig wohl. Die Ruhe, die atemberaubende Landschaft um uns herum und das einfache und bescheidene Leben der Menschen hier beeindrucken uns. Von den imposanten Berggipfeln des Himalayas sehen wir zu Beginn gar nicht so viel. Die ersten Trainingstage sind landschaftlich durch grüne und saftige Wiesen, durch dichte und kühle Wälder und zahlreiche rauschende Bäche gekennzeichnet. Wir sind überrascht und gleichzeitig fasziniert von dieser vielseitigen und abwechslungsreichen Landschaft des Annapurna-Gebietes.

Die Magie der Berge

Mit der Zeit kommen wir immer höher. Christian und ich sind bereits seit Tagen zu Fuß mit unseren schweren Rucksäcken im Annapurna-Gebiet unterwegs. Jeden Abend machen wir an einem anderen Ort Halt.

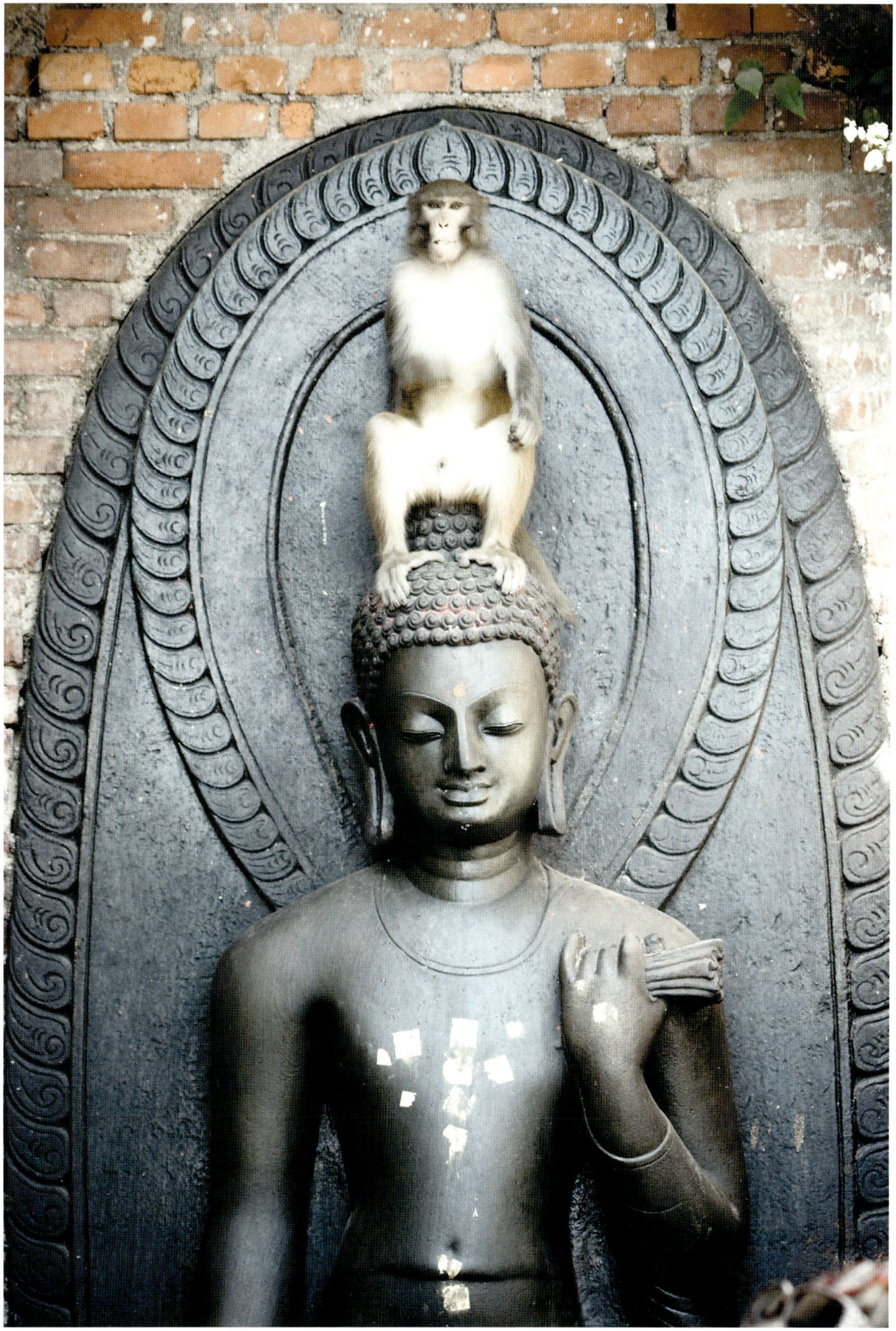

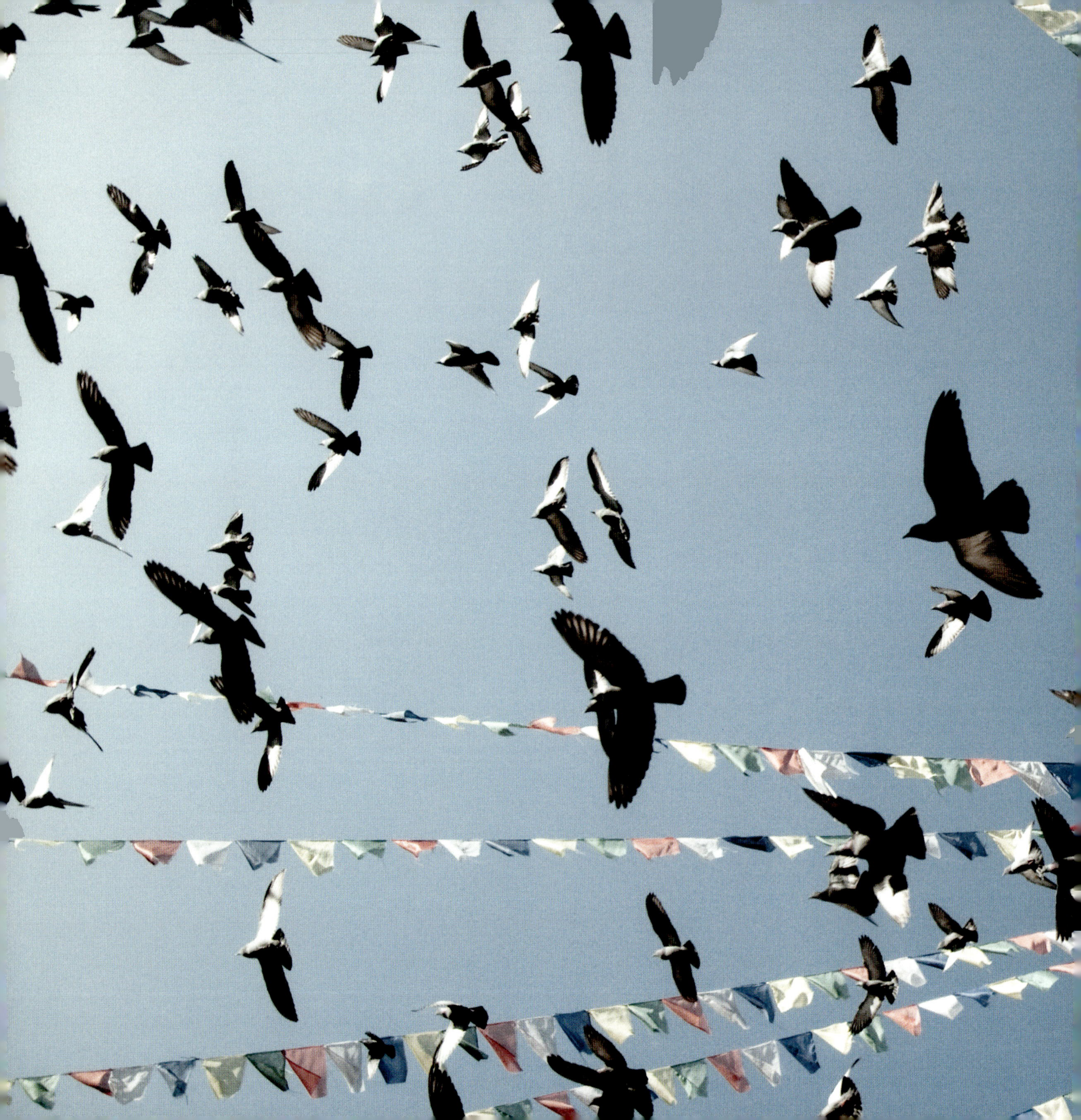

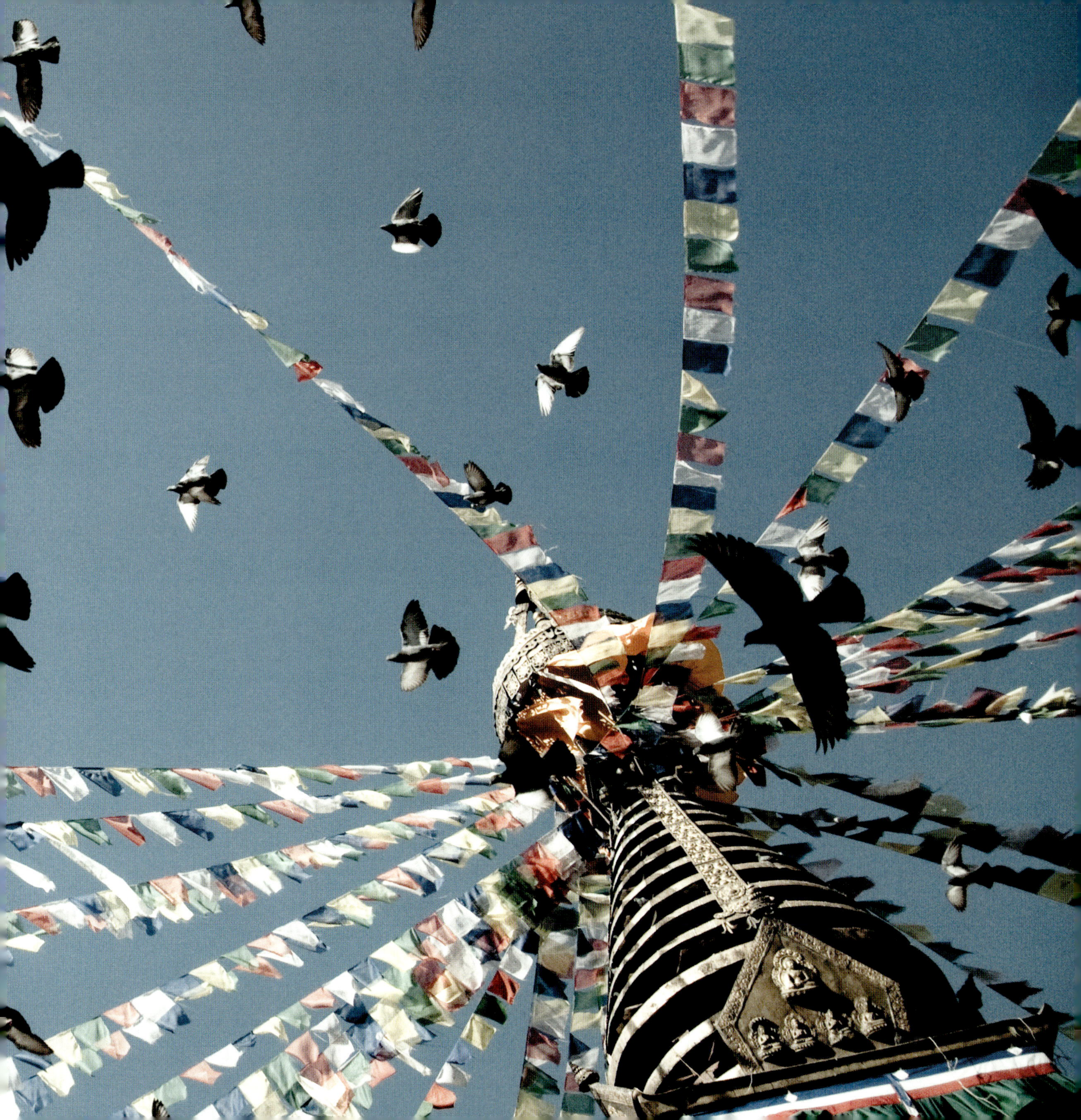

THANK YOU FOR VISITING MANANG
THORONG-LA PASS
5416 Mtr.
CONGRATULATION FOR THE SUCCESS!!!
HOPE YOU ENJOYED THE TREK IN MANANG.
SEE YOU AGAIN!!!
KMTNC/ACAP
MANANG

Unser nächstes Ziel heißt Muktinath auf 3.820 Metern. Muktinath bedeutet übersetzt so viel wie „Ort des Heils" und stellt einen wichtigen Wallfahrtsort für Hindus und Buddhisten dar. Ein Bad im dortigen Hindutempel Vishnu Mandir soll eine Reinigung der Sünden bewirken. Die 108 Hähne in Form von Bullenköpfen stellen eines der Wahrzeichen dieses Tempels dar. Für mich bietet Muktinath aufgrund der Höhenlage sehr gute Trainingsbedingungen, aber auch für das Auge wird etwas geboten. Nach fünf Regentagen in Folge haben wir hier zum ersten Mal wieder sonniges Wetter und traumhafte Ausblicke auf die Himalaya-Bergwelt. Die 8.000er scheinen zum Greifen nah. Die Dimensionen in diesem Gebirge sind sehr beeindruckend und unbeschreiblich. Wir sind hier schon auf fast 4.000 Metern und von da geht es noch einmal drei, vier Stockwerke höher. Es ist für mich ein wirklich erhabenes Gefühl, einen Bergriesen wie den Dhaulagiri oder den Annapurna 1 mit eigenen Augen sehen zu dürfen. Minutenlang bleibe ich einfach nur stehen und genieße die Schönheit und Magie der Berge. Wir gehen höher und höher. Von Muktinath aus unternehmen wir eine Tour auf den Thorong-La-Pass, 5.416 Meter über dem Meeresspiegel. Wir erwischen einen traumhaften Tag, der uns wieder eine grandiose Sicht auf die Himalaya-Berge erlaubt. Besonders der Dhaulagiri, mit 8.167 Metern der siebthöchste Berg der Erde, sticht imposant hervor. Da es die Tage zuvor geregnet hat, gibt es hier ab 4.500 Metern Neuschnee, der die Umgebung noch beeindruckender erscheinen lässt. Mein Höhenmesser zeigt an, dass wir bereits die 5.000-Meter-Grenze überschritten haben. Jeder Schritt fällt auf einmal unheimlich schwer. Unser Puls rast. Wir schnappen nach Luft und müssen alle paar Meter stehenbleiben. Es ist unglaublich kräftezehrend, in dieser Höhe durch fast kniehohen Schnee zu marschieren. Der Weg ist vor lauter Schnee fast nicht mehr auszumachen. Und es ist kalt. Saukalt. Zweistellige Minusgrade begleiten uns an diesem frühen Morgen. Meine Finger sind klamm und lassen sich nicht mehr bewegen. Doch die Kulisse entschädigt für die Anstrengungen.

Außer uns und den Bergen scheint es nichts hier oben zu geben. Wir genießen diese unbeschreibliche Ruhe und die eindrucksvolle Umgebung in vollen Zügen. Jeder Schritt ist gleichzeitig auch ein Genuss für die Sinne. Über steile Geröll- und Schneefelder erreichen wir schließlich den Pass, der von unzähligen Gebetsfahnen und Steinhaufen markiert wird. Vor uns breitet sich die gewaltige Kette des Himalayas aus. Im Süden können wir die Annapurnas bestaunen, im Westen machen wir das Kali-Gandaki-Tal aus und im Norden sehen wir den schneebedeckten

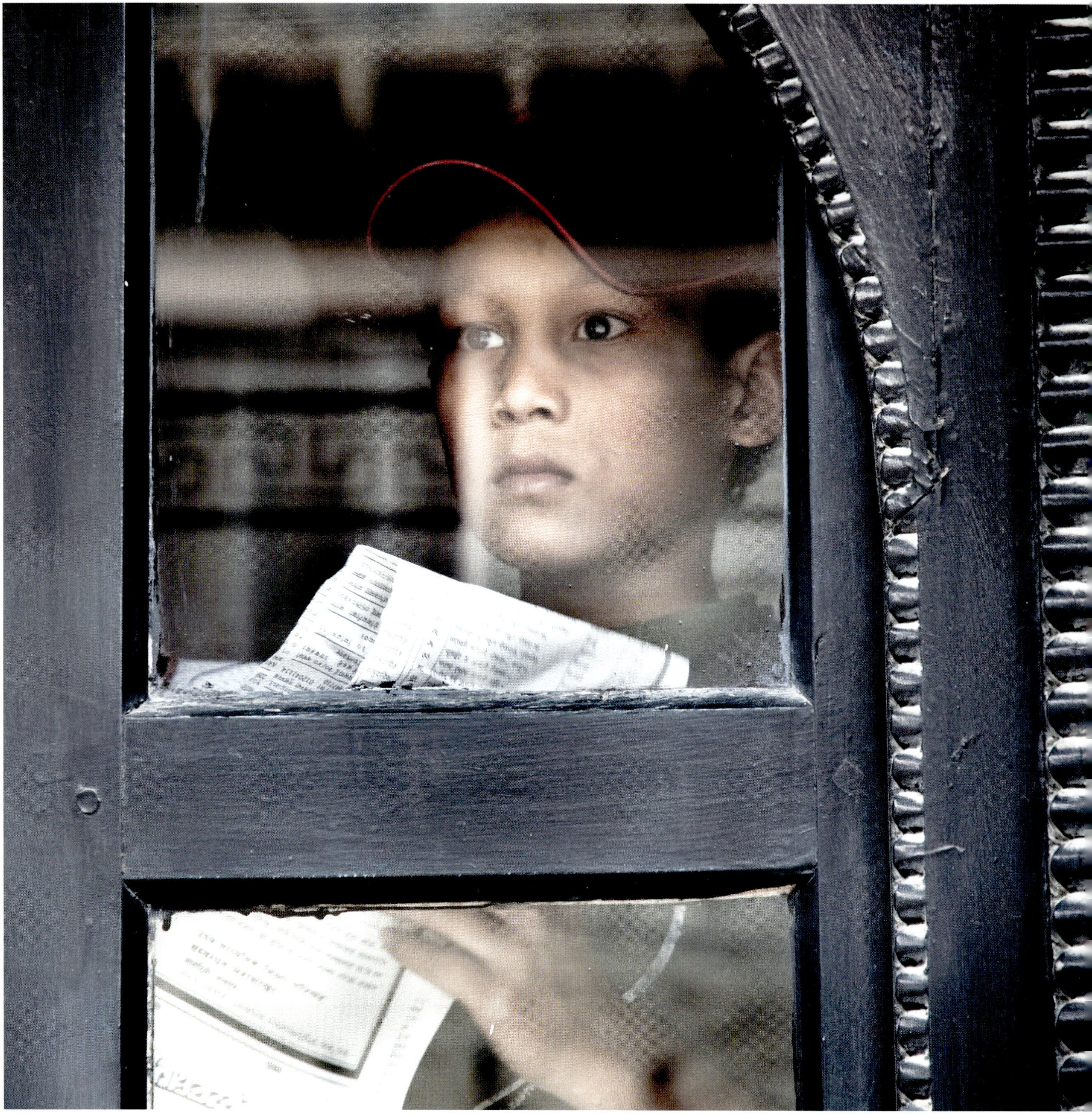

Gipfel des Thorungtse mit seinen 6.482 Metern. Atemberaubend!

Nach insgesamt drei Wochen im Annapurna-Gebiet fühle ich mich für den 100-Meilen-Lauf gut vorbereitet. Besonders die Trainingseinheiten und Aufenthalte jenseits einer Höhenlage von 4.000 Metern stimmen mich zuversichtlich für die kommenden Tage.

„Extremebusfahring"

Wir sind mittlerweile wieder in Kathmandu angekommen. Um zum 100-Meilen-Lauf in den indischen Teil des Himalayas zu gelangen, müssen Christian und ich zuvor noch eine ganze andere Art von Marathon überstehen: „Extreme Busfahring". Ein besonderes, sehr intensives und gleichzeitig anstrengendes Abenteuer, das wir während unserer Reise gleich mehrmals erleben dürfen. Wie bei einem richtigen Marathonlauf sind auch hier Ausdauer, Geduld, Leidensfähigkeit und Durchhaltevermögen gefragt, denn die Fahrt in einem nepalesischen Bus kann lange sein. Sehr lange. Teilweise zwölf Stunden und mehr verbringen wir in völlig überfüllten Bussen. Manche Busse sind von oben bis unten bunt bemalt. Andere sehen aus, als könnten sie keinen Kilometer weit mehr fahren. So unterschiedlich die Busse, so unterschiedlich die Fahrgäste. Einige Männer tragen europäische Kleider, andere schlabbrige Pyjamas. Mit der Pünktlichkeit wird es hier nicht so genau genommen. Fast eine Stunde später als geplant beginnt unsere Fahrt. Unser Ziel: Indien. Genauer gesagt, Kakarbhitta an der nepalesisch-indischen Grenze. Dorthin ist es ein langer Weg. Beschwerliche 500 Kilometer liegen vor uns. Diese Distanz hätte man auf deutschen Autobahnen in vier bis sechs Stunden zurückgelegt. Doch hier ticken die Uhren ein wenig anders. Was immer ich mir unter Nepals Hauptverkehrsstraßen vorgestellt hatte – meine schlimmsten Erwartungen werden noch übertroffen. In beide Richtungen führt je eine Fahrspur voller Krater und Schlaglöcher. Darauf zieht, in Wolken schädlicher Abgase gehüllt, ein kontinuierlicher Strom gellend hupender Lastwagen und Busse vorüber. Doch fast noch zahlreicher ist der Lasttierverkehr: Kamelkarren, Ochsenkarren, Eselkarren, Pferdefuhrwerke, Packesel, Schafherden und Herden von Ziegen. Mit der gefühlten Geschwindigkeit eines Mopeds kommen wir voran. Nach einem Achsenbruch, mehreren Stopps und einer fast 24-stündigen Fahrt erreichen wir schließlich hundemüde unser Ziel in Indien.

Ruhe? Stille? Geht nicht!

In Darjeeling hoffen wir nach dieser langen und strapaziösen Busfahrt ein wenig Ruhe zu finden, zumal in vier Tagen der Lauf startet. Darjeeling ist eine 120.000 Einwohner umfassende Stadt am Fuße des Himalayas im Bundesstaat Westbengalen. Ihre weltweite Bekanntheit hat sie sicherlich durch den Anbau von Tee erlangt. Und deshalb kreisen unsere Gedanken bei der Fahrt nach Darjeeling um grüne Teefelder, um Ruhe und Idylle. Doch da haben wir uns gewaltig getäuscht, denn die idyllische, grüne und ruhige Stadt des Tees stellt sich in Wirklichkeit als völlig anders heraus: Smog, Verkehr und Chaos sind hier an der Tagesordnung, von Erholung überhaupt keine Spur. Ausgerechnet in Darjeeling, kurz vor dem Lauf, fange ich mir noch eine Erkältung ein. Meine Nase ist zu, ich habe Kopfweh und fühle mich schlapp. Haben mich die vielen Busfahrten doch etwas geschlaucht? Oder ist mein Körper dem Smog und der Hektik hier einfach nicht gewachsen? Für mich bedeutet das: Geduld bewahren und so viel wie möglich ausruhen und schlafen.

Nach zwei Tagen in Darjeeling fahren wir schließlich nach Mirik, wo sich der Ausgangspunkt des Laufs befindet. Für die knapp 50 Kilometer lange Strecke benötigen wir fast drei Stunden. In einem Jeep, zusammen mit 15 Indern, der normalerweise für maximal neun Personen Platz bietet.

Mirik, im indischen Bundesstaat Westbengalen gelegen, ist für indische Verhältnisse ein ruhiges Dorf. Knapp 9.000 Menschen leben da. Eine Attraktion ist die Bokar Monastery, ein buddhistisches Meditationscenter, das ich einen Tag vor dem Lauf besuche. Ich will dort nicht nach göttlichem Beistand suchen, sondern mich einfach etwas ablenken. Meine Gedanken drehen sich zu diesem Zeitpunkt fast nur um den Lauf. Es tut mir gut, hier ein wenig Ruhe zu finden und den Mönchen beim Meditieren zuzuschauen.

Ein fulminanter Beginn

Die Nacht ist kurz, mein Schlaf eher bescheiden. Der Wecker klingelt schon um 4:30 Uhr. Es ist Montag, 26. Oktober 2009. Die erste Etappe des Himalaya-100-Meilen-Rennens steht an. Eine Stunde später werden wir Läufer in Bussen nach Maneybhangjang gebracht, eine kleine Ortschaft neunzig Minuten von Mirik entfernt. Dort befindet sich der Start zum Lauf.

Das gesamte Dorf ist zusammengekommen, um uns Läufer anzufeuern. Kinder in eindrucksvollen Gewändern führen einheimische Tänze auf. Als Ritual erhält jeder Läufer vor dem Start einen Seidenschal, der für die kommenden fünf Tage Glück bringen soll. Insgesamt nehmen in diesem Jahr nur 43 Athleten am Rennen teil. Läuferinnen und Läufer aus aller Herren Länder: Südafrika, Mexiko, Taiwan, Südkorea, Argentinien, den USA oder der Schweiz. Für die meisten steht bei diesem Rennen der Faktor Erlebniswert im Vordergrund. „Laufen und genießen" lautet dabei die Devise.

Nach den letzten Ansprachen des Renndirektors C. S. Pandey, der mit seinem Unternehmen „Himalayan Run & Trek" dieses Rennen schon seit vielen Jahren organisiert, erfolgt endlich der Startschuss. Auf der ersten Etappe gilt es 38 Kilometer und über 2.500 Höhenmeter zurückzulegen. Gleich nach Maneybhangjang geht es bergauf. Nicht so steil, dafür aber lange. Insgesamt zwölf Kilometer am Stück! Die ersten Kilometer lege ich noch locker im Laufschritt zurück, doch schon bald ist Gehen angesagt. Die Luft wird immer dünner. Ich bewältige Serpentine für Serpentine, ganz langsam. Je höher wir kommen, umso bewölkter wird es. Von der traumhaften Bergwelt des Himalayas bekommen wir während dieser Etappe nicht so viel zu sehen. Nach dem kilometerlangen Anstieg folgt eine längere Bergabpassage, die sich durch unangenehme Kopfsteinpflasterwege auszeichnet. Ständige Konzentration ist hier gefordert, um mögliche Verletzungen zu vermeiden. Ich laufe für kurze Zeit mit Richard, einem Südafrikaner, und Jeff, einem Lauf-Journalisten aus Kalifornien. Die Gespräche lenken ein wenig von den Anstrengungen der Etappe ab. Dann ziehe ich wieder alleine weiter. Plötzlich kreuzt eine Herde Yaks den Weg. Imposant und ein wenig Angst einflößend bewegen sich diese majestätischen Tiere auf mich zu. Erst im letzten Moment gehen sie zur Seite. Kurz darauf nehme ich hinter mir ein lautes, unüberhörbares Hupen wahr. Ein Jeep, das „Medienfahrzeug" des Veranstalters, passiert mich. Mit dabei: Christian, der mir vom Beifahrersitz aus zuwinkt und natürlich fleißig am Fotografieren ist. Diese Art von Fortbewegung ist sicherlich komfortabel, aber tauschen wollte ich mit ihm trotzdem nicht. Denn: Zu Fuß nimmst du die Umgebung viel intensiver wahr.

Hochgebirge pur

Ich erreiche wenig später den nächsten Verpflegungsposten und gebe zur Kontrolle meine Unterschrift ab. In solch einer abgelegenen Gegend, in der wir laufen, macht dies durchaus Sinn. Die Sicherheit der Läufer wird bei diesem Rennen großgeschrieben. Freundliche und zuvorkommende Helfer versorgen mich mit Wasser, Keksen und Kartoffeln. Ich schiebe mir ein paar Kekse in den Mund und packe ein paar weitere in meinen kleinen Rucksack. Du wirst hier im Abstand von sechs bis zehn Kilometern verpflegt und bekommst deine komplette Ausrüstung jeweils ins Etappenziel gebracht. Also: Du kannst dich voll und ganz auf das Laufen konzentrieren. Als ich meinen Rucksack, indem sich ein Liter Wasser, ein paar Riegel und mein Fotoapparat

WELCOME PARTICIPANTS OF
HIMALAYAN 100 MILE
STAGE RACE

STAGE RACE

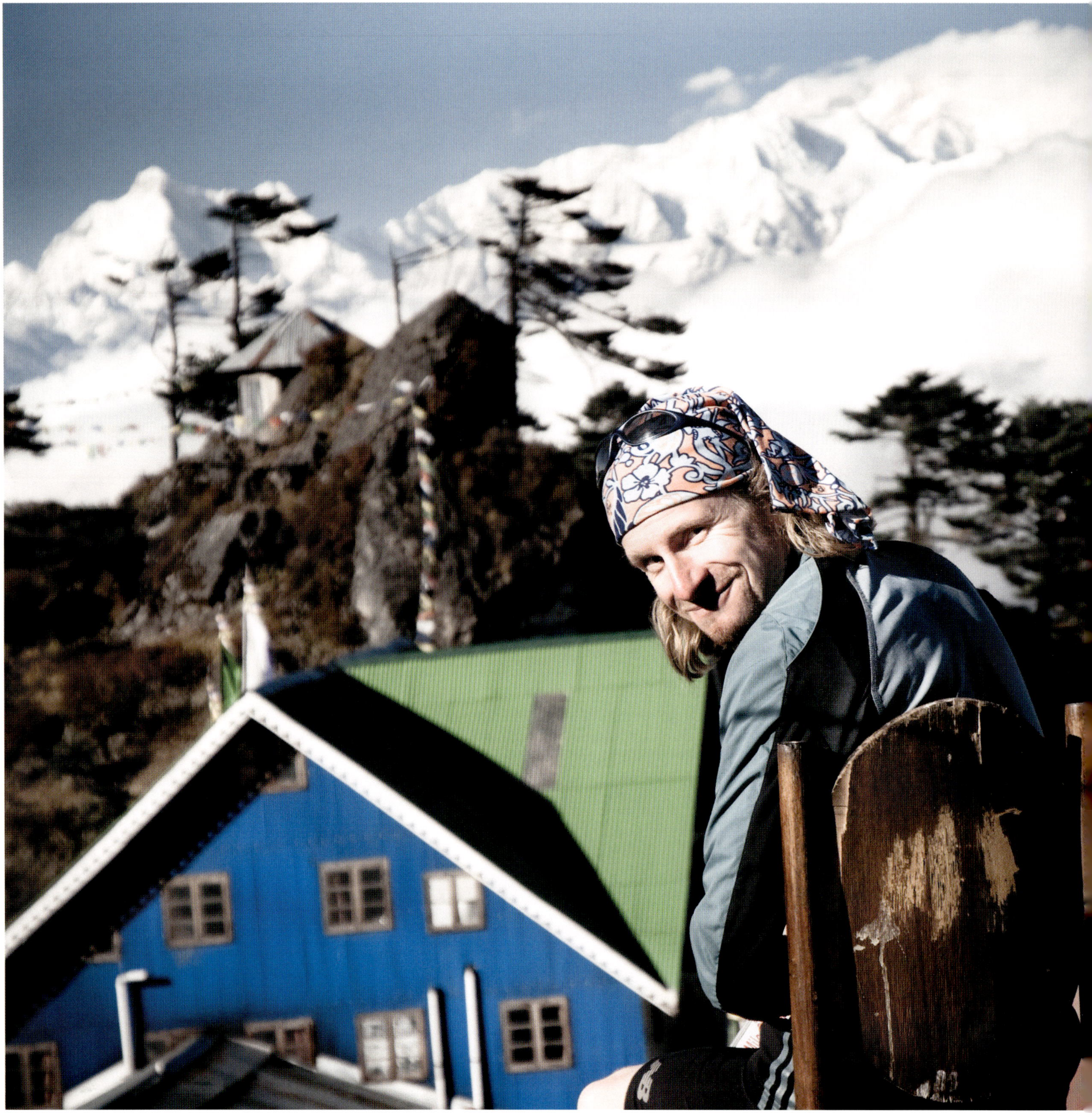

befinden, wieder aufziehe, schauen mir ein paar Kinder neugierig zu. Sie starren mich wie einen Außerirdischen an. Einen Mann mit langen blonden Haaren haben sie wohl noch nicht so häufig hier gesehen. Ich spreche ein paar Worte Indisch, was bei ihnen ein Lächeln hervorruft. Dann ziehe ich weiter. Nur noch zehn Kilometer bis zum Etappenziel liegen vor mir. Doch dieses letzte Teilstück hat es noch einmal gewaltig in sich, denn 1.000 Höhenmeter müssen bewältigt werden. Bei europäischen Bergläufen ist spätestens bei einer Höhe von 2.700 Metern Schluss. Diese Höhenlage markiert bei diesem Rennen erst den Beginn des letzten Anstiegs. Auf diesen letzten Kilometern komme ich nur unendlich langsam voran. Mir scheint es, als hätte ich Magnete an meinen Fußsohlen, die mir jeden einzelnen Schritt ungemein erschweren. Als würde ich immer nur auf der Stelle treten. Die zunehmende Höhe macht jeden Schritt extrem anstrengend. Ich schnappe regelrecht nach Luft und muss immer wieder für einen kurzen Augenblick stehen bleiben, damit sich mein Puls wieder normalisiert. Auf einmal ziehen dicke Nebelschwaden auf und lassen die Umgebung gespenstisch erscheinen. Alles um mich herum wird grau. Ich kann kaum mehr zehn Meter weit sehen. Der schmale asphaltierte Weg schlängelt sich immer weiter den Berg hinauf. Ein frostiger und ungemütlicher Wind weht mir entgegen. Das ist Hochgebirge pur – hier kann sich innerhalb von wenigen Minuten das Wetter komplett ändern. Wie weit ist es wohl noch zum Etappenziel? Drei Kilometer, zwei Kilometer? Mein Höhenmesser zeigt 3.550 Meter, es kann nicht mehr weit sein. Nach jeder Kurve hoffe ich Sandakphu, unser heutiges Etappenziel, zu sehen. Jeder Kilometer zieht sich gewaltig in die Länge. Minuten kommen mir wie Stunden vor. Doch dann habe ich es endlich geschafft und laufe über die Ziellinie.

Die Welt ist so schön

Wow – das ist unglaublich! Vor mir habe ich eine Aussicht, die mir schier den Atem raubt. Weiße Riesen, die fast senkrecht in den Himmel ragen und diesen berühren zu scheinen. Unglaublich schöne und beeindruckende Formationen aus Fels, Schnee und Eis. Dimensionen, die mit Worten nicht zu beschreiben sind. Bunte Gebetsfahnen flattern im eisigen Wind. Mit meinen kalten Händen klatsche ich immer wieder gegen mein Gesicht, um sicherzustellen, dass dies hier alles Realität ist. Nein, ich träume nicht. Ich bin wahrhaftig hier. Ich stehe mit meinen eigenen Beinen auf dem höchsten Gebirge der Erde. Vor mir breitet sich ein Panorama aus, das mich schier aus meinen Laufschuhen haut: Mount Everest, Lhotse, Makalu und Kanchengjunga. Das Höchste, was unsere Welt zu bieten hat. Ich komme mir gegenüber diesen Bergriesen wie ein absoluter Winzling vor. Sandakphu, 3.636 Meter über dem Meeresspiegel, ist einer der ganz wenigen Orte in der Welt, an dem du Ausblicke auf vier der fünf höchsten Berge der Erde hast. Der schiere Höhenorgasmus!

Für die kommenden zwei Nächte stellt die Sherpa Lodge das Lager für uns Läufer dar. Die Lodge ist eine einfache Hütte aus Stein, die zwar vor der Feuchtigkeit schützt, aber nicht vor der eisigen Kälte in der Nacht.

Nach jeder Etappe gönne ich mir eine warme Dusche, was bei dem Lauf in dieser Umgebung durchaus ein Luxusgut darstellt. Denn Dusche ist nicht gleich Dusche. Eine Dusche bedeutet in diesem winzigen Bergdorf: einen Eimer Wasser und einen Becher, mit dem du dir in einer spartanisch eingerichteten Hütte das Wasser mehrmals übergießt. Was für eine Wohltat! Ich genieße jeden einzelnen Tropfen. Es ist erstaunlich, wie du mit einfachen Dingen zufriedenzustellen bist und wie wenig du zum Leben brauchst. Am Abend stehen wir dicht gedrängt beim Essen in der Berghütte um den kleinen Ofen. Alle haben warme Mützen und dicke Handschuhe an. Das Feuer knistert und brodelt in der kalten Hütte. Einstellige Minusgrade begleiten uns in der Nacht. Ich lerne Jacob aus Dänemark kennen, der schon auf jedem Kontinent läuferisch unterwegs war. Er berichtet mir von seinen Erlebnissen beim Yukon Arctic Ultra in Kanada. Dort lief er 160 Kilometer nonstop bei Temperaturen um die minus vierzig Grad. Durch Eis und tiefen Schnee. Auf seiner rechten Wade hat er sich sein Lebensmotto tätowieren lassen: „Nur diejenigen, die weit laufen, können auch erfahren, wie weit sie laufen können." Neben ihm steht Roberto aus Argentinien. Mit seinen grauen Haaren, seinem Dreitagebart und seinem gebräunten Gesicht sieht er dem Schauspieler George Clooney sehr ähnlich. Roberto erzählt mir von seinen unternehmerischen Aktivitäten in der ganzen Welt und wie er scheinbar nebenbei noch die Zeit findet, an spektakulären Abenteuerläufen teilzunehmen. Er strotzt gerade so vor Energie und Enthusiasmus. Es stellt eine große Bereicherung dar, sich mit solchen kosmopolitischen Menschen zu unterhalten. Wir sind schon ein verrücktes Volk, das sich hier bei diesem Rennen zusammengefunden hat. Verrückt in einer positiven Art. Ich liebe diese Momente. Ich liebe die-

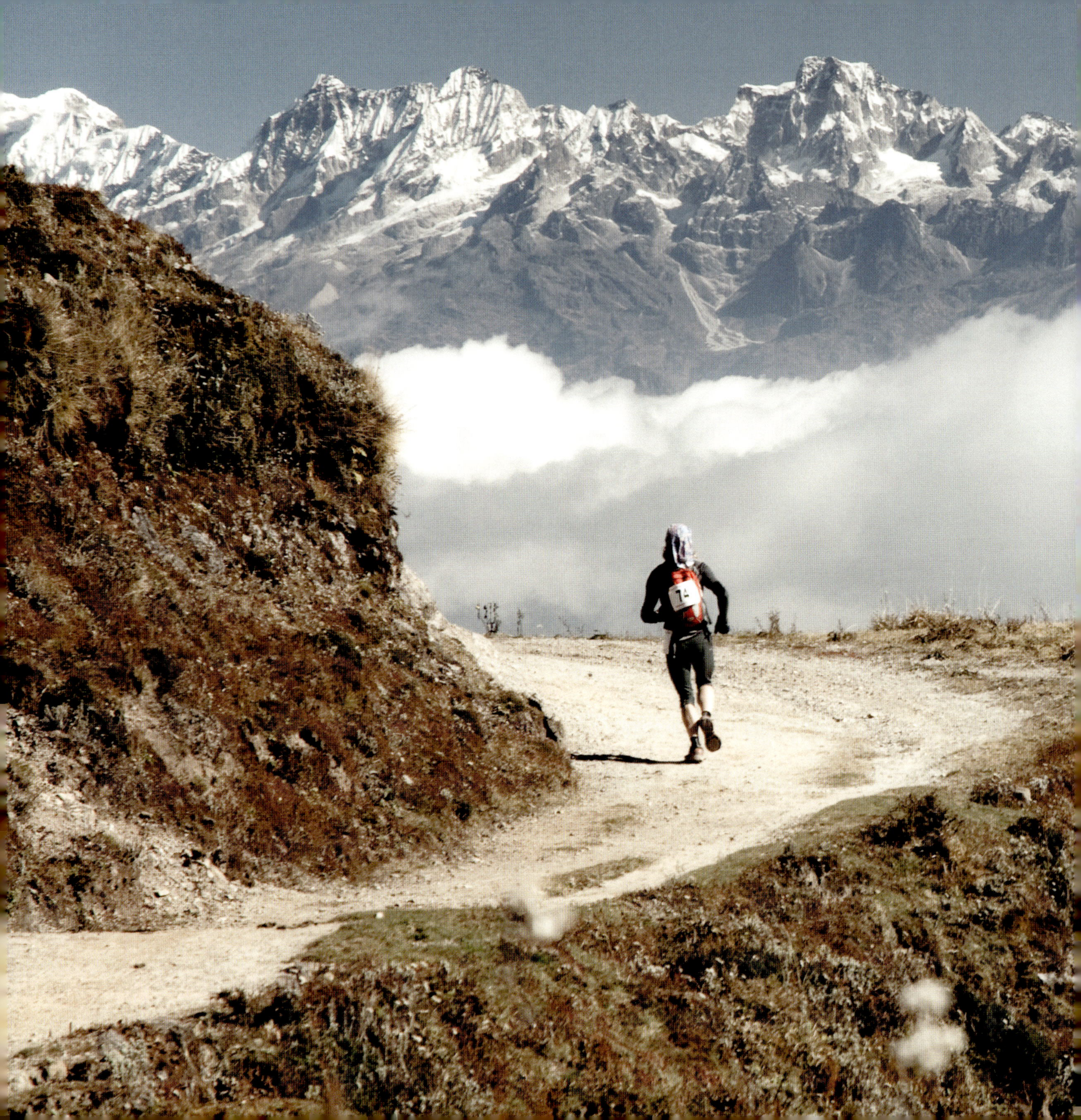

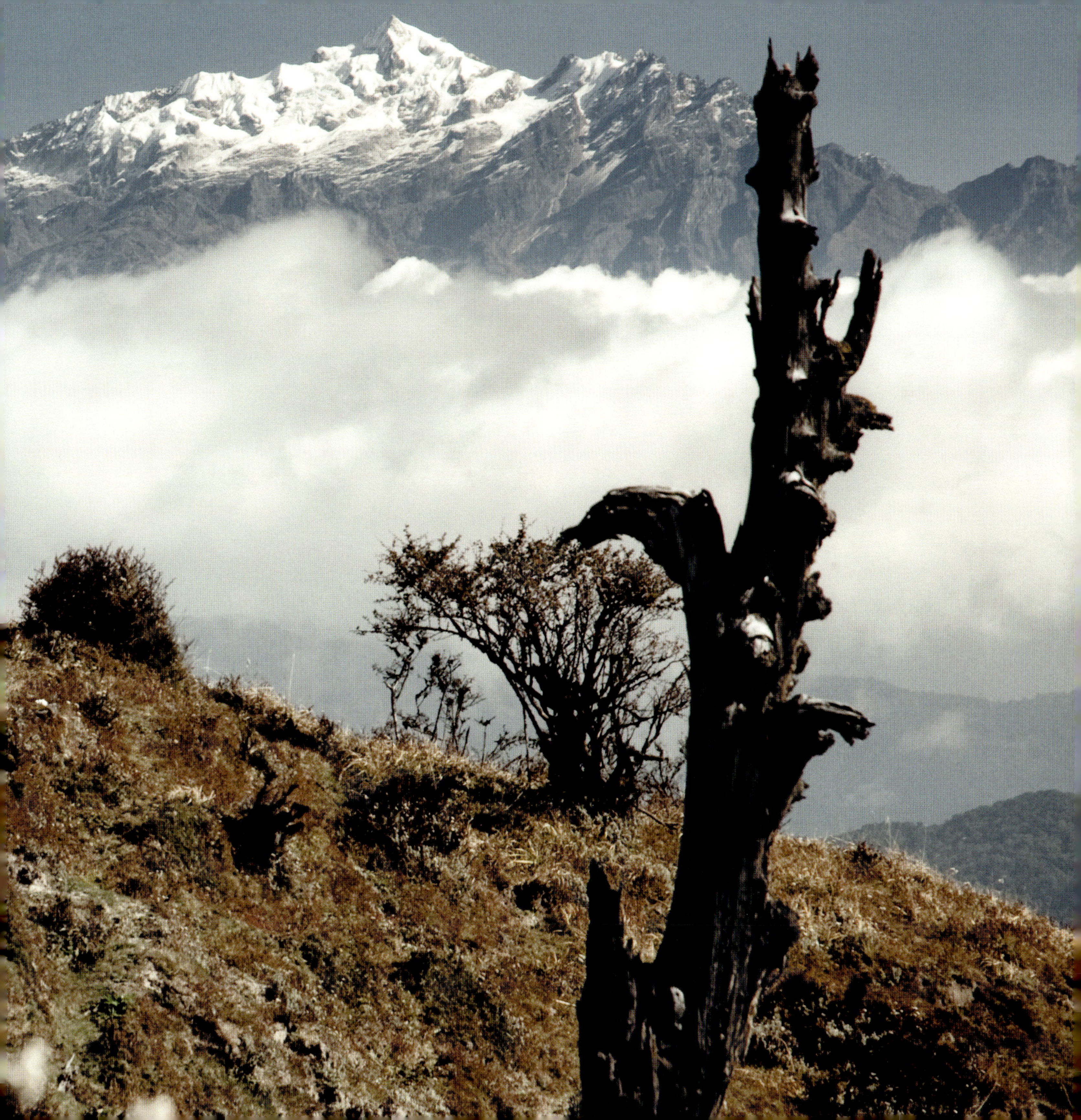

ses einfache und unkomplizierte Leben, das sich auf die wesentlichen Dinge konzentriert.

Eine kurzweilige Genussetappe

Eine klirrend kalte und sternenklare Nacht in der dünnen Höhenluft von Sandakphu wird von einem berauschenden Sonnenaufgang abgelöst. Kurz nach fünf Uhr tauchen die „Big Four" am Horizont auf. Lhotse, Everest und Makalu thronen bescheiden in über 200 Kilometern Entfernung, an der Grenze zwischen Nepal und Tibet. Während in nur achtzig Kilometern Entfernung die Eiswände des Kanchenjunga an der Grenze Nepals zu Sikkim übermächtig erscheinen. Vor dieser majestätischen Kulisse verläuft die zweite Etappe über 32 Kilometer. Mister Pandey erzählt mir, dass es vor zwei Jahren hier heftigen Schneefall gegeben hat und das Rennen kurz vor dem Abbruch gestanden hatte. Welch ein Kontrast zu diesem Jahr! Zu meiner rechten Seite türmen sich imposant wieder die Achttausender auf. Die Sonne behält gegenüber den Wolken noch die Oberhand und strahlt in voller Pracht. Der tiefblaue, wolkenfreie Himmel bildet einen atemberaubenden Kontrast zu diesen schneeweißen Bergkolossen. Was für ein Anblick! So ein starkes und intensives Weiß habe ich noch nie gesehen. Ergriffen und voller Faszination starre ich minutenlang die Berge an. Die gelaufene Zeit ist für mich bei diesem Rennen absolut sekundär. Keine Zeitambitionen oder Platzierungen treiben mich hier an. Was können auch schon Minuten und Sekunden aussagen gegenüber all den unzähligen Bildern und Eindrücken, die du hier gewinnst und für immer in dir trägst? Wie oft im Leben läufst du schon am Everest entlang? Ich fühle mich, als wäre Weihnachten, Ostern und Geburtstag zusammen. Doch diese reizvolle Umgebung sorgt immer nur für kurze Ablenkung zu dem anspruchsvollen Profil, das uns auch heute erwartet. Immer wieder müssen kürzere, dafür aber „giftige" An- und Abstiege bewältigt werden. Grenzsoldaten stehen am Wegesrand, salutieren und feuern uns an. Ein paar Schritte weiter nach links und wir befinden uns auf nepalesischem Terrain. Nach vier Stunden und vierzig Minuten findet diese kurzweilige Genussetappe in Sandakphu ihr Ende.

Marathon oder länger? Was soll's

Am dritten Tag beinhaltet der Mehrtageslauf einen ausgewachsenen Marathon, den Mount Everest Challenge Marathon. Dieser stellt gleichzeitig die Königsetappe bei diesem Rennen dar. Auch heute beschert uns die Sonne wieder angenehme Temperaturen und sagenhafte Ausblicke auf die Bergwelt. In Phulet, bei

Kilometer 22, haben wir von der Distanz her fast Halbzeit. Nach einem längeren Anstieg befindet sich hier der Wendepunkt auf dieser Etappe. Ich fühle mich ausgezeichnet und genieße die traumhafte Kulisse in vollen Zügen. Mein „Runner's High" wird auch durch die Tatsache, dass es ab Kilometer 29 nur noch bergab geht, nicht abgeschwächt. Eine renommierte Laufzeitschrift spricht gar von einem „Killerabstieg". Kein Wunder, bei über 1.600 Metern Nonstop-Bergablaufen! Die ersten Meter sind noch relativ moderat und angenehm zu laufen, doch dann wird es immer steiler. Lose Steine und kantige Felsen erschweren das Vorankommen. Der schmale Pfad ist nass und rutschig. An ein normales Laufen ist nicht mehr zu denken. Ich springe über Rillen und Steine – eine unglaubliche Belastung für die Sprunggelenke. Es geht weiter vorbei an grünen Teeplantagen und verblüfften Bauern und Schulkindern. Rimbik, unser heutiges Etappenziel, kommt nur ganz langsam näher. Meine Laufuhr zeigt an, dass ich bereits vierzig Kilometer zurückgelegt habe. Das Ziel kann also nicht mehr weit sein. Was für ein Trugschluss! Beim nächsten Verpflegungsposten sagt man mir, dass es anstatt der zwei noch sieben Kilo-

MOUNT EVEREST
CHALLENGE MARATHON
INDIA

meter sind. Das kann doch nicht wahr sein! Meine Laufkameraden sind genauso überrascht wie ich. Zusammen mit Jacob bewältige ich die letzten Kilometer bis Rimbik. Nach sieben Stunden und fünf Minuten erreiche ich endlich das Ziel. Ich habe noch nie so lange für einen „Marathon" gebraucht.

Laufen, Essen, Schlafen – so einfach ist das

Nach dieser harten Etappe ist zunächst Ausruhen angesagt. Ich verkrieche mich in meinen Schlafsack und schlafe für ein paar Minuten. Das Thema Regeneration ist natürlich, gerade bei Mehrtagesläufen, ein ganz wichtiger Bestandteil. Die kurzen Pausen zwischen den Belastungen gilt es effektiv zu nutzen. Der Tagesablauf bei einem Etappenrennen besteht im Wesentlichen nur aus drei Dingen: Laufen, Essen und Schlafen. Da ich mich von der Marathon-Etappe relativ schnell wieder erholte, habe ich sogar noch ein wenig Zeit, Rimbik zu erkunden. Rimbik, ein indisches Bergdorf im Bundesstaat Westbengalen, besticht durch seine ruhige Lage in einer faszinierenden Umgebung. Wie so häufig werde ich wie ein Außerirdischer betrachtet, doch die Menschen hier sind sehr freundlich, wenn auch teilweise ein wenig schüchtern. Jede Begegnung mit den Einheimischen und jedes Gespräch fasziniert mich. Auch wenn die meisten nur ganz wenig oder überhaupt kein Englisch sprechen, habe ich das Gefühl, dass man nicht immer dieselbe Sprache sprechen muss, um sich zu verstehen.

21 Kilometer – dass ich nicht lache!

Auf der vierten Etappe steht heute nur ein Halbmarathon mit knapp 500 Höhenmetern auf dem Programm. Diesen läuft man fast ausschließlich auf einer breiten, asphaltierten Straße. Vom Papier her ist dies die mit Abstand einfachste Etappe, doch nicht für mich. Magenkrämpfe und Durchfall sind für mich heute ständige Begleiter. Ich „schleppe" mich von Kontrollpunkt zu Kontrollpunkt. Für die reizvolle Umgebung habe ich heute keine Augen. Meine Erfahrung und Willenskraft helfen mir diese 21 langen und beschwerlichen Kilometer zu überstehen.

Ich bin heilfroh, als ich endlich das Tagesziel erreiche und in mein Bett kriechen kann. Am Abend fühle ich mich schon wieder etwas besser, weil ich die Dinge aus einer anderen Perspektive heraus betrachte. „Wie klein sind denn bitte deine Probleme im Vergleich zu denen der Menschen hier? Wie gut hast du es in deinem Leben?", frage ich mich. Mir wird wieder bewusst, dass es ein absolutes Privileg ist, hier in einer der schönsten Regionen der Welt laufen zu dürfen.

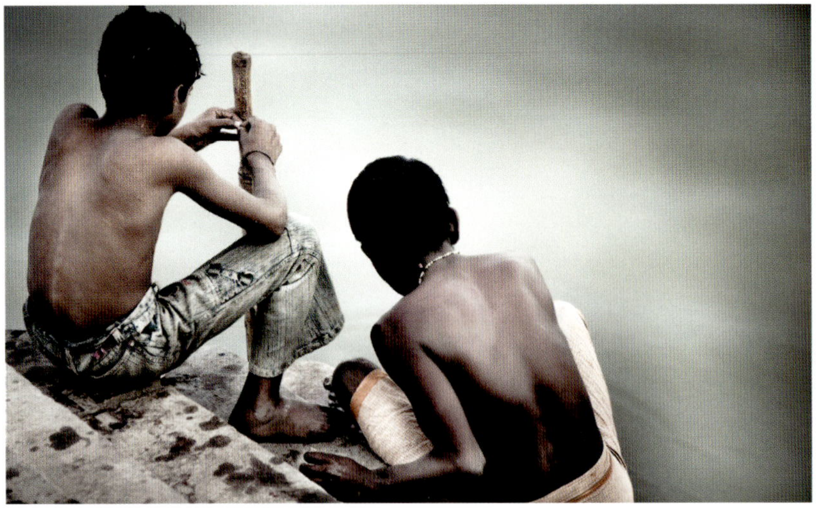

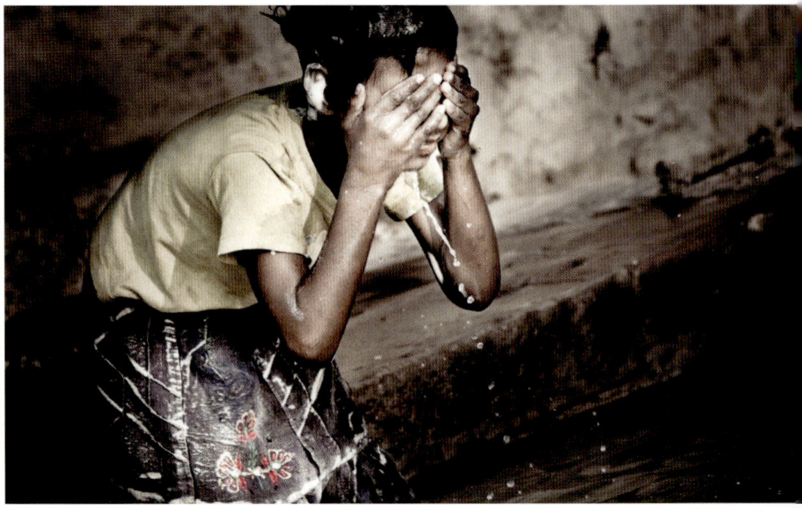

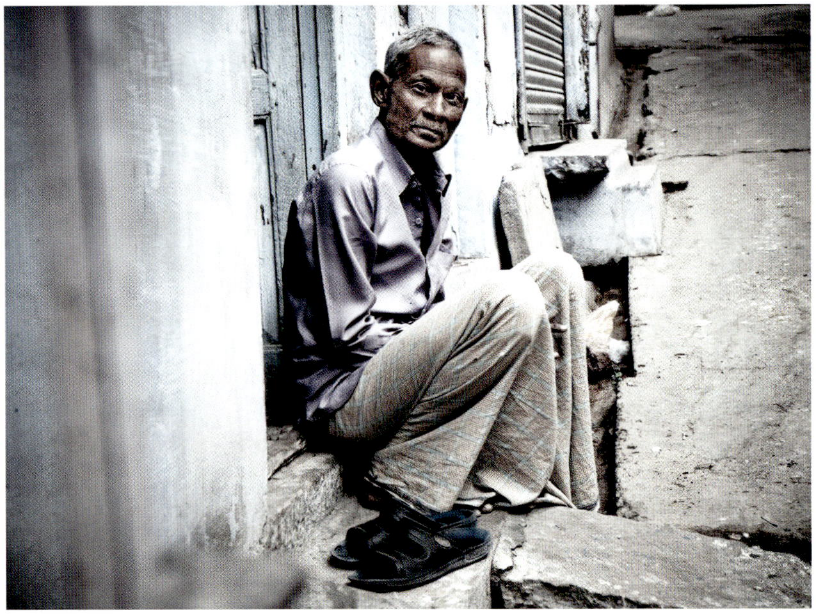

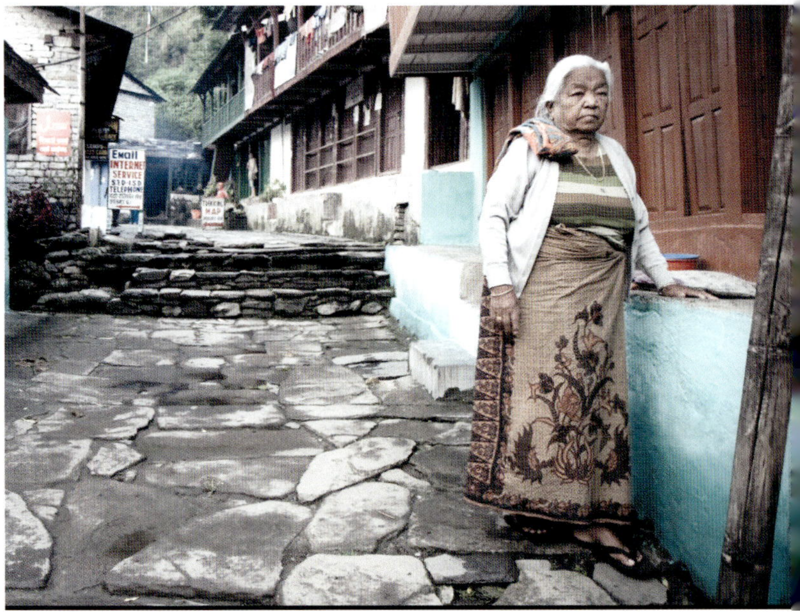
Email
SERVICE
STD-ISD
MAP

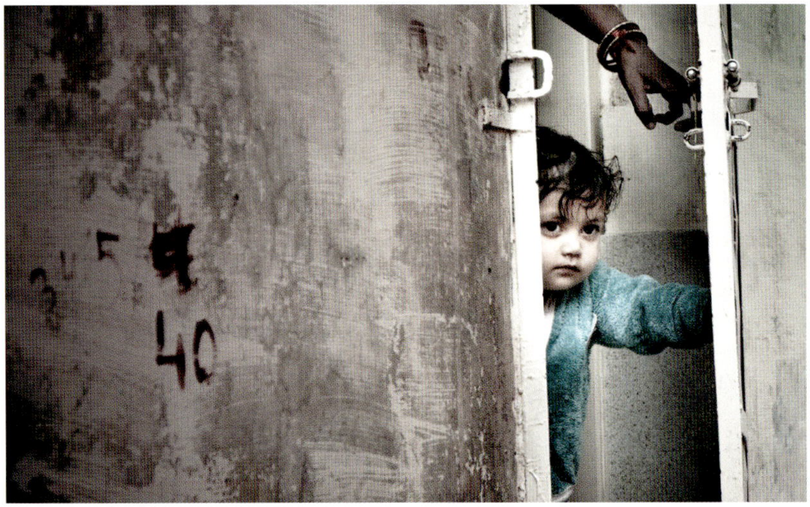
40

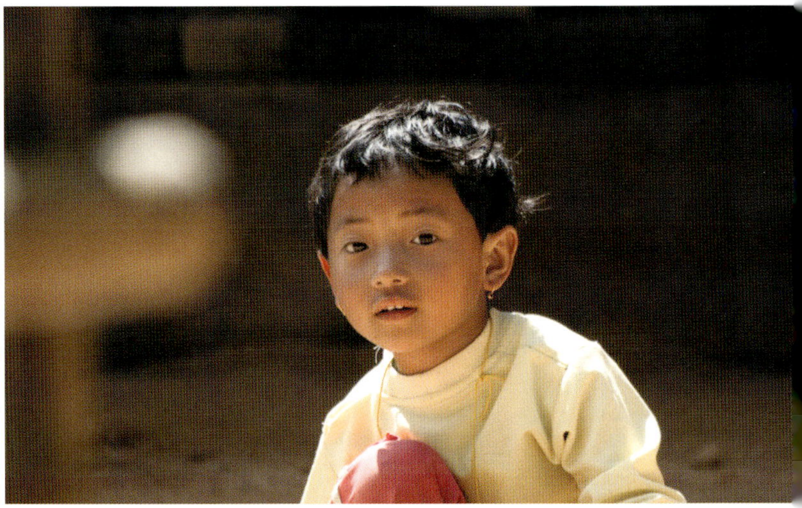

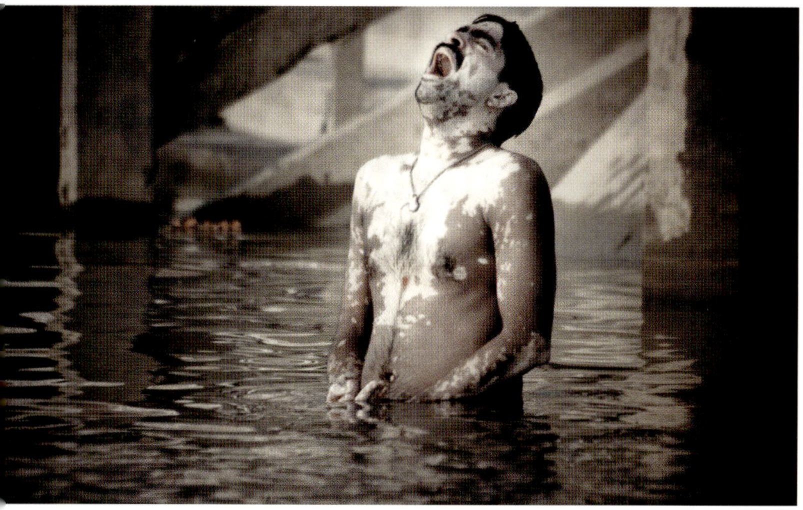

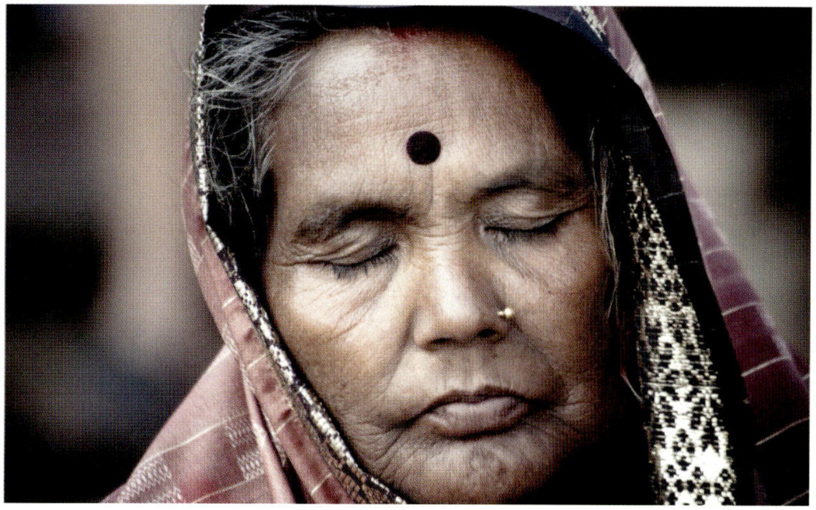

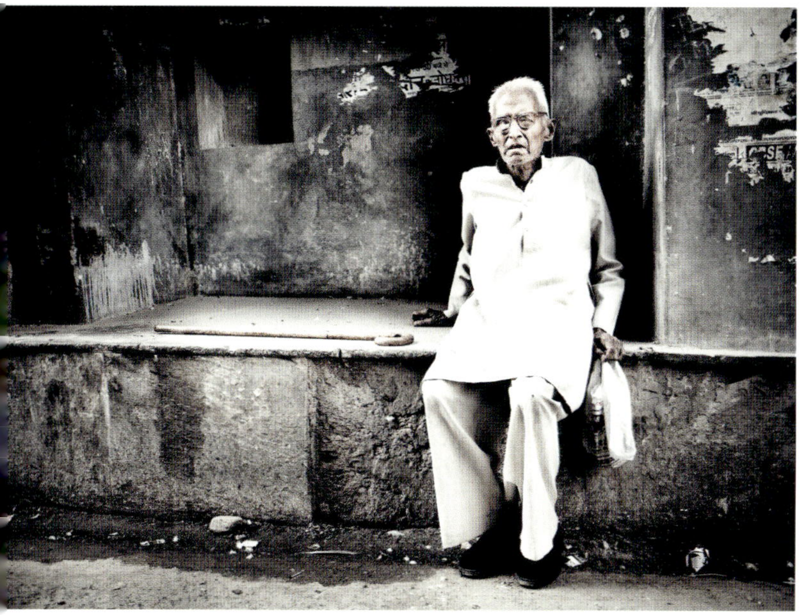

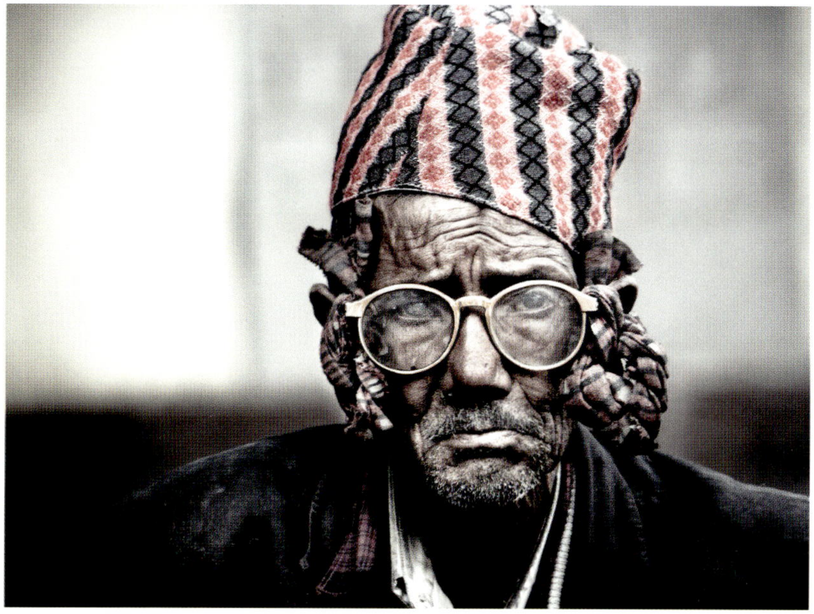

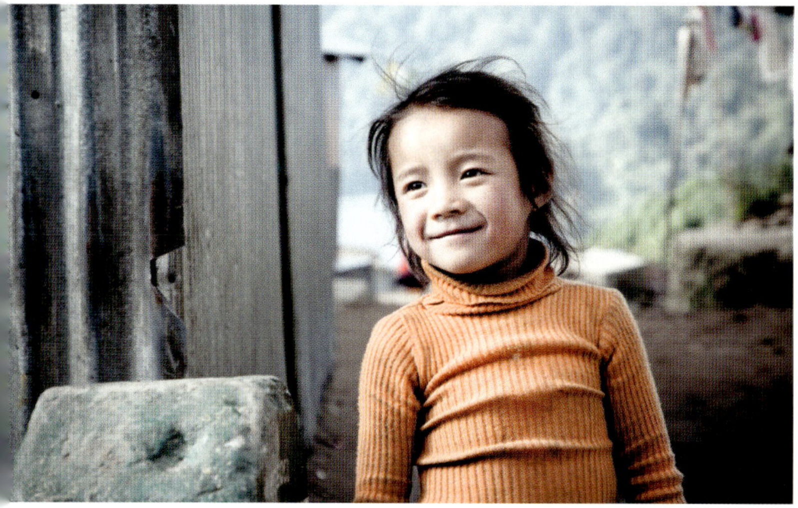

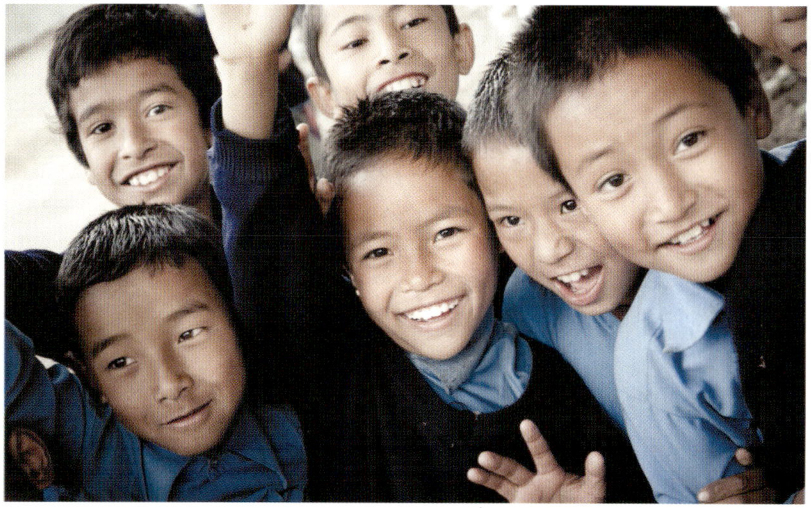

Freude. Leidenschaft. Emotionen

Am letzten Tag sind noch 27 Kilometer zu laufen. Die Vorfreude auf das große Ziel lässt uns noch einmal die letzten Kraftreserven mobilisieren. Die Landschaft verändert sich ein weiteres Mal. Wir kehren der Bergwelt den Rücken und tauchen ein in grüne und dichte Wälder. Ich fühle mich stellenweise wie im Schwarzwald. Die ersten zehn Kilometer geht es stetig bergauf. Ich freue mich auf den Zieleinlauf und gehe die heutige Etappe deutlich schneller an. 4:30 Minuten auf den Kilometer. Die Strecke führt die letzten Kilometer überwiegend leicht bergab, hier kannst du es im wahrsten Sinne des Wortes laufen lassen. Wie berauscht renne ich die letzten Kilometer. Von Weitem sehe ich schon Maneybhanghang, den Ort, von dem wir vor fünf Tagen gestartet sind. Kinder in ihren Schuluniformen stehen am Wegesrand und heben ihre Hand zum Abklatschen. Dann laufe ich über die Ziellinie. Was für ein „geiler" Moment! Freudestrahlend nehme ich die Glückwünsche und den „Finisher-Seidenschal" entgegen. Dieses Rennen ist sicherlich einer meiner Höhepunkte in meiner bisherigen Laufkarriere. Ohne Frage. Nicht so sehr wegen der rein sportlichen Erfahrung, sondern vielmehr wegen der kulturellen Eindrücke und der traumhaften Kulisse, in der ich mich bewegen durfte. Der Himalaya-100-Meilen-Lauf, das ist ein Rennen der Freude, der Leidenschaft, der Begegnungen und der großen Emotionen.

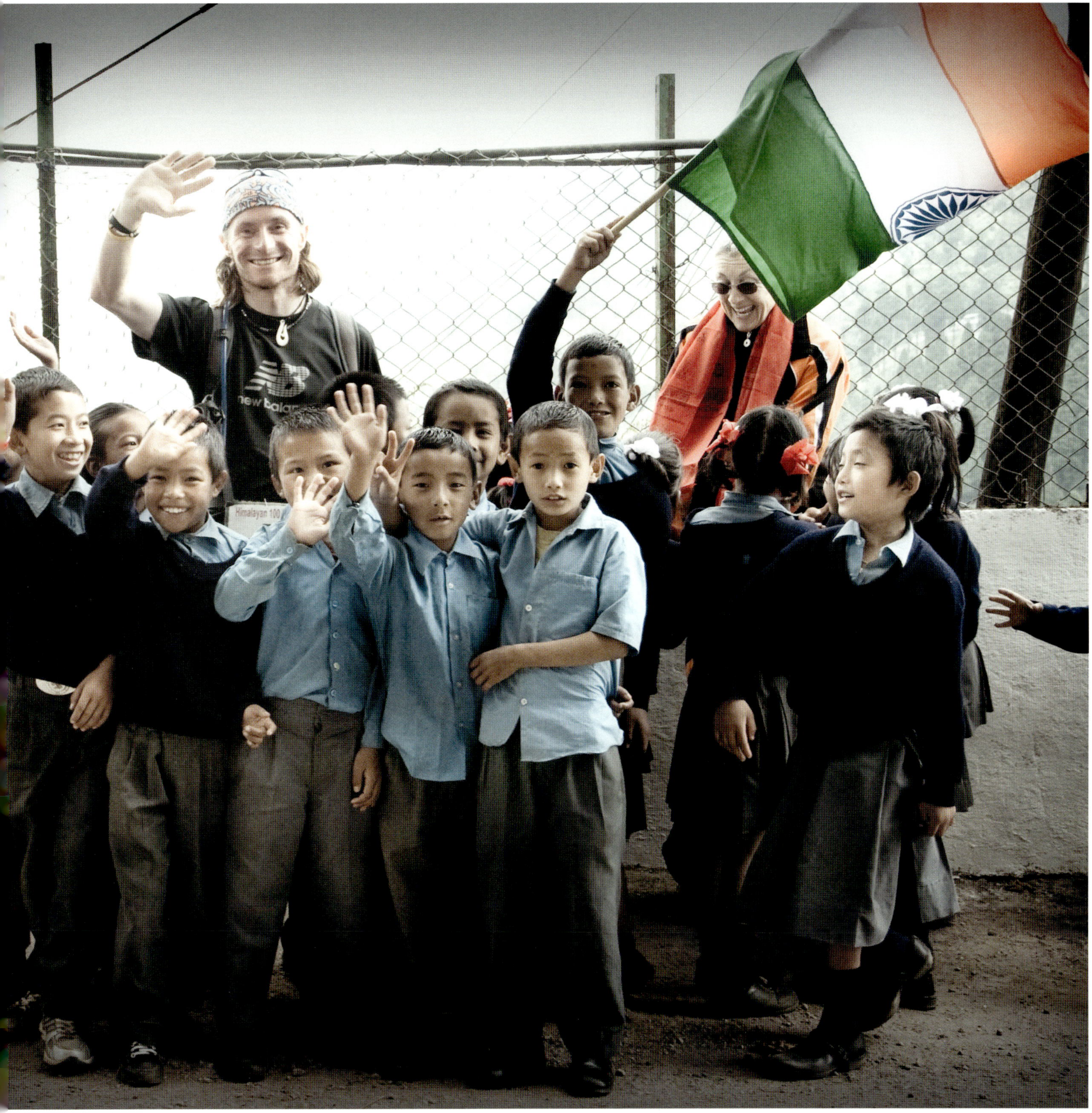
Himalayan 100

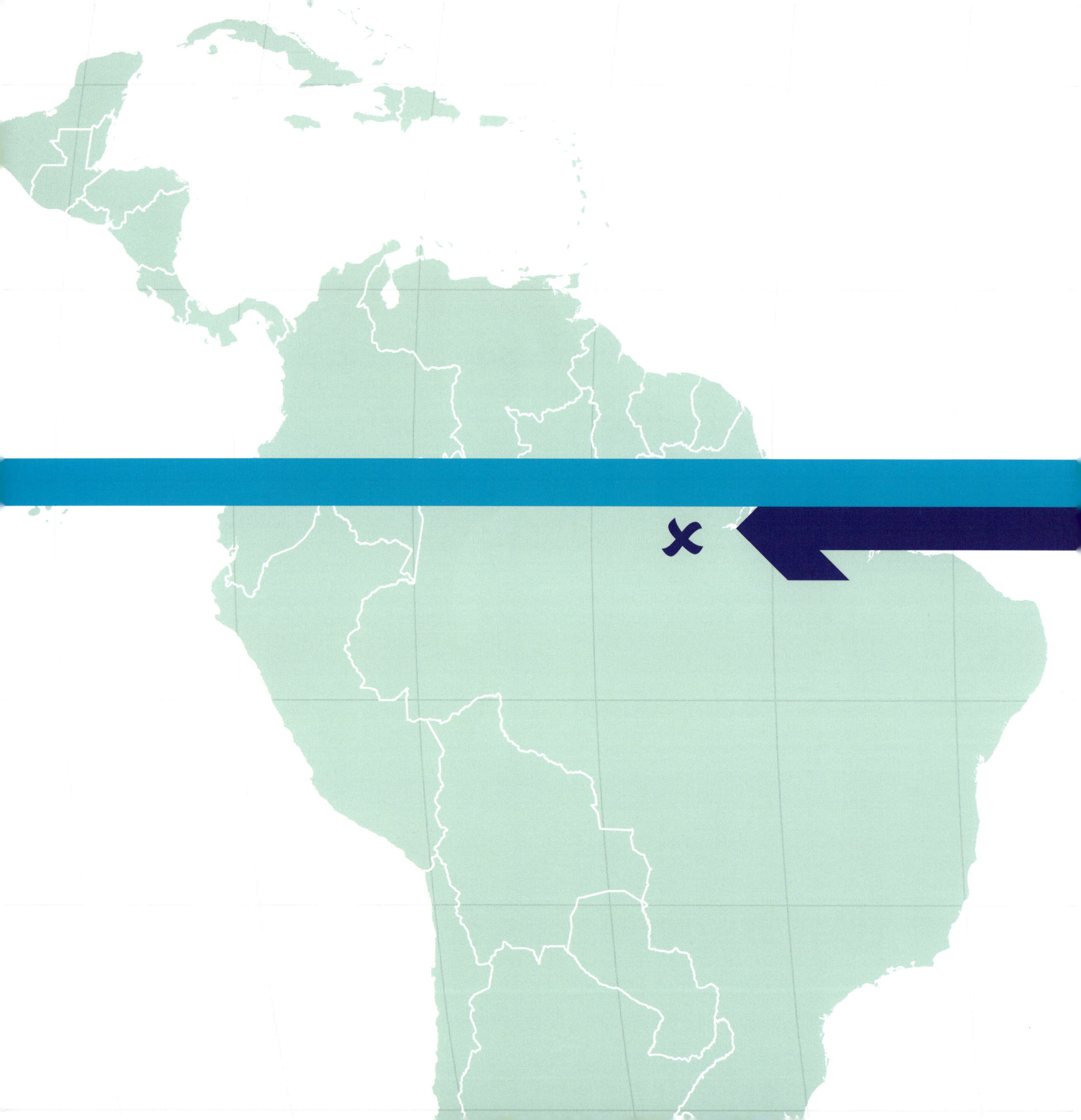

Durch die grüne Hölle
222 Kilometer durch den brasilianischen Dschungel

MANCHMAL, WENN ICH STEHEN BLEIBE UND LUFT HOLE, WENN DER ATEM WIEDER ETWAS RUHIGER WIRD, DANN ERSCHLÄGT ES MICH FAST. Der ganze Wald scheint Laute von sich zu geben. Es sirrt und summt, es raschelt und knackst, es brummt und zischt, es knarzt und gluckst, ohne dass ich erkennen kann, wer oder was für diese Geräuschkulisse verantwortlich ist. Und alles scheint immer lauter zu werden. Eindringlicher. Dichter. Als rücke der Regenwald um einen herum mit jeder Sekunde näher heran. Immer mehr Details nehme ich wahr: Wie es überall von den Blättern tropft. Wie die Pflanzen versuchen über den Weg zu wuchern. Wie die Spinnennetze vor Wassertropfen glitzern. Ich gehe ein paar Schritte weiter und muss dann wieder stehen bleiben. Hier komme ich nicht weiter voran. Nichts als dunkelgrüner Dschungel. Grüne Wände aus gewaltigen Bäumen. Mein T-Shirt und meine Laufhose sind komplett durchnässt und kleben an meinem Körper. Kein Wunder, bei fast hundert Prozent Luftfeuchtigkeit und vierzig Grad Außentemperatur. Die äußeren Bedingungen sind extrem und die Umwelt unerbittlich. Ich befinde mich beim Jungle Marathon, der als der gefährlichste Abenteuerlauf der Welt gilt. 222 Kilometer in sechs Etappen gilt es bei diesem Rennen zu bewältigen.

Der Jungle Marathon findet am Amazonas in der Floresta Nacional de Tapajós statt, im brasilianischen Bundesstaat Pará. Es ist ein Rennen, bei dem den Läufern neben der sengenden Hitze und hohen Luftfeuchtigkeit sämtliche Gefahren des Dschungels begegnen können: Schlangen, Skorpione, Jaguare, fleischfressende Pflanzen und Sümpfe. Ein Überlebenskampf unter dem Laubdach des Regenwaldes.

Das 222-Kilometer-Rennen unterteilt sich in verschiedene Etappen von unterschiedlicher Länge – vom intensiven ersten Tag über 17 Kilometer bis zur langen Nachtetappe über 83 Kilometer. Die Läufer müssen bei diesem Rennen mit folgenden Dingen rechnen: dem Durchqueren diverser Wasserläufe mit allen denkbaren Formen von Dschungeltieren (Krokodilen, Piranhas und Aalen), rutschigen, engen, kurvigen Pfaden und Nächten in der Hängematte, umgeben von den unheimlichen Geräuschen der pechschwarzen Nacht. Das Know-how und die Erfahrung der zahlreichen Helfer (zwei pro Wettkämpfer!) garantieren, dass Sicherheit und Wohlbefinden der Teilnehmer während der Veranstaltung genauestens überwacht werden. Das sind die Worte von Shirley Thompson, der Rennleiterin vom Jungle Marathon, die ich Monate vor meiner Teilnahme bei diesem Lauf gelesen habe. Ich hatte zu diesem Zeitpunkt keinen blassen Schimmer, was mich dort im Dschungel alles erwarten wird.

Jungle MARATHON
START
LARGADA
MARATONA NA SELVA - PARÁ
Jungle MARATHON

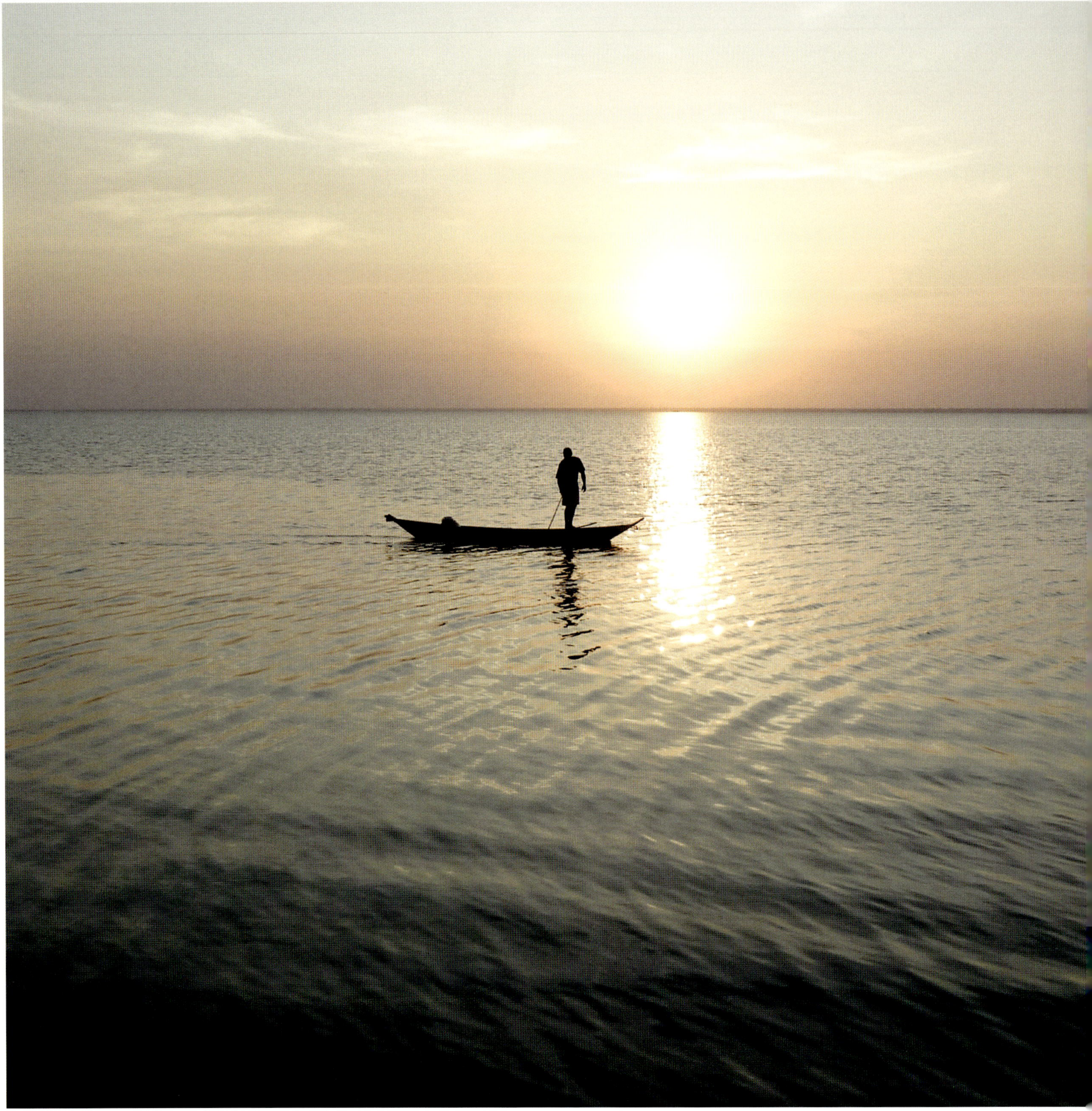

Mittendrin in einem riesigen Gewächshaus

Fünf Kilometer in sage und schreibe 2 Stunden und 10 Minuten habe ich bisher auf der zweiten Etappe zurückgelegt. Jeder Spaziergänger ist schneller. Immer wieder muss ich über imposante Baumstämme steigen, die im Wege liegen. Dann tauchen plötzlich tückische Erdlöcher auf, die von Blättern verdeckt werden und eine hohe Verletzungsgefahr darstellen. Höchste Vorsicht ist hier geboten. Bloß nicht umknicken!

Die Strecke ist extrem anspruchsvoll. Die insgesamt 75 Teilnehmer sind schon zu Beginn des Rennens richtig gefordert. Ein Sich-Zurückhalten und Kräfteschonen ist hier unter dem Dach des Regenwalds nicht möglich.

Alle fünfzehn Minuten bleibe ich für einen kurzen Augenblick stehen, damit mein Körper nicht überhitzt. Mein Puls rast und ich schnappe nach Luft, atme tief durch die Nase ein und ganz lange durch den Mund aus, damit meine Pulsfrequenz langsam wieder sinkt. Aus jeder Pore meines Körpers tritt Schweiß. Selbst wenn ich einfach nur dastehe und nichts tue, tropfen die Schweißperlen weiter von meinem Körper auf den Boden. Ich fühle mich wie in einem riesigen Gewächshaus. Auuh, was ist das denn bitte? Vor meinen Füßen hat sich eine Ameisenstraße gebildet. Und was für eine. Ameisen, so groß wie mein Daumen, die über den feuchten Dschungelboden huschen. In diesem Moment kommt mir der abschließende Appell vom Dschungel-Überlebenstraining, das wir vor Beginn des Rennens absolvierten, wieder in den Sinn: „So wenig wie möglich berühren und allem, was sich bewegt, aus dem Weg gehen." Selbst Ameisenbisse können in dieser Region sehr schmerzhafte Folgen haben. Von den anderen gefährlichen Tieren wie Jaguaren, Spinnen, Skorpionen, Schlangen, Dschungelwildschweinen, Piranhas und Stachelrochen ganz zu schweigen. „Nichts wie weiter", sage ich mir und gehe erneut in ein langsames Lauftempo über. Immer wieder bleibe ich an herunterhängenden Lianen kleben und Dornenzweige reißen an meiner Kleidung. Der Dschungel ist nichts für zarte Haut. Nackte Haut wirkt hier wie ein Magnet auf die unzähligen hungrigen Insekten. Ich muss höllisch aufpassen, denn Schürfwunden und Hautinfektionen können schwerwiegende Folgen in diesem Terrain haben. Das Ausscheiden aus Gesundheitsgründen, wie beispielsweise wegen Hautinfektionen, ist bei diesem Rennen alarmierend hoch. Deshalb tragen die meisten Läufer trotz der Hitze Langarmshirts und lange Hosen.

Von Schlangen und anderen Gefahren

Vor mir taucht schon das nächste Hindernis auf: ein Sumpf, den es zu durchqueren gilt. Auch davor wurde beim Überlebenstraining gewarnt, da Schlangen und vor allem Stachelrochen Bewohner dieser trüben und seichten Gewässer sind. Bilder von Abenteuerfilmen schießen mir in den Kopf. Bilder von riesigen, Angst einflößenden Anakondas, die an die Wasseroberfläche kommen, angreifen und ihre Opfer grausam erwürgen. „Stopp!", sagt meine innere Stimme. „Ich bin nicht der erste Läufer, der durch diesen Sumpf marschiert, und die anderen leben auch noch. Also Augen zu und durch." Doch die Herausforderung beim Durchschreiten dieser Sumpflöcher, von denen es auf jeder Etappe gleich mehrere gibt, ist, dass man häufig nicht erkennen kann, wie tief diese sind. Ganz langsam gehe ich, Schritt für Schritt, durch das trübe Wasser. Ich merke, dass irgendetwas oder irgendjemand meine Wade berührt. Ich denke nicht weiter darüber nach, sondern will einfach nur heil aus diesem Sumpfloch wieder herauskommen. Plötzlich sinke ich mit dem linken Bein ein – immer tiefer und tiefer! Ich halte die Luft

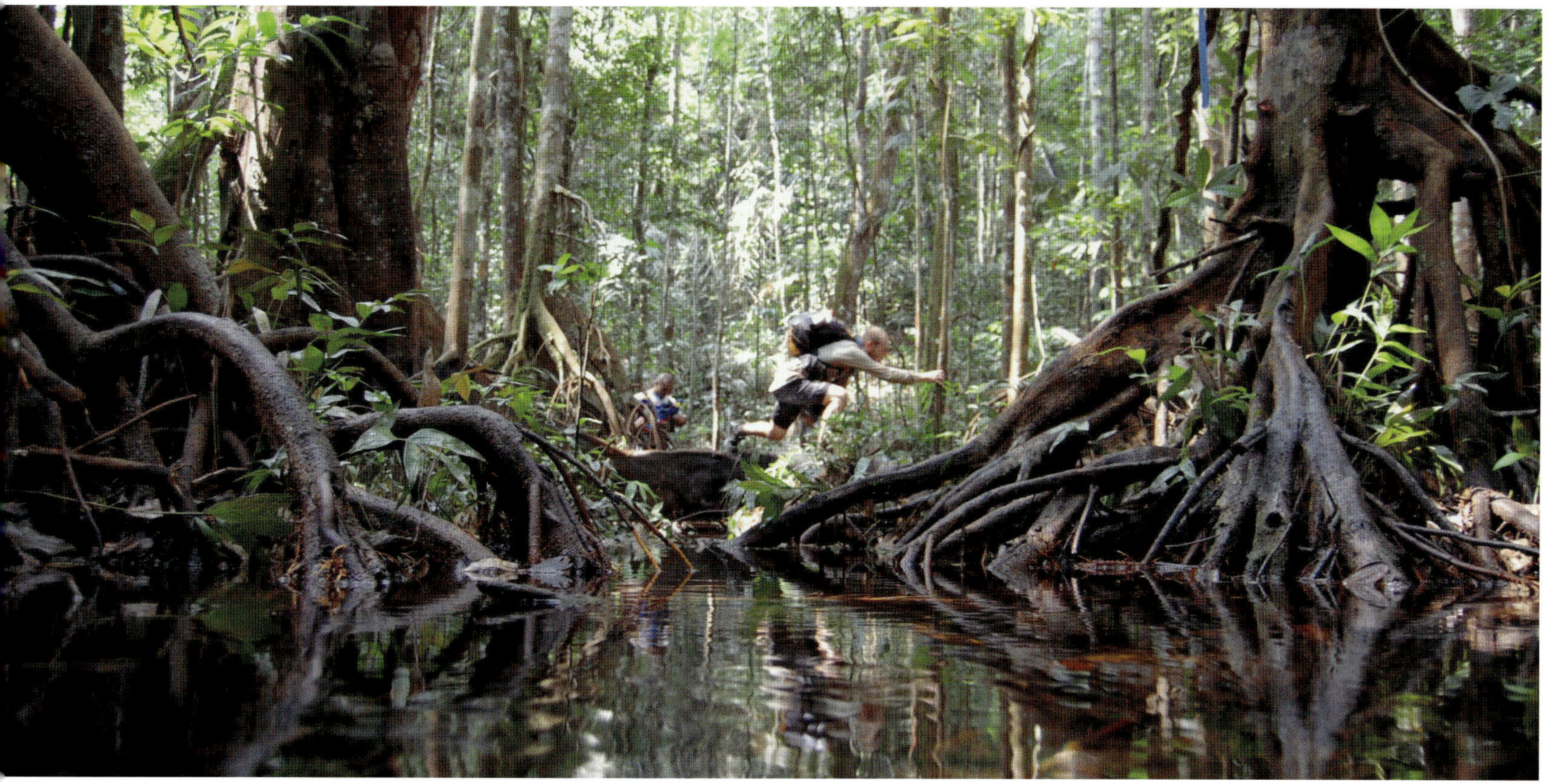

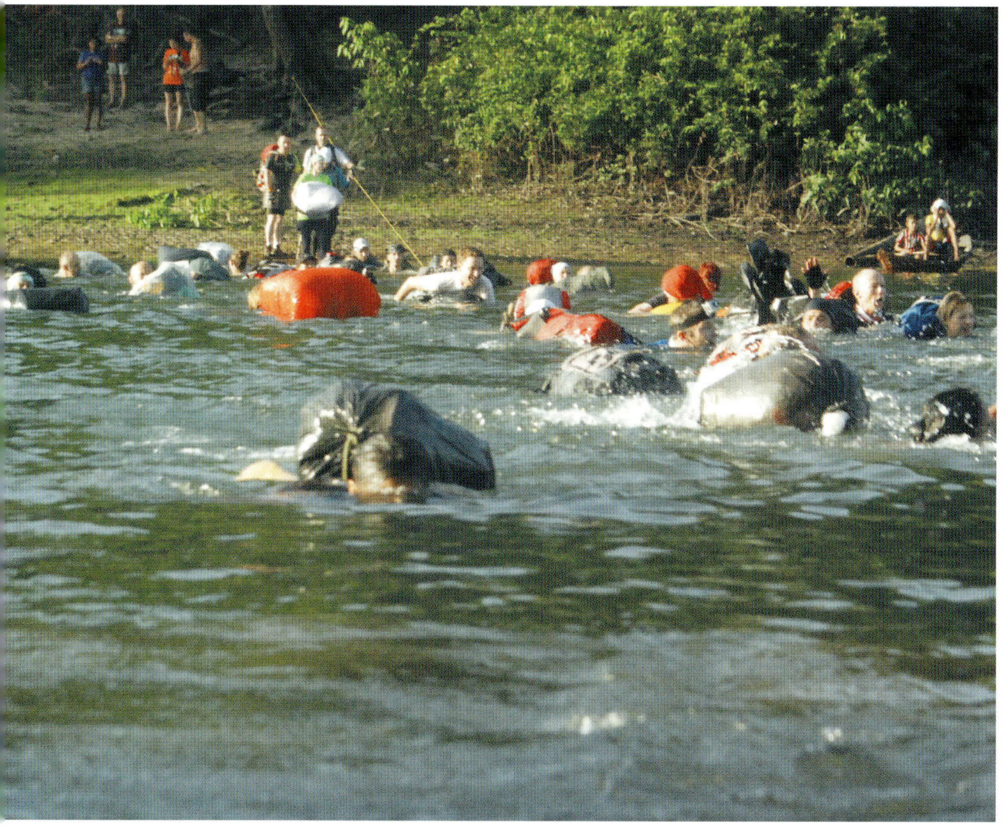

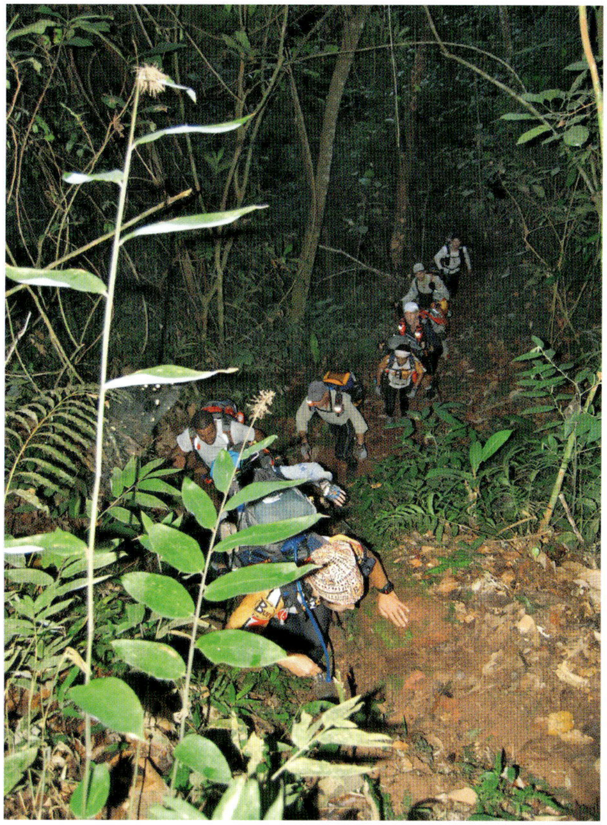

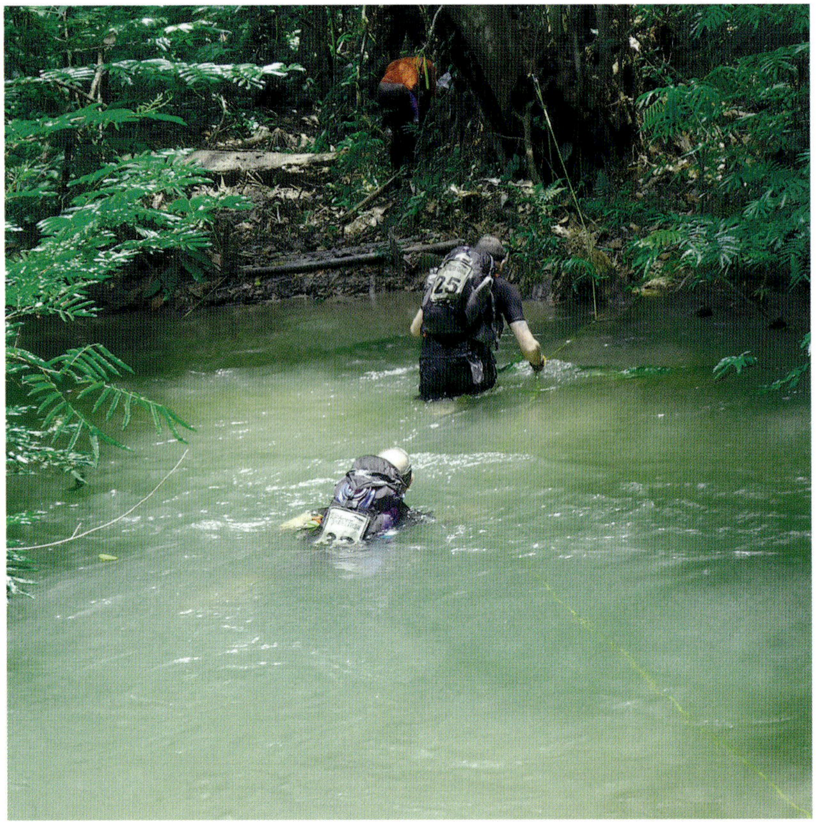

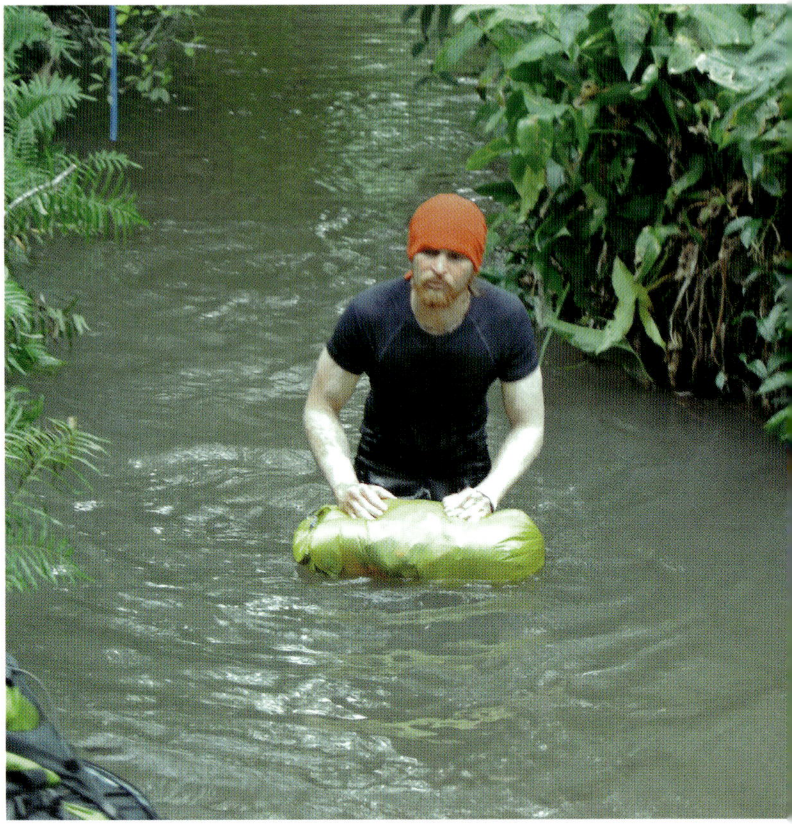

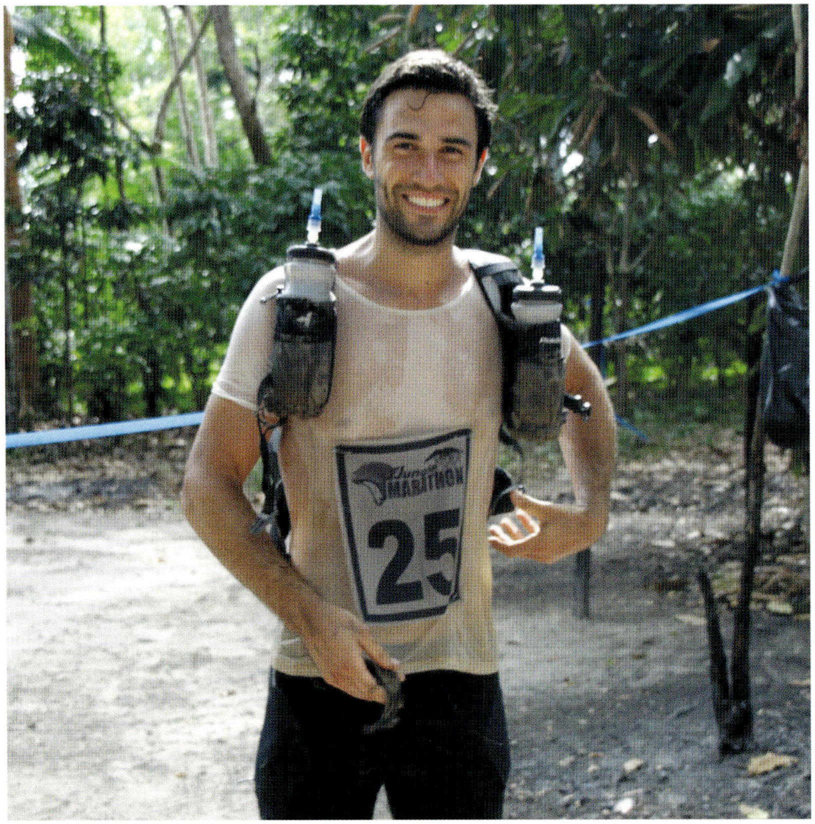
MARATHON
25

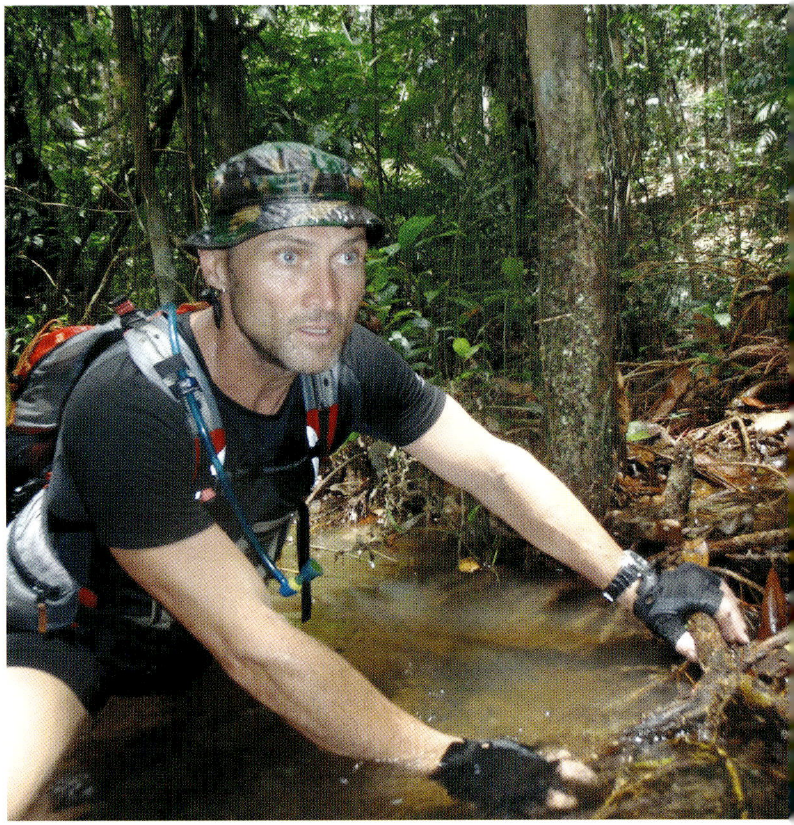

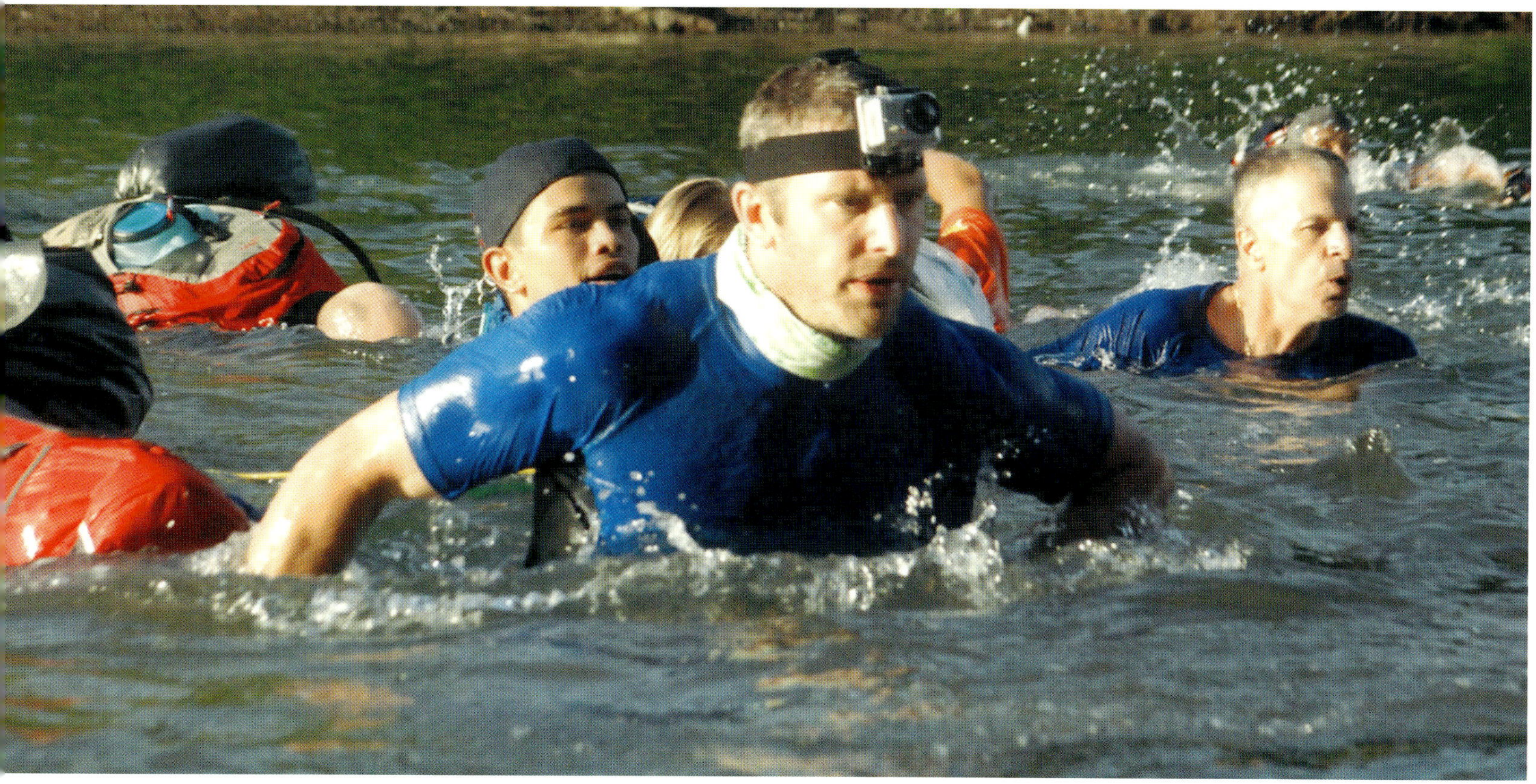

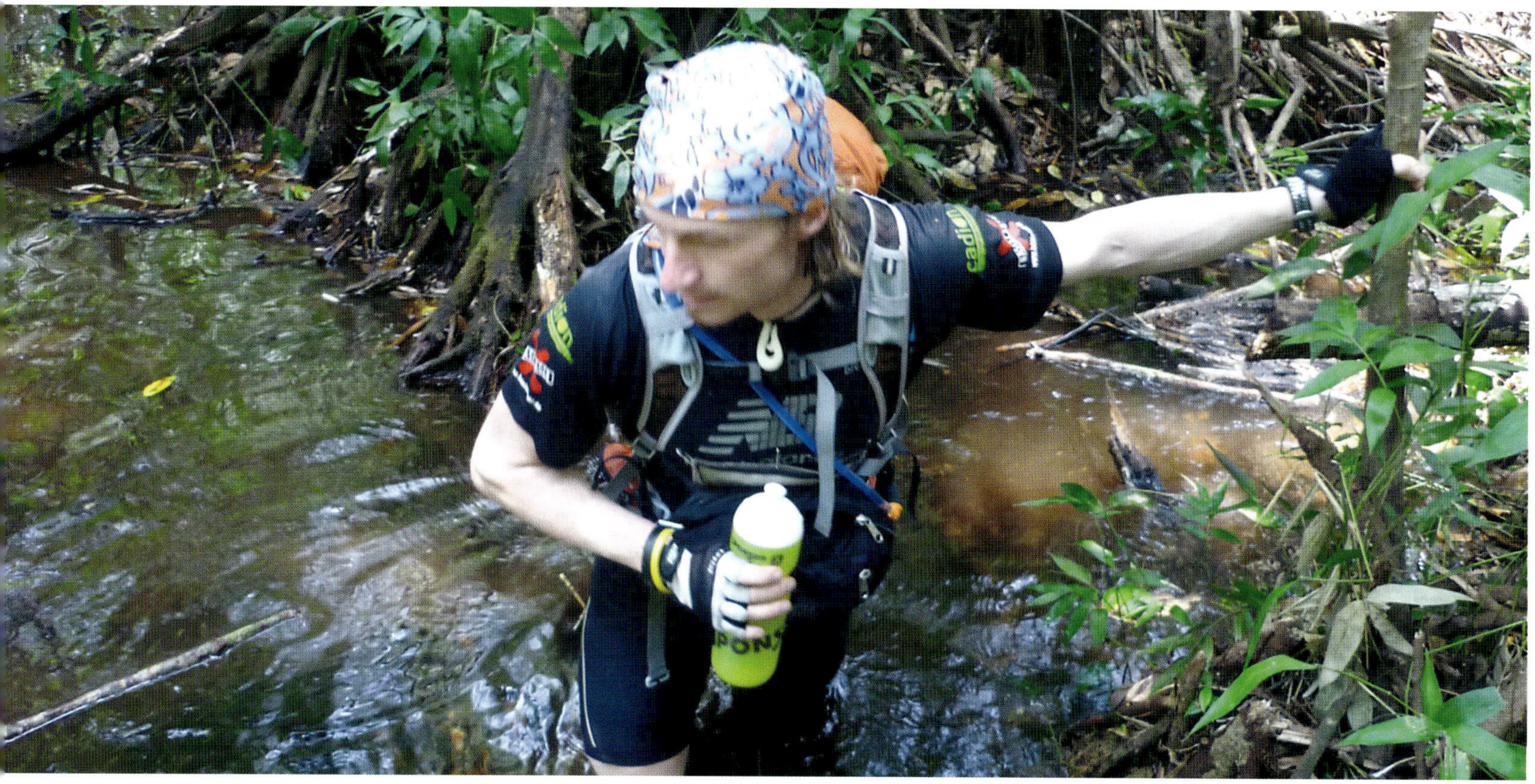

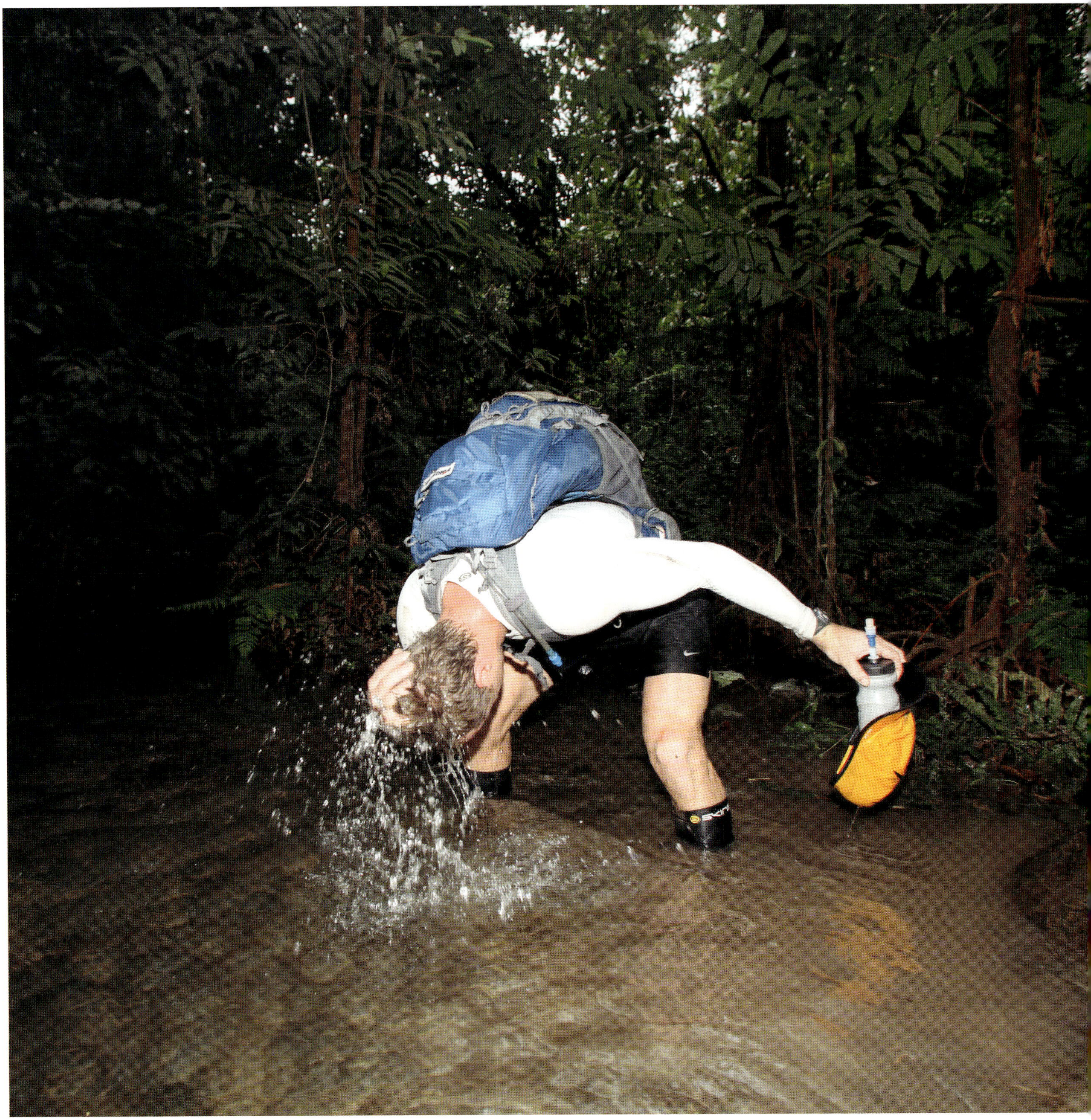

an wie bei einer Achterbahnfahrt abwärts. Ich versuche die Balance zu halten und kann mich gerade noch an einem herunterhängenden Ast festhalten, sonst hätte es mich von Kopf bis Fuß in das Sumpfloch gehauen. Behutsam ziehe ich mich am Ast wieder in meine Ausgangsposition, atme einmal tief durch und gehe weiter. Ich bin heilfroh, als ich wieder festen Boden unter meinen Füßen habe.

Stolpern, Klettern und Schwimmen sind angesagt

Das Fortbewegen beim Jungle Marathon hat stellenweise nichts mehr mit Laufen zu tun: Stolpern, Klettern, Schliddern und Schwimmen sind angesagt. Vergiss jegliche Zeitvorgaben bei diesem Rennen, denn hier bekommt der Faktor Zeit eine ganz neue Dimension. Für einen Kilometer musst du schon einmal mit zwanzig Minuten und mehr rechnen. Auch weil du deine gesamte Ausrüstung bei dir trägst, inklusive Wechselkleidung, Hängematte und Essensvorräten für sieben Tage. Es gibt eine Pflichtausrüstung, die vor dem Rennen genauestens kontrolliert wird. Gegenstände wie Stirnlampe, Trillerpfeife, Kompass, Schmerztabletten oder Antimalaria-Tabletten muss jeder Läufer mit sich führen. Was die Energiezufuhr anbelangt, bin ich in dieser Woche komplett auf mich alleine angewiesen.

Nur Wasser bekommen wir vom Veranstalter bereitgestellt. Das bedeutet, insgesamt zwölf Kilogramm Gewicht liegen auf meinen Schultern, was das Laufen enorm erschwert. Jeder zurückgelegte Meter kostet die doppelte Energie, besonders in dieser erbarmungslosen Umgebung.

Trink oder stirb

Vor mir kann ich den nächsten Checkpoint ausmachen, von dem es auf der heutigen Etappe drei Stück gibt. Meine Trinkblase, die immerhin für drei Liter Flüssigkeit Platz bietet, freut sich wieder aufgefüllt zu werden. Ich löse eine Salztablette auf, die bei diesem Lauf zur Pflichtausrüstung gehört. Wie selbstverständlich habe ich im Nu einen halben Liter vom Elektrolytgetränk getrunken. Auch heute werde ich wieder bis zu zwölf Liter Flüssigkeit in mich aufnehmen. „Drink or die", hat es ein Arzt beim letzten Briefing passend auf den Punkt gebracht. An jedem Verpflegungspunkt müssen wir eine obligatorische Pause von fünfzehn Minuten einlegen. Wegen der brutalen äußeren Bedingungen. Seit sechs Wochen hat es hier nicht mehr geregnet – und das im Regenwald. Die Temperaturen sind dadurch noch einmal um ein paar Grad höher als normalerweise in dieser Jahreszeit. In meiner Vorstellung sehe ich mich in einem großen Schwimmbecken mit eiskaltem Wasser und einer kühlen

Cola liegen. Das tut gut. Doch die Realität sieht ganz anders aus: heiß, heißer, Dschungel. Ich esse noch einen Energieriegel und dann geht es weiter – sehr steil bergauf. Die Anstiege, von denen es beim Jungle Marathon einige gibt, erinnern mich von der Schwierigkeit her an die am Mont Blanc oder auf La Réunion. Ich muss mich immer wieder an Ästen und Bäumen abstützen, um voranzukommen. Wie gut, dass ich meine Radhandschuhe angezogen habe, die etwas Schutz vor den unzähligen Dornen, Stacheln und scharfkantigen Blättern bieten. Der Untergrund ist schlammig, lehmig und ein Labyrinth aus Baumwurzeln, Zweigen und Gestrüpp stellt unangenehme Hindernisse dar. Immer wieder rutsche ich aus oder stolpere über eine Wurzel. Wohin ich auch schaue: grün, grün und nochmals grün. Die „grüne Wand" ist so dicht, dass man keine fünfzig Meter weit sehen kann. Meine Augen, Nase und Ohren erleben hier einen Frontalangriff. Angenehmes Vogelgezwitscher, schrille Schreie und unheimliche Laute – die endlose Geräuschkulisse der Dschungelbewohner wirkt einerseits faszinierend auf mich, auf der anderen Seite wird man fast verrückt. „Im Dschungel sind schon einige Leute durchgedreht", steht auf der Website des Veranstalters. Immer wieder nehme ich auch links und rechts des Pfades ein Rascheln wahr. Neugierig drehe ich meinen Kopf Richtung Geräusch, in der Hoffnung, ein seltenes Tier erblicken zu können. „Einen Jaguar nimmst du zuerst durch die Nase wahr, bevor du ihn siehst", kommt mir die Botschaft vom Dschungelüberlebenstraining in den Sinn.

Acht Stunden für 23 Kilometer

Die Orientierung hier im Dschungel ist nicht immer so einfach. Dem richtigen Weg zu folgen beziehungsweise ihn zu finden stellt eine große Herausforderung dar. Eine Streckenmarkierung in Form von Bändern ist zwar vorhanden, doch diese ist, bei all den Reizen im Urwald, nicht immer so leicht wahrzunehmen. Bin ich überhaupt noch auf dem richtigen Weg? Ich habe schon länger keine Markierung mehr gesehen. Ein Verlaufen im Dschungel könnte fatale Folgen haben. Das ist bisher nur einem Läufer bei diesem Rennen passiert, der einem falschen Pfad gefolgt war und erst Stunden später in der Nacht unter Schock stehend vom Suchtrupp gerettet werden konnte. Glücklicherweise erblicke ich ein gelbes Band ein paar Meter vor mir. Dann endlich, nach acht Stunden, habe ich es geschafft und das Ziel der zweiten Etappe erreicht. Ich habe noch nie acht Stunden für eine Strecke von 23 Kilometern benötigt. Umgehend suche ich mir einen Platz für meine Hängematte. Während des gesamten Rennens wird in provisorisch eingerich-

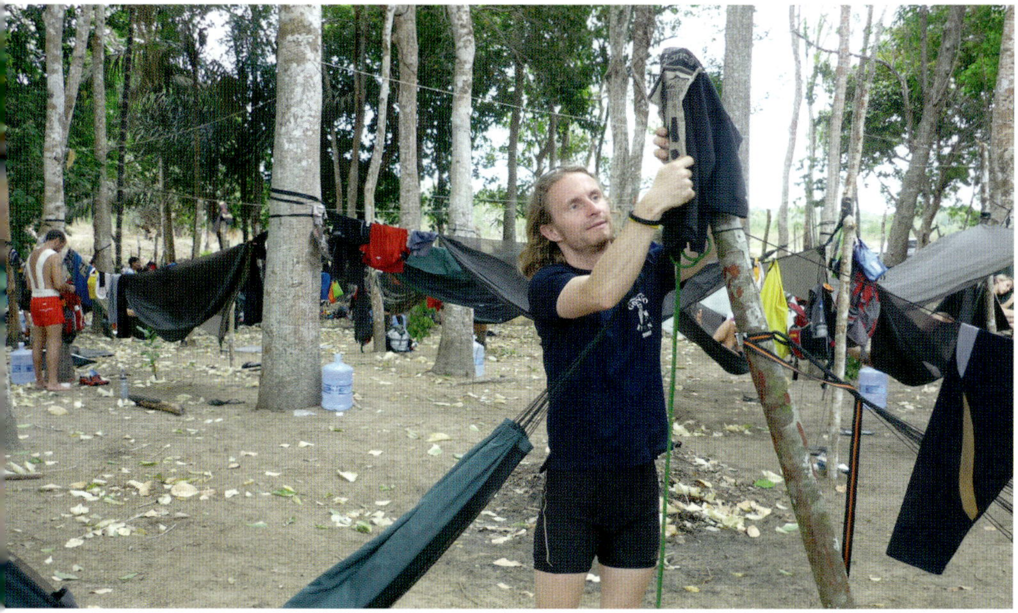

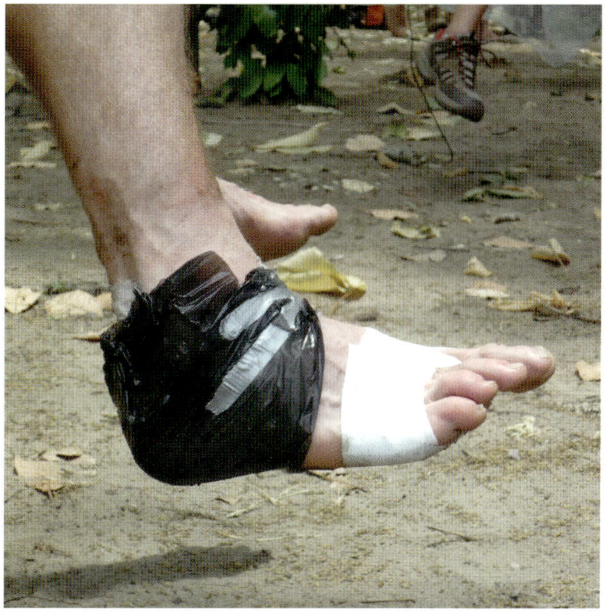

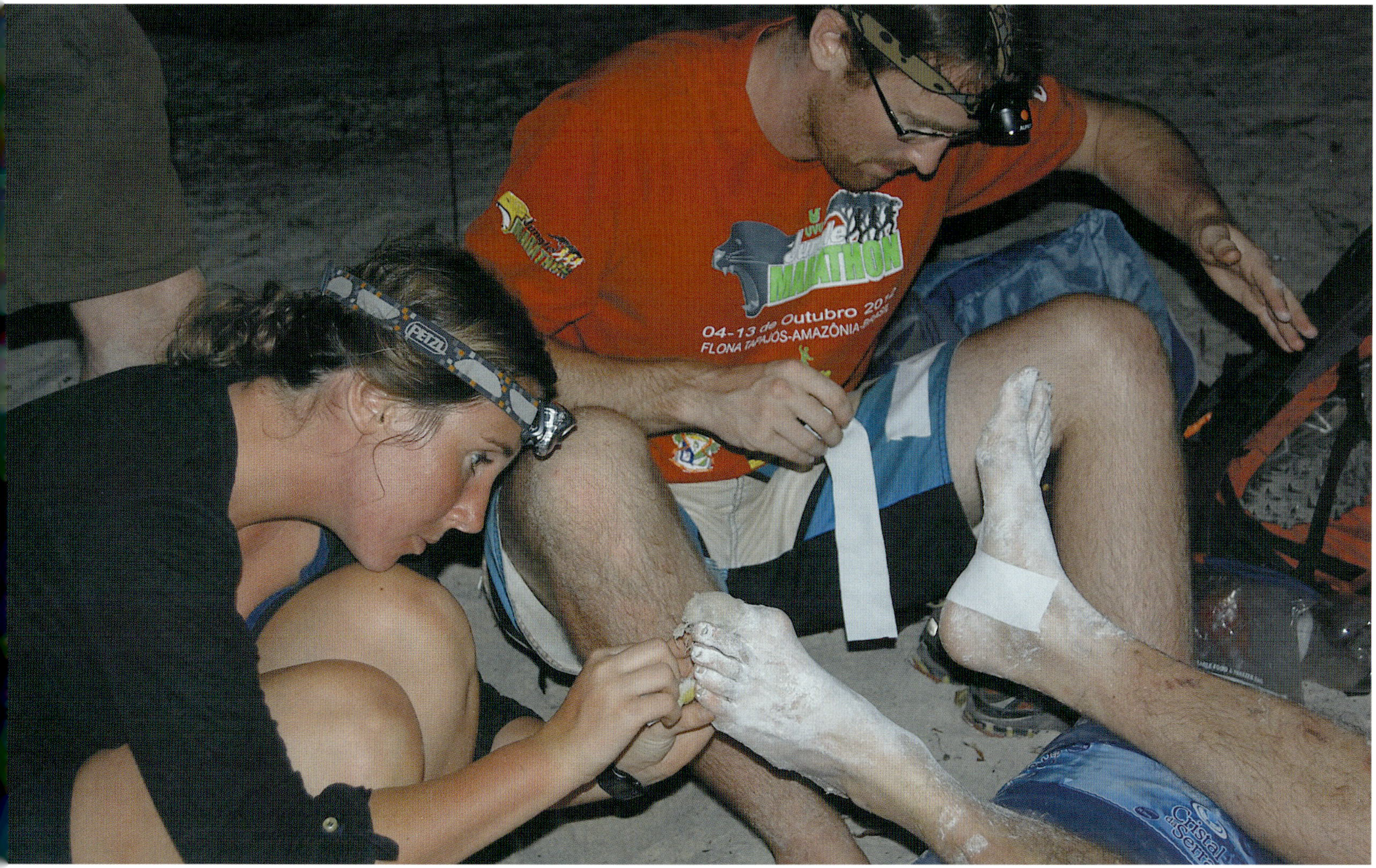
MARATHON
FLONA TAPAJÓS-AMAZÔNIA
PETZL

teten Zeltlagern am Tapajos-Fluss geschlafen. Eine winzige Hängematte stellt während des Rennens mein Zuhause dar. Meine Kleidung ist völlig durchnässt und von oben bis unten voller Schlamm, Morast und Dreck. Auch meine Füße sind aufgeweicht, aber wie durch ein Wunder blasenfrei geblieben. Winzige Sandkörner reiben an meiner Haut. Mein Kopf fühlt sich schwer wie ein Betonklotz an. Die lange Etappe und vor allem die erbarmungslose Hitze machen mir und auch den anderen Läufern zu schaffen. Ich sehne mich nach einer warmen Dusche, einem ruhigen und kühlen Zimmer und einem komfortablen, sauberen Bett. Das ist nur mein Wunschdenken, denn hier im Dschungel existiert kein Komfort. Keinerlei Luxus. Ich bin froh, wenn ich in meiner Hängematte sitzen und meine Fertignahrung aus der Tüte essen darf: Erbseneintopf mit Speck, Chili con carne, serbischen Linseneintopf, Hühnerrisotto mit Gemüse, Fischtopf Rügen, Kartoffelpüree oder Kartoffel-Bohnen-Eintopf mit Rind. Für jeden Tag ein anderes Menü. Das Wichtigste dabei: Alle Gerichte wiegen nur 125 Gramm und machen satt. Heute gibt es zum Hauptgang den Linseneintopf und zum Dessert ein paar Macadamianüsse. Das stellt in diesen Tagen für mich Luxus dar. Qualität und Quantität deines Essens und Trinkens sind essenziell bei diesem Rennen. Gut 3.000 Kalorien nehme ich pro Tag zu mir.

Der Dschungel schläft nie

Auch hier im Lager ist weiterhin Konzentration und Aufmerksamkeit angesagt, denn der Dschungel schläft bekanntlich nie. Ein unachtsamer Augenblick kann ins Unglück führen. Einfach auf dem Boden zu sitzen, zu entspannen oder seine Sachen unbeobachtet liegen zu lassen kann hier fatale Folgen haben. Im gestrigen Camp durften wir Bekanntschaft mit einer großen beharrten Vogelspinne machen. Unzählige Insekten und vor allem Ameisen belagern jeden Abend unsere Hängematten und Rucksäcke. Deshalb ist es ratsam, beim Aufstehen unter seiner Hängematte nach solchen Tieren Ausschau zu halten. Wenn die Sonne untergeht, treiben Moskitos ihr Unwesen. Während des Jungle Marathons juckt es permanent auf meiner Haut und der Sand scheint an jeder Stelle meines Körpers zu sein.

Die Vernunft siegt über die Willenskraft

Plötzlich fängt alles um mich herum an sich zu drehen. Mir wird auf einmal schlecht und schwindelig. Umgehend begebe ich mich zum Ärzteteam. Dort angekommen breche ich zusammen. Mein Körper ist einfach der Hitze, der Erkältung und dem sehr anspruchsvollen Streckenprofil nicht mehr gewachsen gewesen.

Ab diesem Punkt habe ich einen totalen Filmriss. Ich nehme nur ab und an ganz schwach einzelne Stimmen wahr, die sehr besorgt klingen. Infusionen folgen. Eine, dann noch eine und wieder eine. Vor Nadeln, Infusionen und ähnlichen Dingen habe ich eine riesengroße Aversion. Und jetzt begleitet mich solch ein Teil an meiner linken Hand. Zitternd liege ich am Boden, unfähig mich aufzurichten, geschweige denn aufzustehen. Nach einer Weile kommt Brett, der Rennarzt, zu mir und stellt mir Fragen, wie „Welchen Tag haben wir heute? Wo bist du gerade? Wie heißt du?" Mir ist in diesen Momenten überhaupt nicht bewusst, wo ich mich befinde. Alles ist dunkel um mich herum. Ich stammle irgendwelche wirren Dinge vor mich hin und bin nicht in der Lage, einen korrekten Satz von mir zu geben, geschweige denn die Fragen richtig zu beantworten. Mir ist einfach nur kalt, dabei hat es selbst um 21 Uhr noch dreißig Grad. In meinem Kopf treibt eine gewaltige Achterbahn ihr Unwesen. Erst Stunden später schaffe ich es, wieder auf beiden Beinen stehen zu können und im Zeitlupentempo Richtung Hängematte zu marschieren. Ich habe mich selten zuvor in meinem Leben so mies gefühlt. Das Schlimmste für

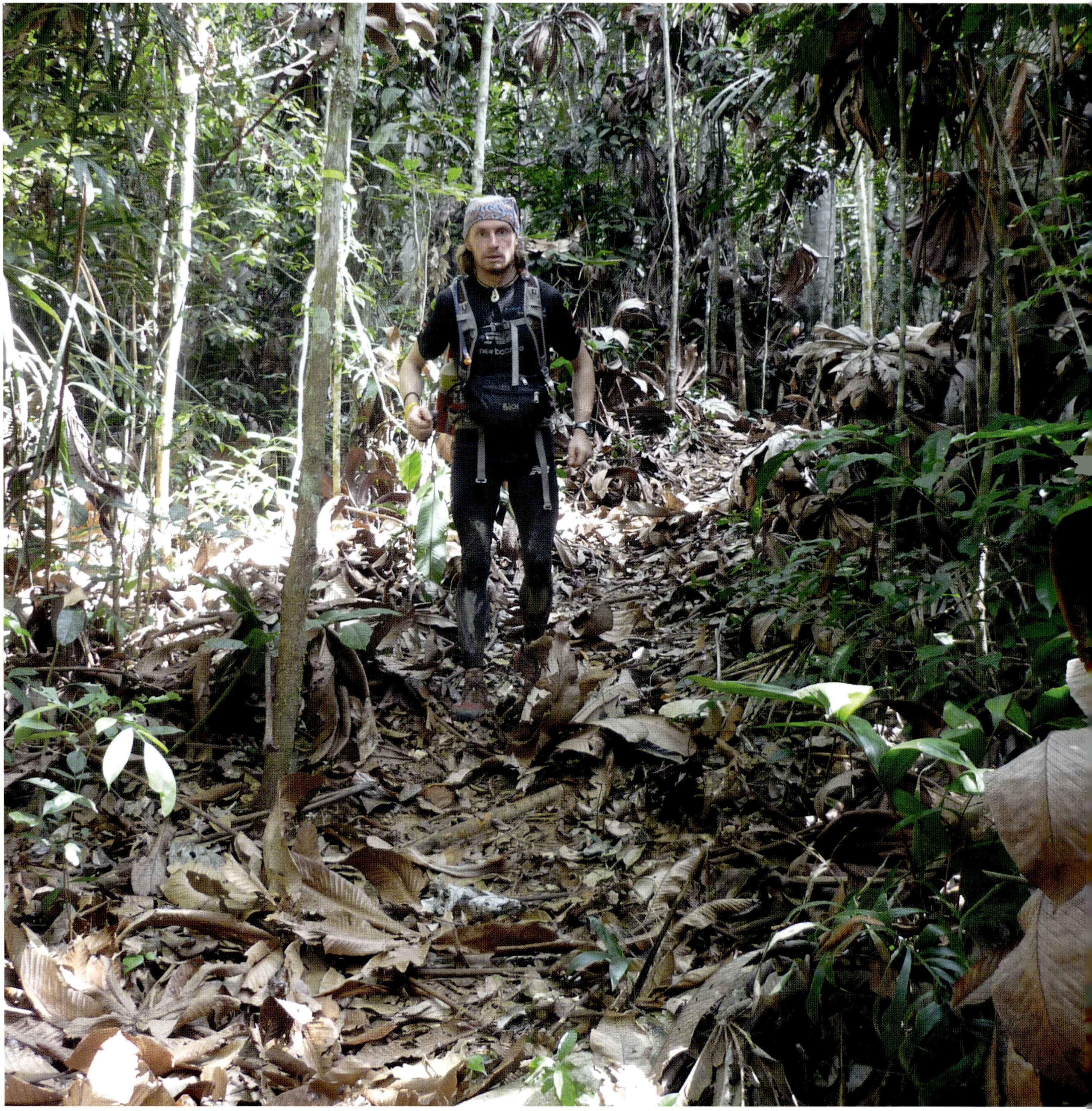

mich ist dabei die Tatsache, dass ich mich und meinen Körper nicht mehr kontrollieren konnte. Von einem Moment auf den nächsten bin ich k.o. gegangen. Das macht mir Angst. Was soll ich jetzt tun? Meine Uhr zeigt mittlerweile kurz nach Mitternacht an. In vier Stunden heißt es wieder aufstehen. Die dritte Etappe steht auf dem Programm. 35 Kilometer, fast so viel wie Etappe eins und zwei zusammen, geht es wieder durch dichten Dschungel. Soll ich den Lauf mit aller Gewalt, mit aller Willenskraft finishen? Mit dem Risiko, dass ich vielleicht mitten im Dschungel zusammenbreche? Oder soll ich dieses Mal meine Vernunft über den Willen stellen und das Rennen abbrechen?

Ich höre in meinen Körper hinein und entscheide mich intuitiv für einen Abbruch. Ehrlich gesagt gibt es für mich in diesem Moment auch keine wirkliche Alternative. Für mich steht nach kurzer Überlegung umgehend die Entscheidung fest: Ich breche das Rennen hier ab! Diese Entscheidung ist für mich im ersten Moment natürlich sehr schmerzhaft und richtig bitter. Denn über Monate habe ich mich auf dieses Rennen vorbereitet, habe sehr viel Zeit, Energie und auch Geld in das Projekt Jungle Marathon investiert. Und nach nur zwei Etappen, nach ganzen 39 Kilometern ist das Rennen für mich vorüber. Aus und vorbei! Das ist hart. Wie ein Haufen Elend sitze ich auf dem schlammigen Boden im Lager und starre ins Leere. Eine eigenartige Ruhe umgibt mich. Für den wolkenfreien Himmel mit seinen funkelnden Sternen habe ich überhaupt keine Augen. Ich bin einfach nur leer, unfähig einen klaren Gedanken zu fassen. Dann schaffe ich es, in meine Hängematte zu steigen und ein wenig zu schlafen.

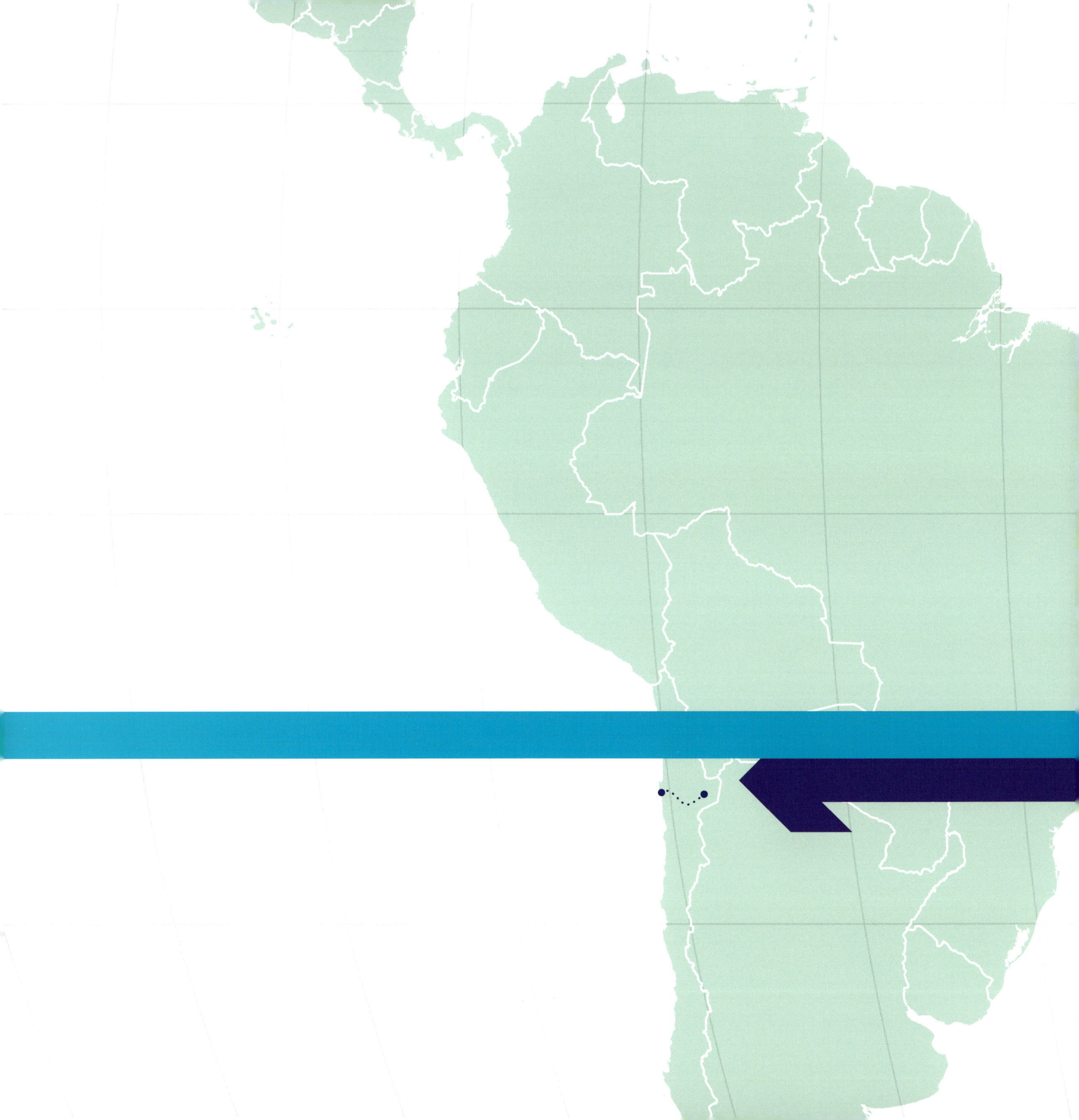

Abenteuer Atacama
Zu Fuß durch die trockenste Wüste der Erde

„HIER IST DER ANRUFBEANTWORTER VON NORMAN BÜCHER – BREAK YOUR LIMITS. Schön, dass Sie anrufen. Momentan bin ich nicht zu erreichen. Für Anfragen zu meinen Vorträgen wenden Sie sich bitte …" Kurz gesagt: Ich bin out of office, bin wieder unterwegs. Chile ist das Ziel. Ich will zum ersten Mal die Faszination Wüste entdecken. Genauer gesagt, die Atacama Wüste, die als die trockenste und höchstgelegene Wüste der Erde gilt. Zugegebenermaßen tue ich mich mit Superlativen schwer. Gleichzeitig lösen sie eine ungemein große Begeisterung in mir aus. Ob sie es waren, die mich letztendlich dazu brachten, dass meine Wahl für das nächste Ziel auf die Atacama Wüste fiel? Oder vielleicht das einzigartige Klima? Die vielseitige Landschaft? Die extremen Temperaturschwankungen? Oder die null Prozent Luftfeuchtigkeit und nahezu 100 Prozent Stille, die es hier gibt?

Als ich zum ersten Mal die Bilder meines Lauffreundes Axel, der im Jahr 2002 in dieser Wüste war, gesehen habe, hat es mir schon den Atem verschlagen. Doch was ich schon bald selbst erfahren werde, ist nur schwer in Worte zu packen.

14 Marathons an 14 Tagen

Ich will die Atacama Wüste in Chile durchqueren. 600 Kilometer in 14 Tagen. Das bedeutet 14 Marathondistanzen an 14 aufeinanderfolgenden Tagen. Es ist ein großes Ziel. Ein toller Plan. Ich bin noch nie zuvor so weit gelaufen. Meine Erfahrungen in Bezug auf Etappenrennen beschränkten sich zum damaligen Zeitpunkt auf den IsarRun, bei dem es insgesamt 333 Kilometer in fünf Tagen zu bewältigen galt. Von der Mündung bis zur Quelle der Isar. Dies stellte im Jahr 2007 meinen allerersten Etappenlauf dar. Bis heute ist es für mich eine prägende Erfahrung, weil ich mir vorher nicht vorstellen konnte über fünf Tage täglich eine Distanz von 60 Kilometern und mehr zu laufen. Eine weitere wichtige Erfahrung war definitiv der Swiss Jura Marathon im Juli 2008. Bei diesem wunderschönen, anspruchsvollen Landschaftslauf läuft man 350 Kilometer und 11.000 Höhenmeter in sieben Tagesetappen. Von Genf nach Basel – immer auf dem Höhenweg des Schweizer Jura. Nach fünf Etappen musste ich das Rennen verletzungsbedingt abbrechen. Das bedeutete damals mein erstes „DNF" (Did Not Finish) und war sehr bitter für mich. Im Jahr 2009 lief ich das Himalaya 100 Mile Stage Race in Indien. Bei diesem Rennen galt es insgesamt 161 Kilometer und knapp 7.000 Höhenmeter in fünf Tagesetappen zurückzulegen. Diese Läufe waren unglaublich prägend und spannend für mich. All diese Abenteuer waren von einem Veranstalter organisiert. Chile wird eine ganz neue Erfahrung für mich, körperlich wie mental. Und vor allem:

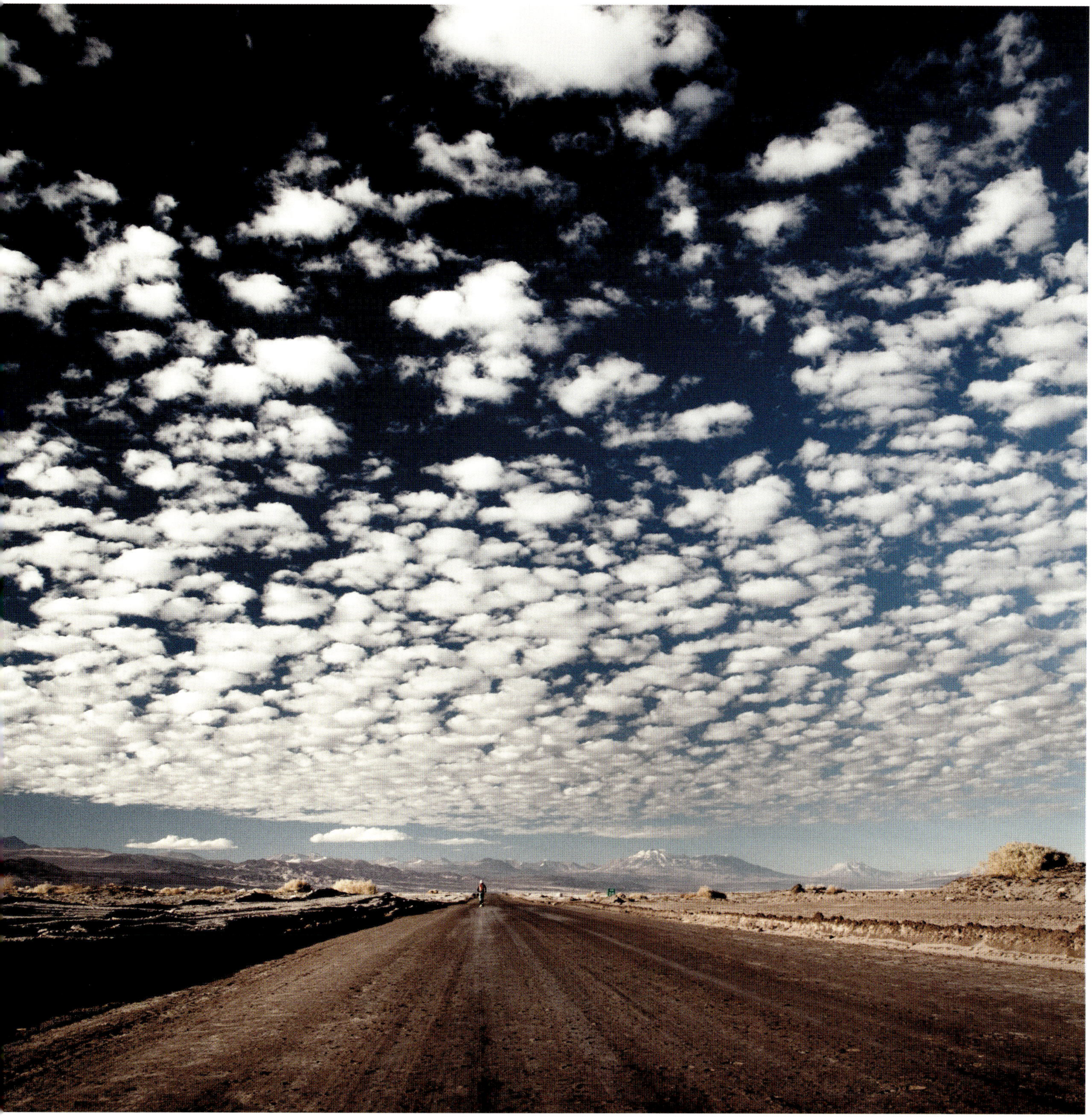

Dieses Mal gibt es keinen Veranstalter, keine markierte Strecke, keine Mitläufer und keine Zuschauer. Ich betrete Neuland. Es wird mein erstes eigenes, selbst organisiertes Laufabenteuer werden. Doch ich brauche neue Herausforderungen. Sie bedeuten für mich Wachstum und Weiterentwicklung. Sie sind für mich die Essenz des Lebens.

Herausforderung Aschewolke

Schon die Anreise nach Chile ist ein Abenteuer für sich. Mit großer Vorfreude komme ich am 8. Mai 2010 am Frankfurter Flughafen an, wo ich meine Freunde Christian und Benjamin, die mich bei diesem Abenteuer begleiten, treffe. Wir sind alle ein wenig nervös und angespannt. Gleichzeitig freuen wir uns auf das bevorstehende Abenteuer. Doch die Freude erhält schon bald einen ersten Dämpfer, denn als wir am Schalter unserer Airline einchecken wollen, wird uns mitgeteilt, dass unser Flug wegen der Aschewolke über Island ausfällt. Scheiße, das darf doch wohl nicht wahr sein! Da bereitest du dich Wochen und Monate minutiös vor und dann so etwas! „Ruhig bleiben und positiv denken", sage ich mir. Und es scheint tatsächlich zu funktionieren, denn eine Stunde später erhalten wir einen Ersatzflug über Brasilien, sodass wir nur mit knapp sechs Stunden Verspätung in Chile ankommen.

Alleine laufen? Was soll's

Fünf Tage später. Wir befinden uns im hohen Norden Chiles, irgendwo in der Pampa. Das heißt nicht ganz. Von Weitem können wir noch die Stadt Calama ausmachen, eine der trockensten Städte der Welt. Knapp 2.000 Meter über dem Meeresspiegel. Jetzt stehe ich hier auf einer abgelegenen Schotterpiste, südlich von Calama, und freue mich auf den Start. Ich bin froh hier sein zu dürfen. Es herrscht eine entspannte Atmosphäre: keine anderen Läufer, keine Zuschauer, kein Gedränge, keine Hektik, keine Musik. Nicht die übliche Startprozedur wie bei großen Laufveranstaltungen. Ganz entspannt stehe ich hier am Rande der Wüste und freue mich, dass ich gleich loslaufen darf. Und zwar ganz alleine. Ein Gefühl der Freiheit macht sich in mir breit. Christian und Benjamin nehmen ein großes Stück von der Klopapierrolle. Nein, sie wollen keinem Bedürfnis nachgehen. Das dünne Papier hat gleich eine ganz andere Funktion: Es markiert den Start. Den Start zu meinem bisher längsten Lauf. Ich ziehe nochmals die Gurte meines Rucksacks enger. Sitzt er optimal? Passt alles? Ja, das wird schon. Als Christian und Benjamin schließlich von zehn rückwärts zählen, rutscht mir mein Herz fast in die Hose. Jetzt geht es endlich los: 600 Kilometer, über 6.000 Höhenmeter, vierzehn Tagesetappen durch eine

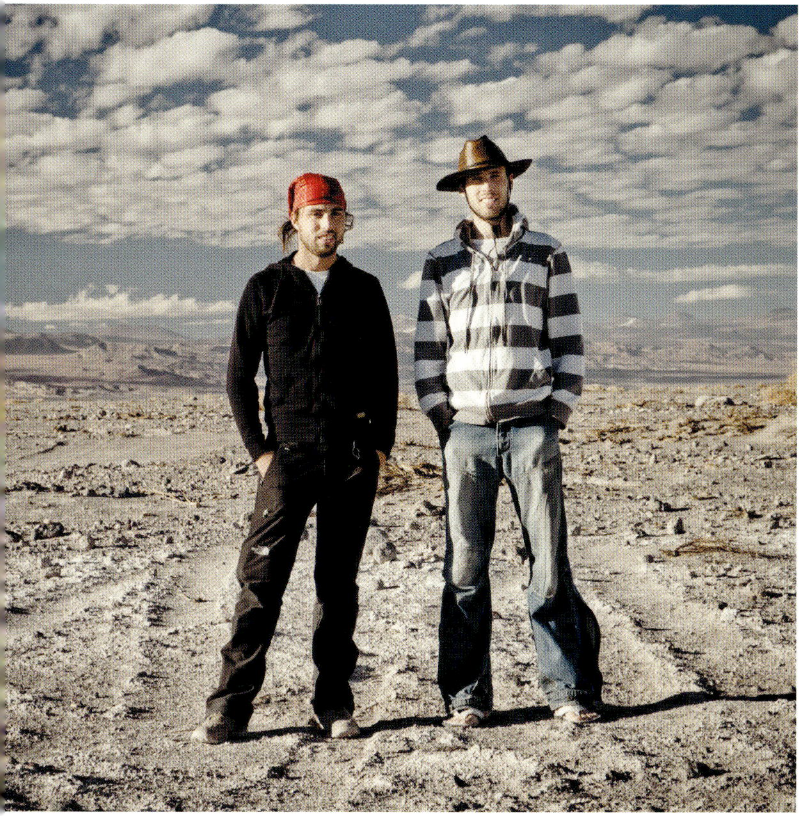
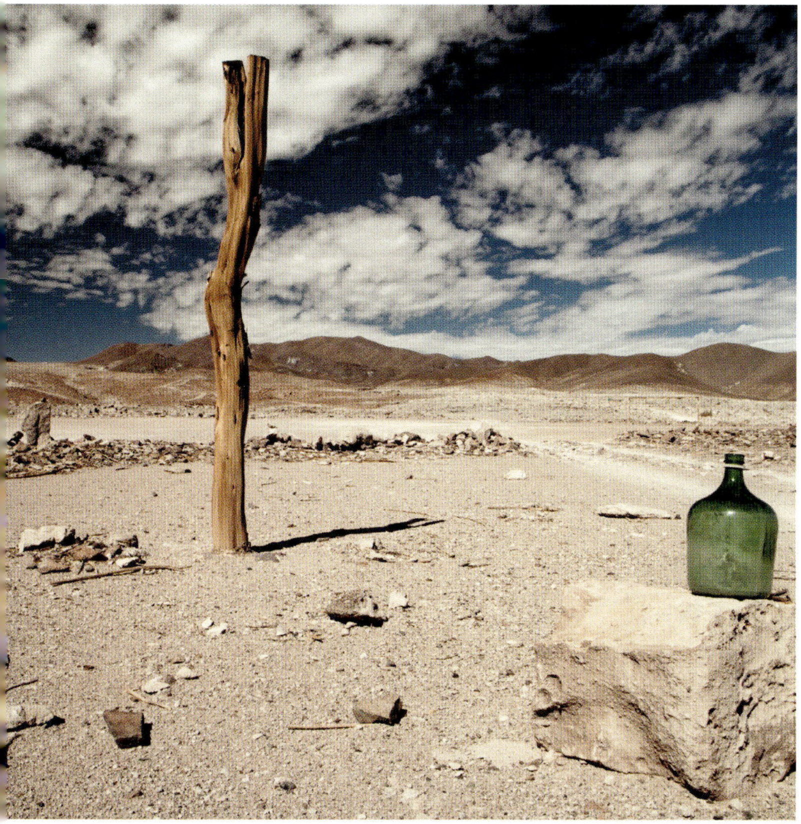
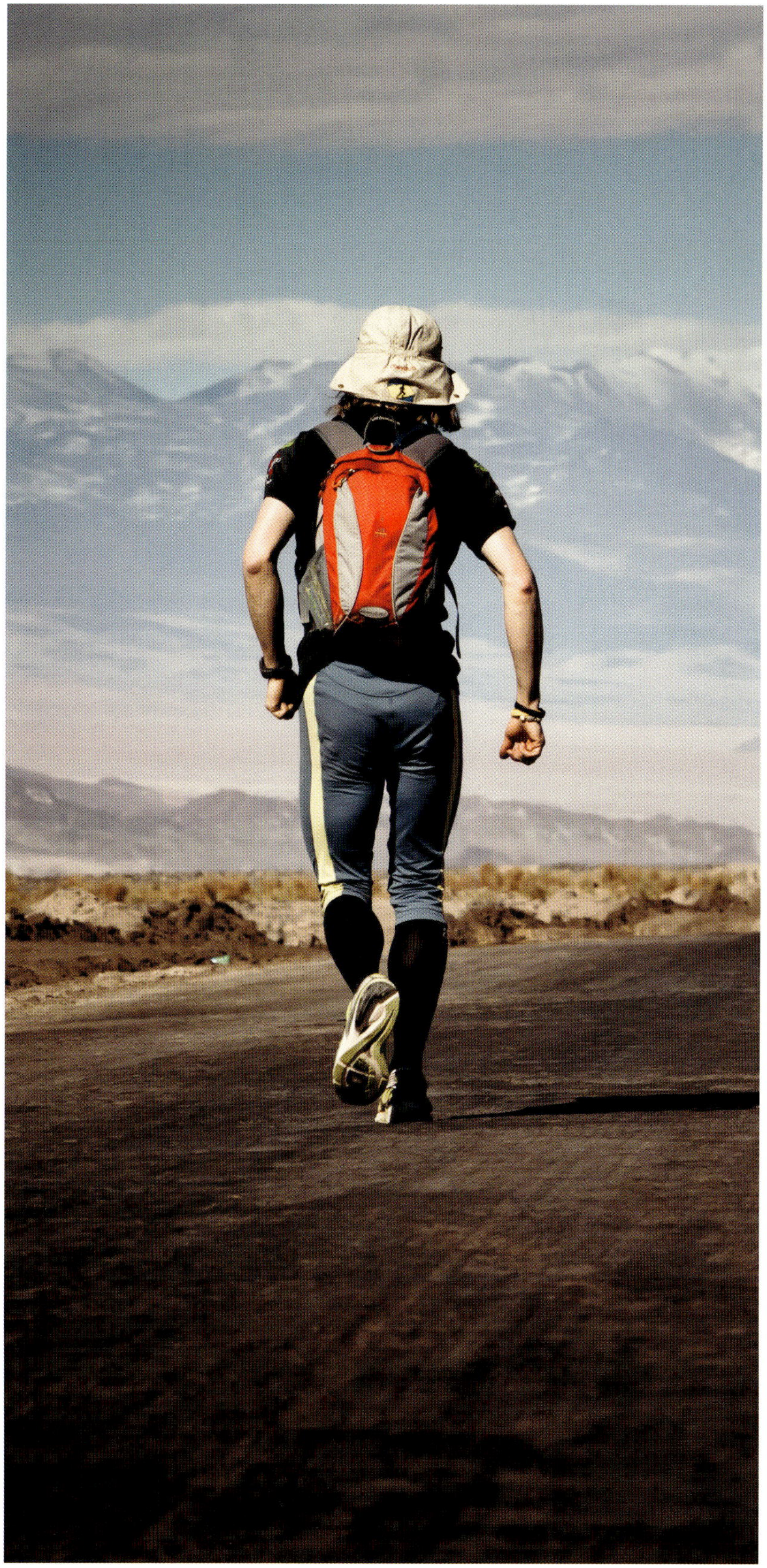

der trockensten und beeindruckendsten Landschaften der Erde.

Einsamkeit und Stille als ständige Begleiter

Ich genieße die ersten Stunden des Laufens und des Alleinseins. Außer der endlosen Weite der Wüste gibt es nichts um mich herum. Sand und Schotter, so weit das Auge reicht. In der Ferne kann ich die prächtigen mit Schnee bedeckten Gipfel der Anden ausmachen. Eine Kulisse wie gemalt. Ich genieße die Ruhe um mich. Eine Stille, wie ich sie zuvor noch nie erlebt habe. Nur das Auftreten meiner Laufschuhe auf der staubigen Piste nehme ich wahr. Drei Elemente bestimmen diese ersten Stunden in der Wüste: die Weite, die Stille und das tiefe Blau des Himmels. Keine einzige Wolke bedeckt ihn. In einem sehr verhaltenen Tempo, 6:30 Minuten pro Kilometer, bin ich unterwegs. Ökonomisch und kräfteschonend lautet meine Devise, denn nach dem heutigen Tag liegen noch weitere dreizehn Etappen vor mir. Mein Atem geht ruhig und gleichmäßig und trotz der warmen Temperaturen schwitze ich überhaupt nicht. Schon nach den ersten Stunden stellt sich eine gewisse Monotonie ein. Mein Kopf ist leer, die Einsamkeit gegenwärtig und die Einförmigkeit der endlosen Weite beeindruckend und beängstigend zugleich. Keine Menschenseele weit und breit. Keine Stimmen. Nichts. Absolute Stille. Ohne Wind knallt die Sonne brutal auf Nacken und Rücken. Es ist heiß und trocken. Doch ich kann keine einzige Schweißperle auf meiner Haut ausmachen. „Du musst trinken", geht es mir immer wieder durch den Kopf. Trinken – trinken – trinken. Das wichtigste Gut in diesen Tagen trage ich auf dem Rücken: Wasser. Davon kann ich gar nicht genug bekommen. Bis zu zehn Liter am Tag nehme ich zu mir.

Teamwork ist alles

„Hallo Chris. Verstehst du mich? Hallo?" Nichts. Ich versuche es nochmals. Und noch ein Mal. Aber außer einem Rauschen höre ich nichts. Dabei hätte ich mich riesig über ein wenig Kommunikation gefreut. Eine vertraute Stimme zu hören inmitten dieser großen Fremde. Doch der Empfang des Funkgeräts scheint tot zu sein. Was nun? Wie sollen wir uns in der Wüste verständigen können? Noch fünf Kilometer bis zum nächsten vereinbarten Treffpunkt. Alles wird gut. Christian und Benjamin sind ja immer in überschaubaren Abständen vor oder hinter mir. Doch die Kilometer ziehen sich auf dieser kerzengeraden Piste wie die Zeit zwischen Weihnachten und Silvester. Endlich kann ich in der Ferne den Toyota Landcruiser meines Teams ausmachen. „Yes, wieder vierzehn Kilometer geschafft", bestärke ich mich. „Heute schon gefunkt?", frage ich Chris mit einem breiten Grinsen auf dem Gesicht. Doch er hat es ebenfalls probiert – ohne Erfolg. Wir beschließen die Intervalle, an denen wir uns treffen, zu verkürzen. Von nun an wartet mein Team in Abständen von sieben bis zehn Kilometern auf mich. Das bedeutet mir sehr viel. Die gemeinsamen Momente sind es, die mich durch ein Tief bringen. Chris und Benni treiben mich an und geben mir innere Stärke. Denn die beiden sind nicht nur sehr gute Freunde von mir, sondern bei diesem Abenteuer auch Zuhörer, Organisatoren, Fahrer, Fotograf und Koch in zwei Personen. Nach einer leckeren Nudelsuppe hole ich mir noch ein paar Müsliriegel aus dem Auto. Doch erst mal welche finden. In welchem Karton sind die nochmals? Unser Geländewagen ist auch voll beladen: Klamotten für jedes Wetter, über 100 Liter Wasser, sechs Ersatzkanister mit Benzin, Reserveräder, GPS-Gerät, Kartenmaterial sowie Dutzende Energieriegel und Essensvorräte stellen nur einen Teil unserer Ausrüstung dar. Ohne das entsprechende Equipment bist du nichts in dieser Wüste. Wenn du etwas vergessen oder falsch kalkuliert hast, kann es sogar lebensbedrohlich werden.

Eine Wüstenoase als Ruhepunkt

Wow, wie im Paradies! Unglaublich! Das ist ja der absolute Hammer! Kontrastreicher hätten die Landschaften nicht sein können. Von der öden, monotonen und trockenen Sand- und Schotterpiste laufe ich in ein Tal, das sich durch saftig grüne Wiesen, reiche Vegetation und einen rauschenden Bach auszeichnet. Eine Wohltat für die Sinne. Nach dem Start in Calama erreichen wir nun am Ende von Tag zwei die Wüstenoase Caspana. Der malerische Ort liegt auf 2.700 Metern Höhe, eingeklemmt in eine Felsenschlucht, die wie eine Miniaturausgabe des Grand Canyon wirkt. Als ich die Route für dieses Abenteuer zusammenstellte, spielten die Kriterien Sicherheit, Vielseitigkeit und Schönheit der Landschaft eine wesentliche Rolle. Gerade bei Letzterem bekommen wir in Caspana einiges geboten.

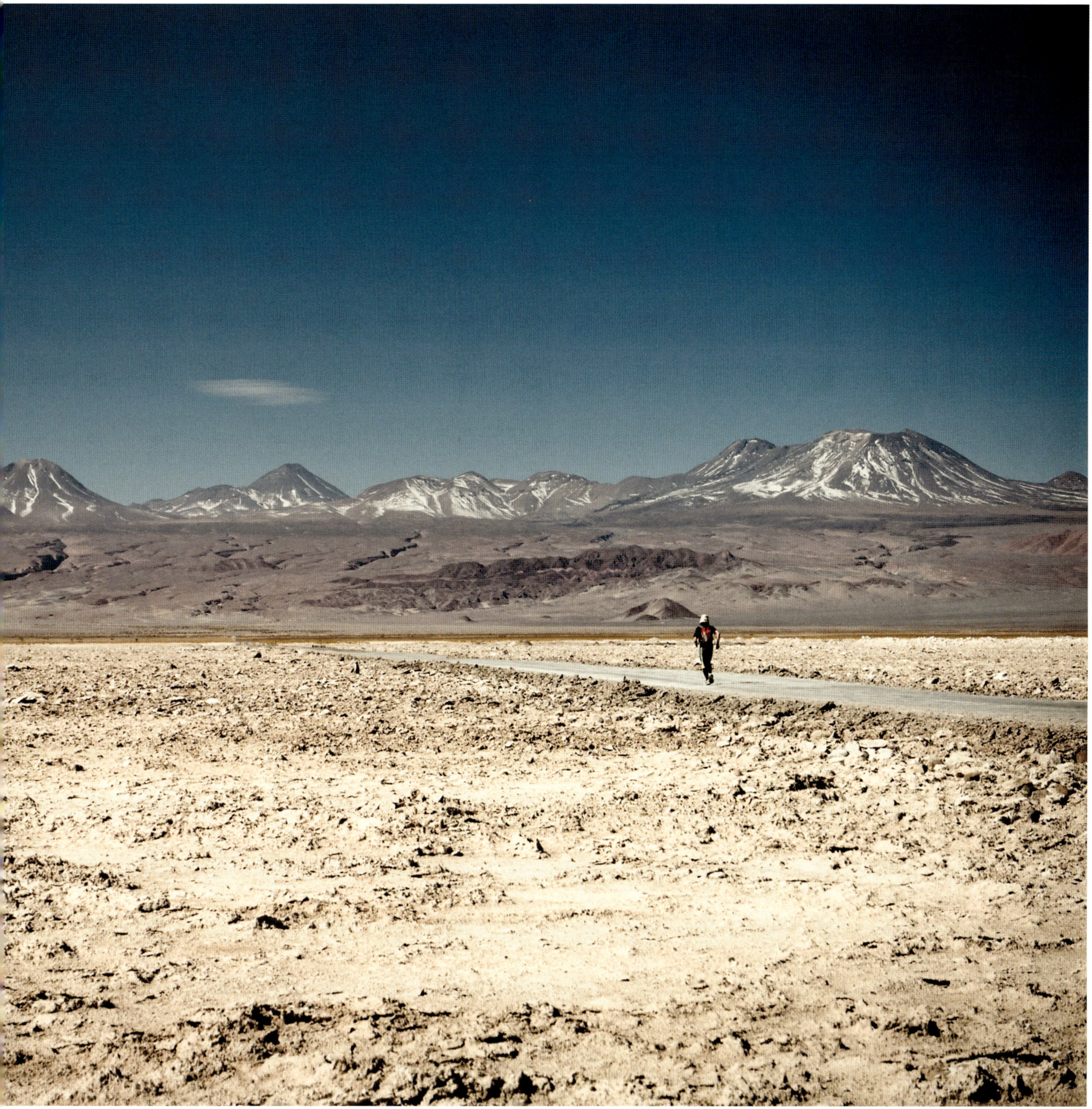

Caspana erscheint wahrhaftig aus dem Nichts. Die knapp 400 Bewohner leben in kleinen Steinhäusern und bauen auf Terrassen Gemüse und Blumen an, die sie auf dem Markt in Calama verkaufen. Sogar ein archäologisches Museum beinhaltet das kleine Andendorf. Caspana ist auch bekannt für seine Architektur mit Liparita-Steinen, für seine Dächer mit Stroh und Lehm und für seine schmalen, gepflasterten Straßen. Quechua ist die Sprache, die die Einheimischen hier sprechen. Auf die tief verwurzelten andischen Traditionen wird viel Wert gelegt. Der Fluss, der sich durch das kleine Dorf schlängelt, stellt die Bewässerungsanlage für den Obst- und Gemüseanbau dar. Salat, Petersilie, Koriander, Bohnen werden hier angebaut. Nach der Etappe schlendern wir noch durch das Dorf und lassen unsere Blicke schweifen. Lamas, Ziegen, Alpacas, Esel und Schafe kann ich ausmachen. Ein friedlicher Ort. Von der Hektik, dem Lärm und den Menschenmassen, die wir in den westlichen Industrienationen gewohnt sind, keine Spur. Ein leckeres Abendessen mit den gastfreundlichen Hausherren rundet diesen ereignisreichen Tag ab. Wir genießen den Luxus, in einem einfachen, aber komfortablen Bett schlafen zu dürfen.

Trocken, trockener, Atacama

Die Atacama gilt als die trockenste Wüste der Erde. Es gibt Orte in der Atacama, für die es seit Menschengedenken keinerlei Aufzeichnungen über auch nur einen einzigen Tropfen Regen gibt. Diese extreme Trockenheit erklärt sich durch den Einfluss des Humboldtstroms, der kaltes Wasser aus der Antarktis bringt, das die Oberfläche des Pazifiks abkühlt. Dadurch gibt es kaum Verdunstung, aber umso mehr Nebel entlang der Küste. Und die im Osten ansteigenden Anden verhindern wie eine riesige Mauer, dass feuchte Luft aus dem Amazonasbecken in die Atacama gelangt. So steht es in meinem Reiseführer, den ich vor diesem Abenteuer intensiv studiert habe. Es ist also extrem trocken hier. Und genauso fühle ich mich auf der dritten Etappe. Meine Zunge ist hart wie Schmirgelpapier und fühlt sich an, als läge sie in einem riesigen Sandkasten. Hinzu kommt die Höhe. Als wir vor drei Tagen in Calama gestartet sind, hatten wir noch Sonne und einen blauen Himmel. Doch da sind wir noch auf einer Höhe von knapp 2.000 Metern gewesen. Jetzt befinden wir uns auf fast 3.000 Metern über dem Meeresspiegel. Die Luft wird immer dünner und dünner und vor allem merklich kälter. Mein Herz rast, meine Lungen brennen und verlangen nach einer Extraportion Sauerstoff. Wie im Zeitlupentempo kommen mir meine Bewegungen

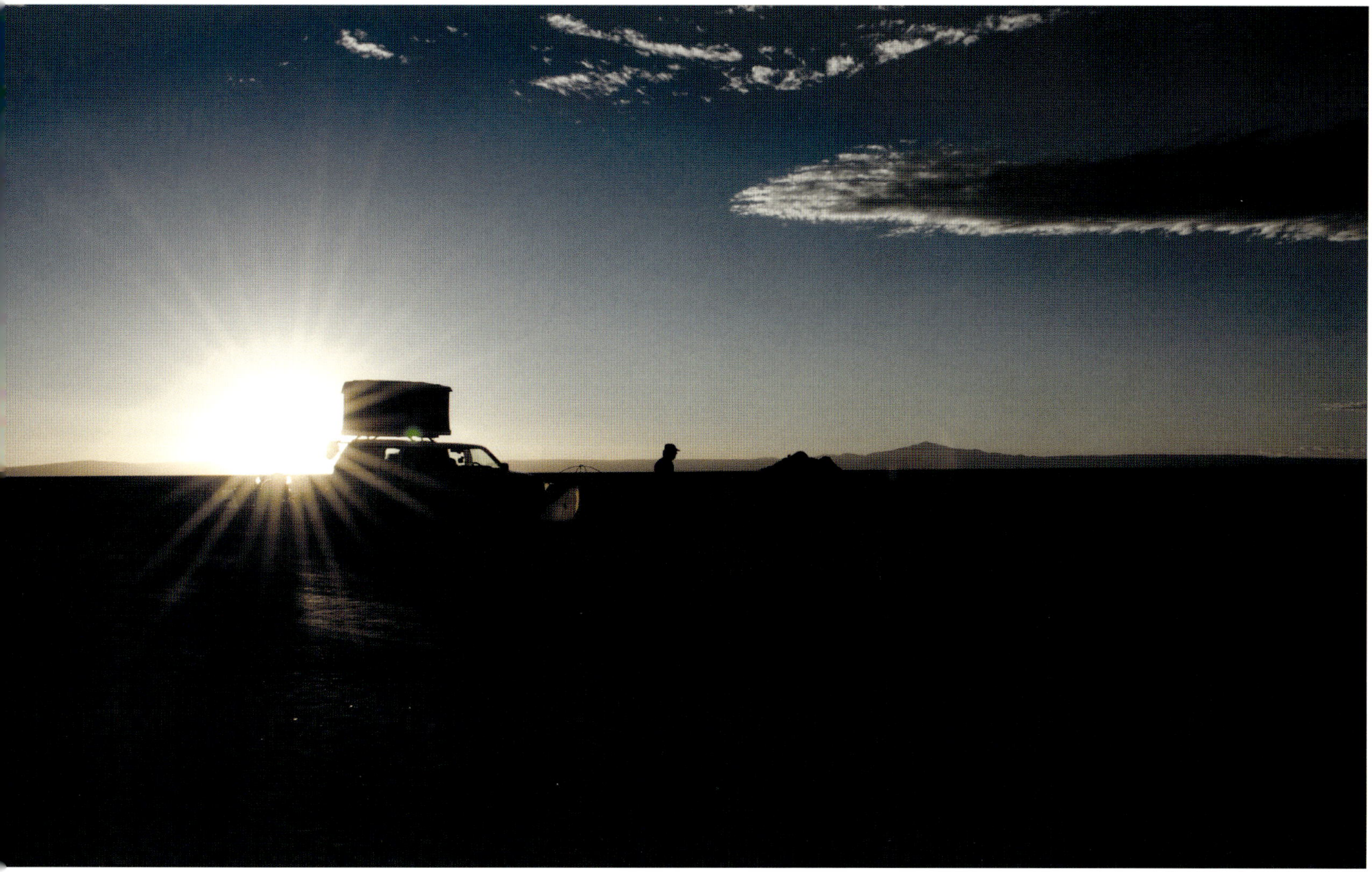

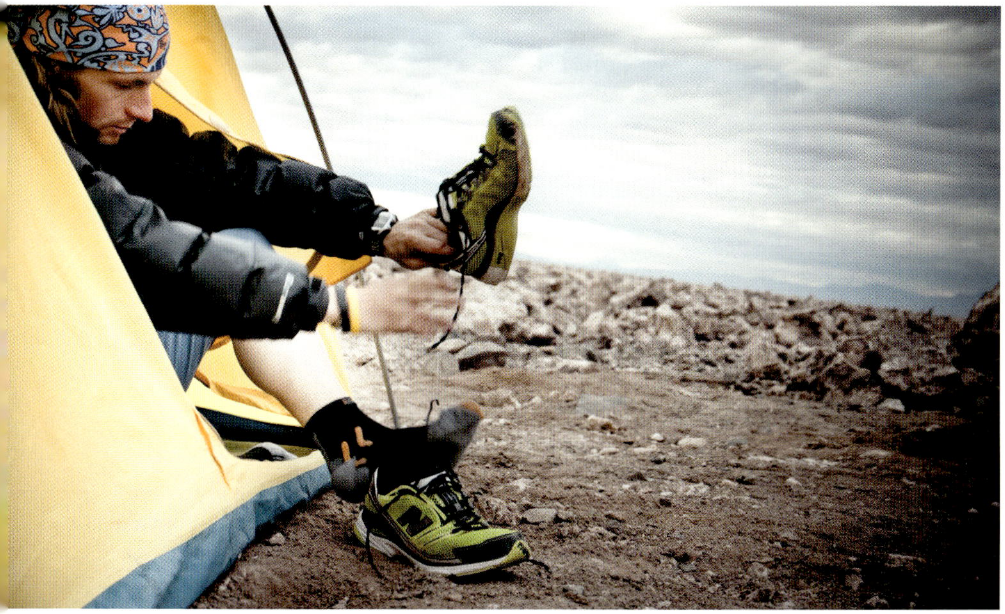

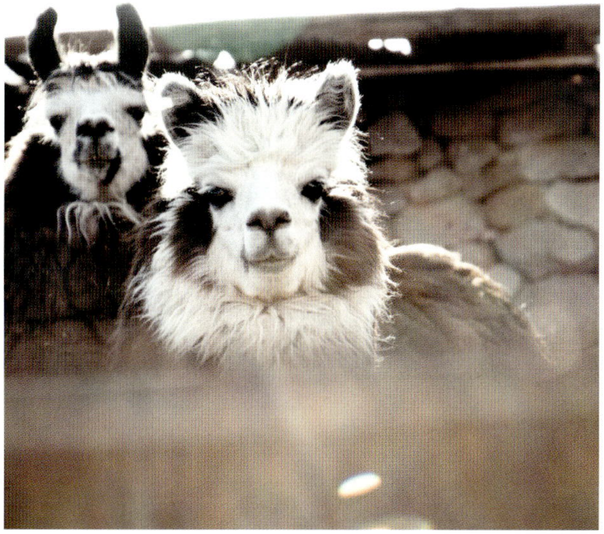

vor. Ich keuche, ich schnaufe, ich japse – wie ein ausgelaugter Hund, der von einer ausgedehnten Jagd zurückgekehrt. Mein Höhenmeter zeigt mittlerweile 3.200 Meter an. Doch es geht noch höher. Das heutige Etappenziel heißt El Tatio bei den weltbekannten Geysiren, die auf einer Höhe von knapp 4.300 Metern liegen. Der Vulkan El Tatio befindet sich auf einer Höhe von 4.280 Metern über dem Meeresspiegel. Am Fuß dieses Vulkankraters befindet sich ein Geothermalgebiet mit Geysiren und heißen Quellen. Von 110 eruptierenden Quellen wurden mehr als 80 als echte Geysire identifiziert, von denen über 30 andauernd aktiv sind. Es handelt sich um das größte Geysirfeld der Südhalbkugel. Doch bis ich die Schönheit der Geysire begutachten darf, liegt noch ein langer und beschwerlicher Weg vor mir. Eine endlos erscheinende, leicht ansteigende Sandpiste bildet den Untergrund. Und diese Piste scheint kein Ende zu haben. Selbst in dieser unglaublichen Weite bekommst du einen Tunnelblick und siehst nur einen winzigen Ausschnitt aus dieser gewaltigen Wüste. Mein Fokus richtet sich immer nur auf den jeweils nächsten Schritt. Ich bin nur im Hier und Jetzt. Alles andere ist in diesem Moment ausgeblendet. Meter für Meter komme ich voran. Ab und an tauchen trostlos erscheinende Büsche am Wegesrand auf. An welchem Punkt warten wohl Christian und Benjamin auf mich?

Die Luft wird immer dünner

Plötzlich bewegt sich aus der Ferne etwas auf mich zu. Immer schneller und schneller. Was ist das denn bitte? Als es näher kommt, erkenne ich, dass ein schwarzer, gefährlich aussehender Hund auf mich zustürmt. Wo kommt der denn her? Hier wohnt doch niemand. Und vor allem: Was will der von mir? Glücklicherweise stellt sich der Vierbeiner als brav heraus und weicht vorerst nicht mehr von meiner Seite. Ich bin dankbar über diese gesellige Abwechslung. Er scheint mich beschützen zu wollen und läuft immer ein paar Meter voraus, um danach voller Begeisterung wieder zu mir zurückzukommen. Mir kommt es vor, als hätte er nur selten Kontakt zu Menschen. Umso mehr freut er sich, dass er mich auf meinem Weg ein Stück begleiten kann. Doch so schnell der Hund aufgetaucht ist, genauso schnell verschwindet er wieder in der Weite der Wüste.

Eine kuriose Begegnung. Doch ich habe keine Muße, länger darüber nachzudenken, denn der weitere Streckenverlauf erfordert meine ganze Konzentration. Die Anstiege nehmen immer mehr zu. An ein Lauftempo ist nicht mehr zu denken – Gehpassagen dominieren meinen Rhythmus. Ich komme immer schneller außer Atem und muss kurze Pausen einlegen. Mittlerweile habe ich die 4.000-Meter-Grenze überschritten. Jeder hundertste zurückgelegte Hö-

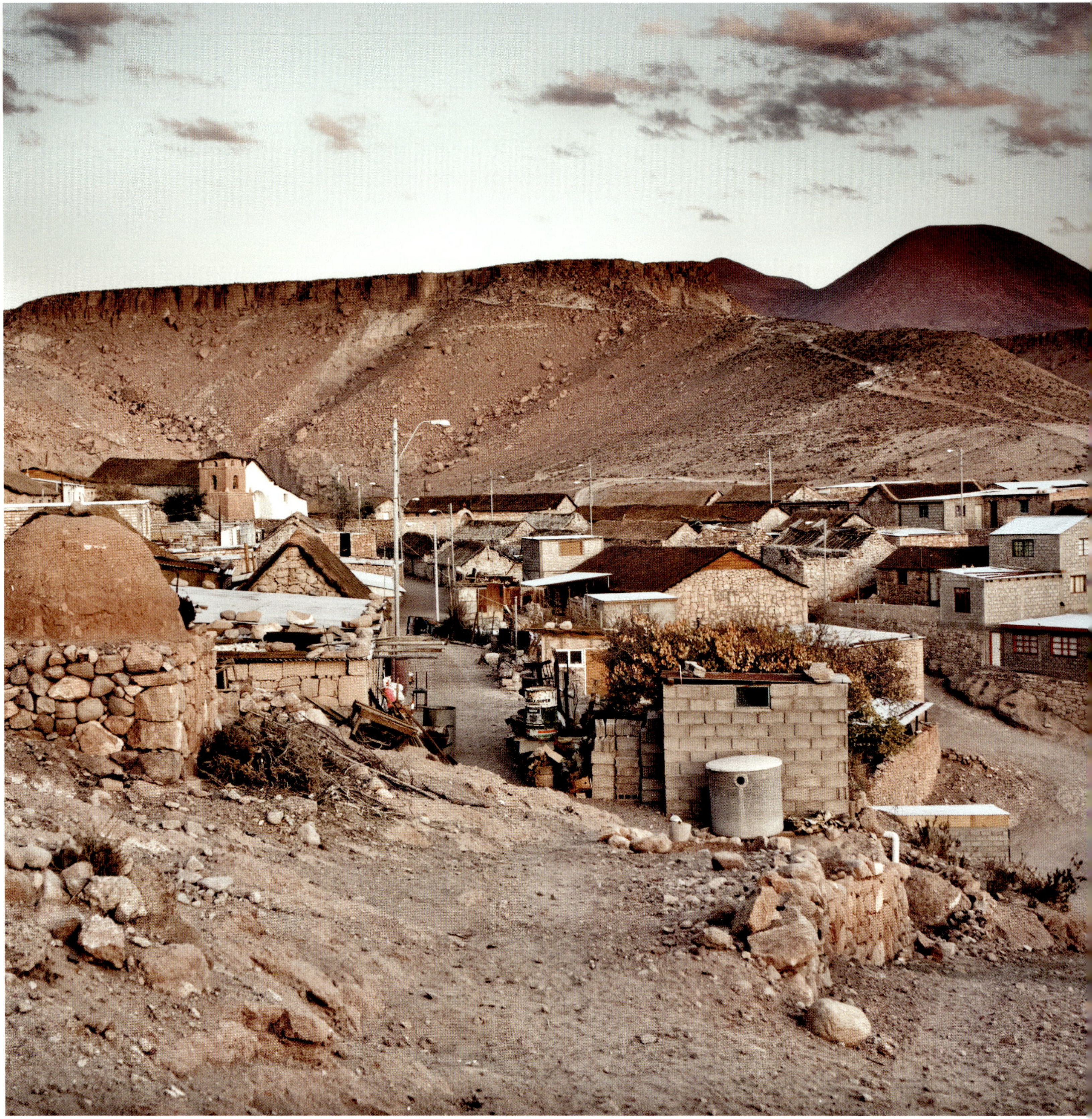

henmeter bedeutet, dass es wieder einen Grad kälter wird. Die extremen Temperaturschwankungen stellen eines der größten Hindernisse bei diesem Abenteuer dar. In der Nacht fällt das Thermometer häufig unter null Grad, während am Tag Temperaturen bis 30 Grad das Laufen extrem erschweren. Links und rechts des Weges liegen vereinzelt Schneereste. Der alpine Teil dieses Laufs hat spätestens jetzt begonnen. Gefühlsmäßig befinde ich mich heute nicht in einer Sand- und Schotterwüste, sondern beim Yukon Arctic Ultra im eiskalten Kanada. Zwei Paar Handschuhe, eine warme Skimütze und eine dicke Daunenjacke schützen mich vor dem starken Wind und der eisigen Kälte. Wie das dicke Michelin-Männchen Bib, die Werbefigur des Reifenherstellers Michelin, komme ich mir in Anbetracht meiner drei Kleidungsschichten vor. Das fröhliche Winken von Bib ist mir jedoch an diesem Tag vergangen. Der Wind nimmt weiter zu und bläst mir jetzt frontal ins Gesicht. Ich versuche meine Mütze noch tiefer über meine Stirn zu ziehen – ohne Erfolg. Meine Lippen sind seit der zweiten Etappe offen und meine Nase läuft ständig. Das trockene Klima und der Staub hinterlassen ihre Spuren. Durch den starken Wind bemerke ich nicht einmal mehr das Begleitfahrzeug meines Teams, das von hinten an mich heranfährt. „Komm weiter. Das schaut sehr locker aus", motivieren mich Christian und Benjamin. Dabei hätten sie genauso eine Aufheiterung gebrauchen können, denn stundenlang nur im Auto zu sitzen und bei diesen extremen Bedingungen die Zeit totzuschlagen, ist sicherlich alles andere als angenehm. Doch mir fehlt schlichtweg die Kraft dazu. Jeder Schritt ist ein Kampf mit dem Wind. Als würde ich mit angezogener Handbremse laufen. Mein Atem geht schwerer und schwerer. Meine Beine brennen. Wie die Kolben in einem Motor arbeiten sie unermüdlich. In meinem Kopf rattert es. Wann bin ich im Tagesziel? Wann tauchen endlich die ersten Geysire auf? Dann endlich sehe ich die Kreuzung und das Schild mit der Aufschrift El Tatio. Das heutige Etappenziel ist damit erreicht. Ich habe exakt einen Marathon und über 1.800 Höhenmeter zurückgelegt. Dies stellt sicherlich einen der anspruchsvollsten Marathonläufe dar, die ich bisher bewältigt habe. Für die Nacht finden wir glücklicherweise eine kleine Hütte aus Stein, die uns vor dem orkanartigen Wind und der eisigen Kälte etwas Schutz bietet. Für einen Besuch der Geysire habe ich am Abend keine Kraft mehr. Essen und Schlafen sind die einzigen Dinge, die ich heute noch mache.

Ein heftiger Sandsturm zieht auf

Doch wenn ich dachte, dass es von den äußeren Bedingungen her nicht mehr extremer werden könne, werde ich am nächsten Tag eines Besseren belehrt. Der Wind steigert sich zu einem gewaltigen Sandsturm. Sand, Sand und nochmals Sand. Außer Sand sehe ich stellenweise überhaupt nichts mehr. Wie Tausende von spitzen Nadeln schlagen die zahllosen Sandkörner gegen mich. Es heult und pfeift um meine Ohren. Fast roboterhaft setze ich einen Fuß vor den anderen. Schwerfällig, aber ich komme irgendwie voran. Rechts – links – rechts – links … Immer einen Fuß vor den anderen. Doch ich muss häufig stehenbleiben, weil an Laufen bei diesen Bedingungen einfach nicht mehr zu denken ist. Der Weg ist schwer auszumachen, der Sturm verwandelt diesen in eine einzige Staubwolke. Es fällt mir ungemein schwer, mich überhaupt vorwärtszubewegen. Gedanken an „Lothar", das Orkantief, das im Jahr 1999 über West- und Mitteleuropa hinweggezogen war, gehen mir durch den Kopf. Gewisse Parallelen sind nicht zu übersehen. Mit welch einer Geschwindigkeit wohl solch ein Sturm über die Erde peitscht? 80, 90 Kilometer pro Stunde? Irgendwann wird es für mich unerträglich und ich steige in das parkende Auto meines Teams. Auch die Gesichter von Christian und Benjamin wirken angestrengt und frustriert angesichts des starken Sandsturmes.

„Willst du weiterlaufen?", fragt mich Benjamin. „Natürlich will ich weiterlaufen", gebe ich ihm zu verstehen. Ehrlich gesagt, weiß ich in diesem Moment nur, dass ich es will. Mir ist aber unklar, wie und vor allem wann. Körperlich fühle ich mich fit und wäre sofort weitergelaufen, wenn ich denn könnte. Doch die Natur zeigt mir in diesem Augenblick sehr deutlich die Grenzen auf. Mir wird schlagartig bewusst, wie klein wir Menschen gegenüber der mächtigen Natur sind. Da kannst du alle Willenskraft der Welt auf einmal aufbringen, wenn die Natur aber einen Riegel in Form eines Sturms, Orkans, Erdrutsches oder Tsunamis davorschiebt, bist du machtlos. Du kannst vielleicht gegen dich und deinen eigenen inneren Schweinehund ankämpfen, aber niemals gegen Mutter Natur. Ich weiß nicht warum, aber diese Erkenntnis stimmt mich wieder positiv. „Das kannst du nicht beeinflussen", sage ich mir. „Du kannst aber dich und deine Stimmung beherrschen." Das gelingt mir jedoch nur bedingt. Ich bin ungeduldig wie ein Rennpferd, das endlich los will. Glücklicherweise hat die Natur wenig später ein Einsehen und der Sturm schwächt etwas ab. Frohen Mutes steige ich aus dem Auto und laufe weiter.

Im Flow ins Tal

Wie ein Bekloppter renne ich die Sandpiste hinunter. Ich kann wieder laufen. Endlich. Von über 4.000 Metern geht es runter auf fast 2.500. Im Flow stürze ich dem Tal entgegen. Ich ver-

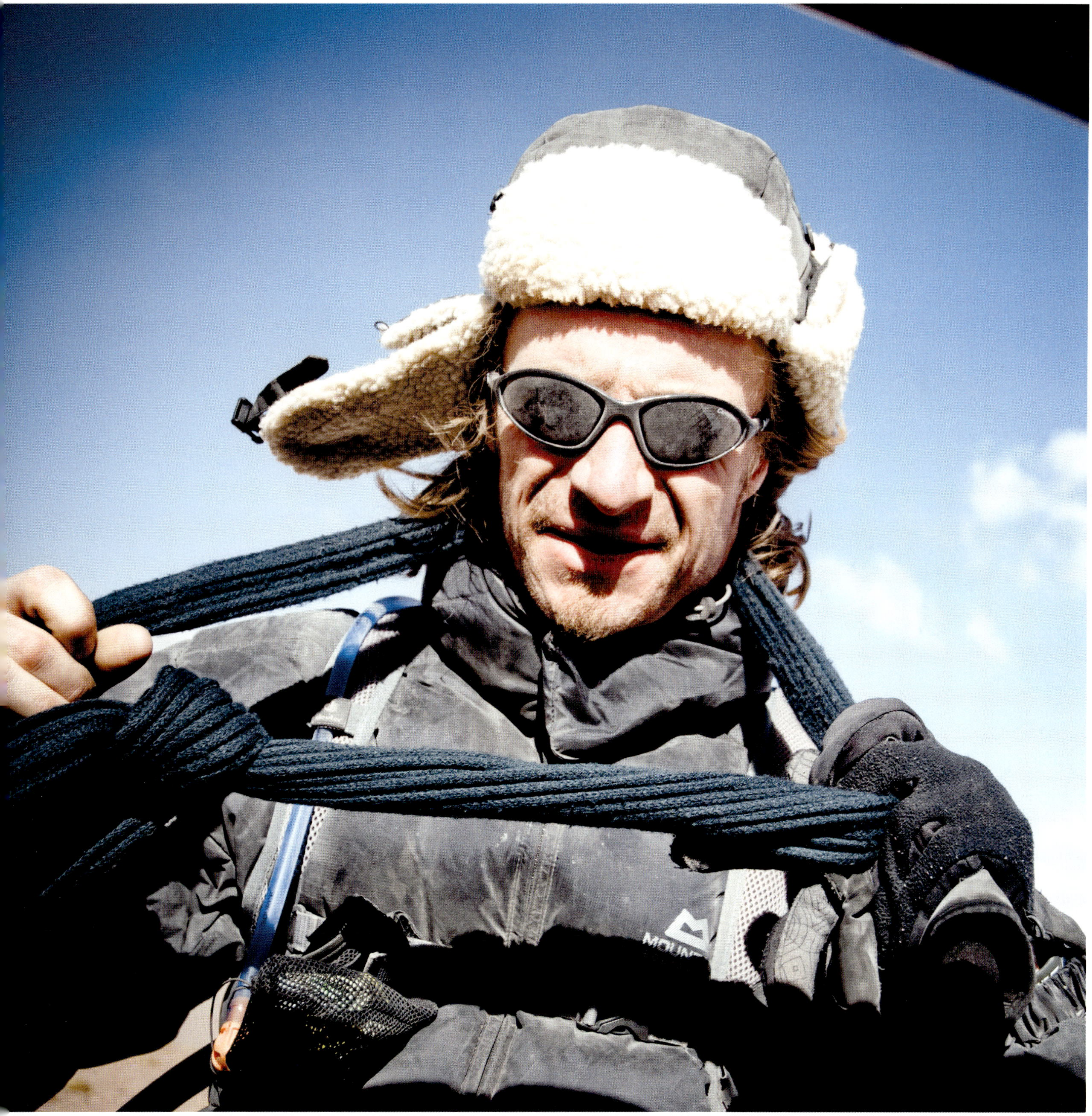

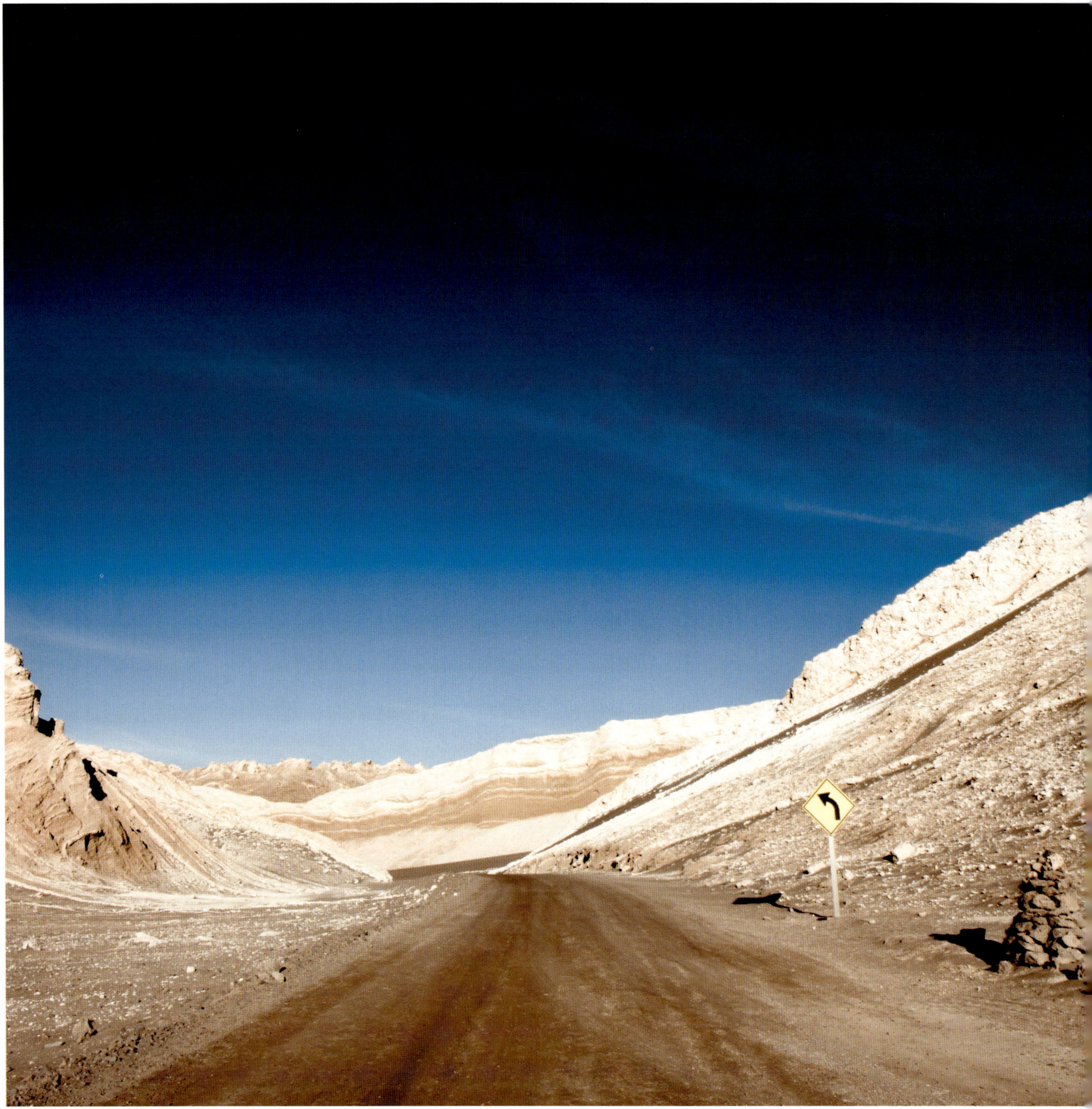

gesse alles um mich herum. Will nur laufen. Die Atacama zeigt nun ein anderes Gesicht. Sturm und Kälte gehen – Sonne und Wärme kommen langsam wieder zurück. Und wie schnell ich unterwegs bin! In der Ferne taucht schon der Toyota auf. Mein Herz schlägt schneller. Euphorisiert lege ich nochmals etwas Tempo zu. Meine Laufuhr zeigt exakt 50 Kilometer an. Auch diese Etappe habe ich erfolgreich beendet. Umziehen, Waschen, Essen – so lauten die nächsten Aufgaben. Dann setze ich mich ein wenig erschöpft, aber zufrieden in meinen Klappstuhl. Ich sitze einfach nur da. Ansonsten mache ich nichts. Gar nichts. Wie schön das Leben doch ist, wenn es einfach ist. Einfach nur da zu sein, in der Wüste zu sitzen, die Umgebung bewusst wahrzunehmen und jedes Detail in sich aufzusaugen. Ich lasse meinen Blick schweifen und sehe die prächtige Andenkette mit ihren schneebedeckten Gipfeln und die wechselnden Farbnuancen am Himmel. Wie in einem Film. Es stellt für mich ein Stück Freiheit dar, hier in einer der reizvollsten Landschaften der Erde sein zu dürfen. Kein Geld der Welt kann solch einen Moment ersetzen. Die Nudeln mit Thunfisch und Gurken sowie die Aprikosen aus der Dose schmecken wie ein Fünf-Gänge-Menü in einem Nobelrestaurant. Genau diese Einfachheit empfinde ich als absolutes Privileg. Ich brauche keine Hotels, kein Bett, keine materiellen Dinge. Back to the roots! Man benötigt im Leben nicht viel, um glücklich zu sein. Wir sitzen einfach nur auf unseren Klappstühlen, weit weg von jeglicher Zivilisation, unterhalten uns und genießen die traumhafte Umgebung, in der wir uns befinden. Das bedeutet für mich Lebensqualität. Wenig später krieche ich in meinen Schlafsack. Den Eingang meines Zeltes lasse ich offen, um die unzähligen Sterne am Himmel begutachten zu können. Ein wahnsinniger Anblick, der mich beruhigt in meine Träume sinken lässt.

No risk, no fun?

„So können wir nicht weitermachen. Diese Route ist zu gefährlich. Das ist viel zu riskant." Irgendwie hat Chris recht, obwohl ich mich nur schwer mit diesem Gedanken anfreunden kann. „Welche Möglichkeiten haben wir denn?", frage ich in die Runde. Alle drei fixieren wir gespannt die riesige Karte, die ausgebreitet auf dem Tisch liegt. Vor ein paar Stunden sind wir in San Pedro de Atacama angekommen. Wie aus dem Nichts tauchte plötzlich diese Oase in der Wüste auf. San Pedro ist ein idyllisches Dorf mit 4.000 Einwohnern inmitten der Wüste. Die weiten Sandebenen, vereinzelte Bäume und spektakuläre Felsformationen der Anden zeichnen ein imposantes Panorama um dieses Städtchen. Besonders die markante Form des Vulkans Licancabur mit seinen 5.916 Metern sticht hervor. Fünf Etap-

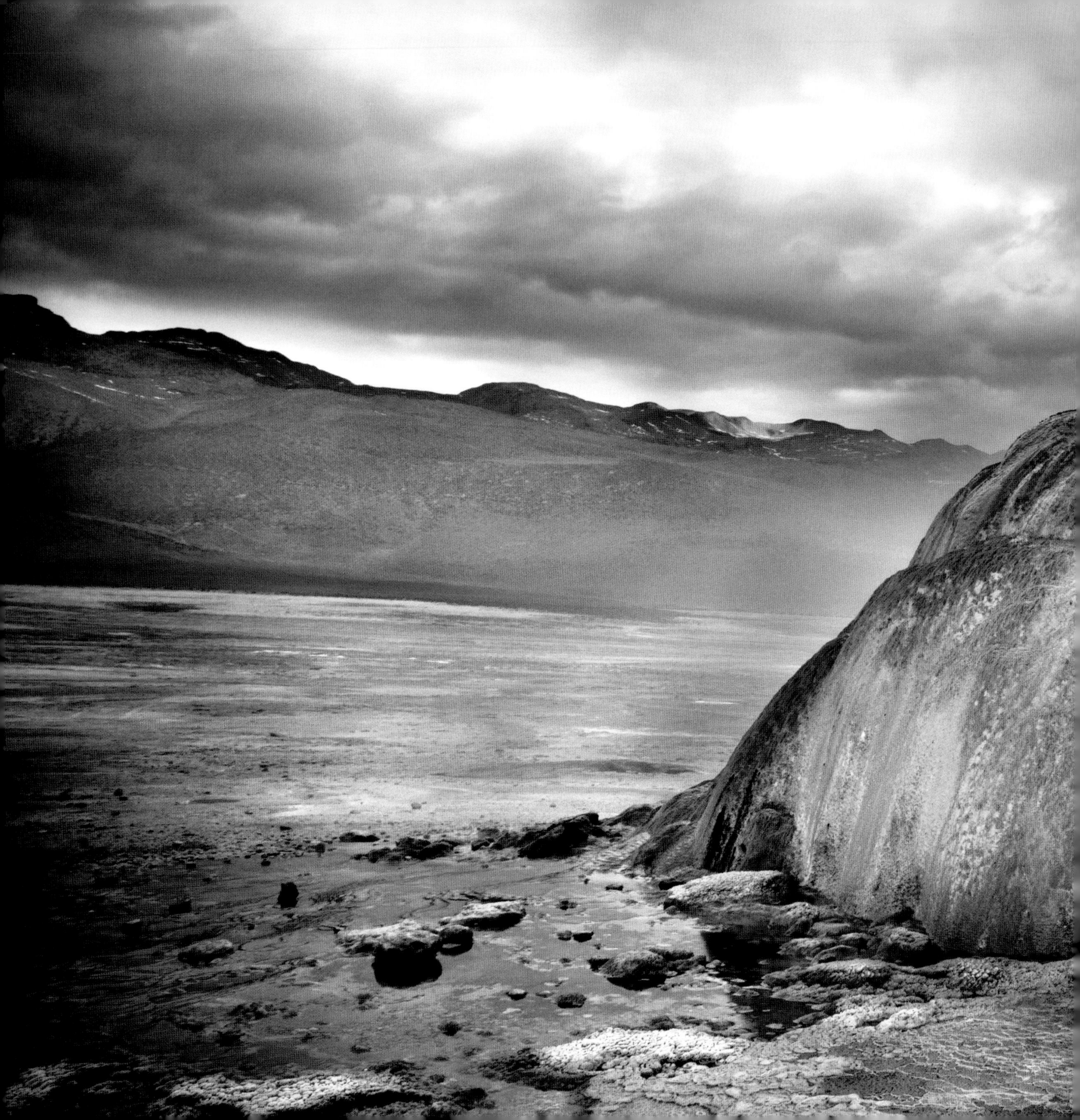

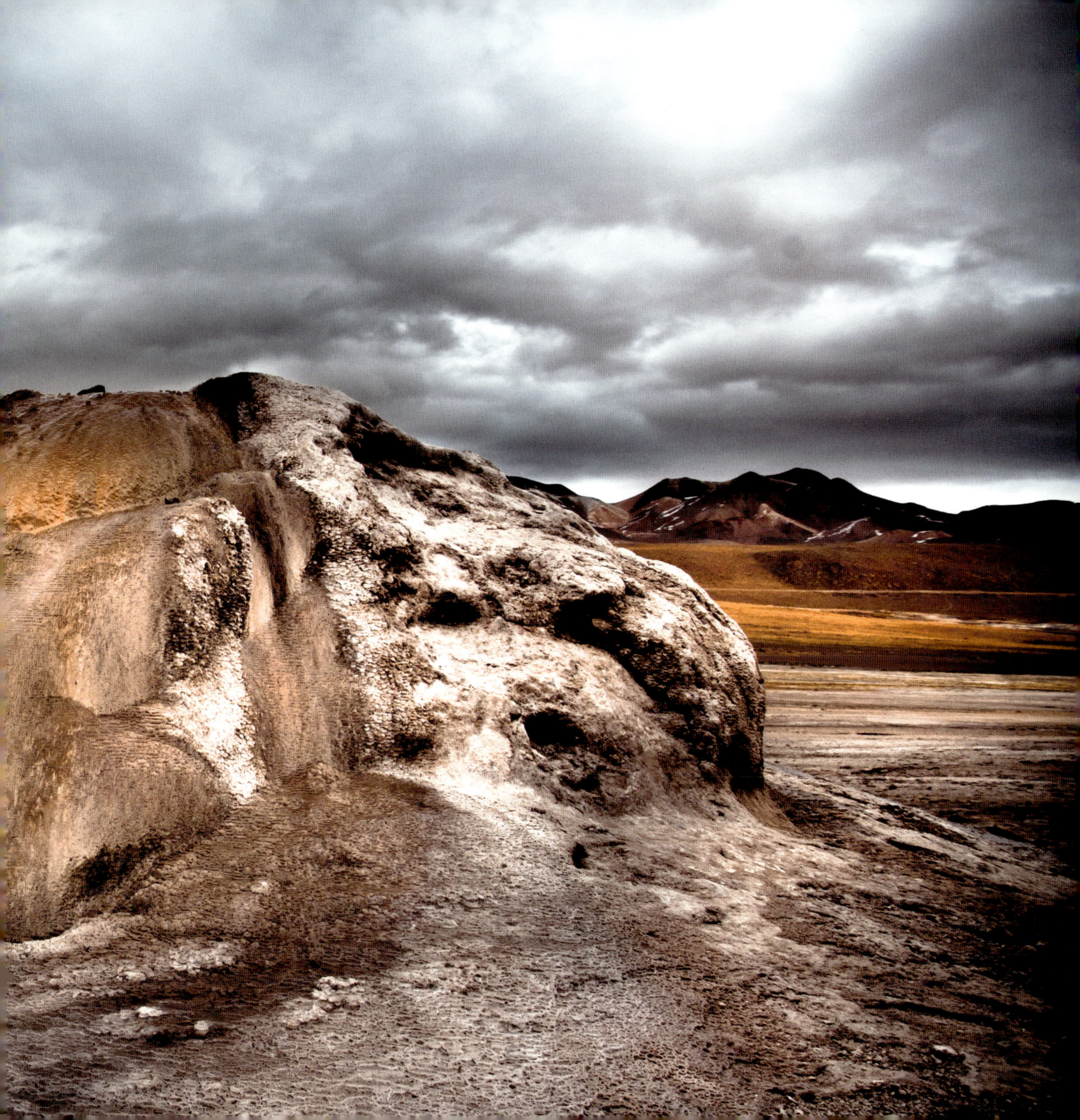

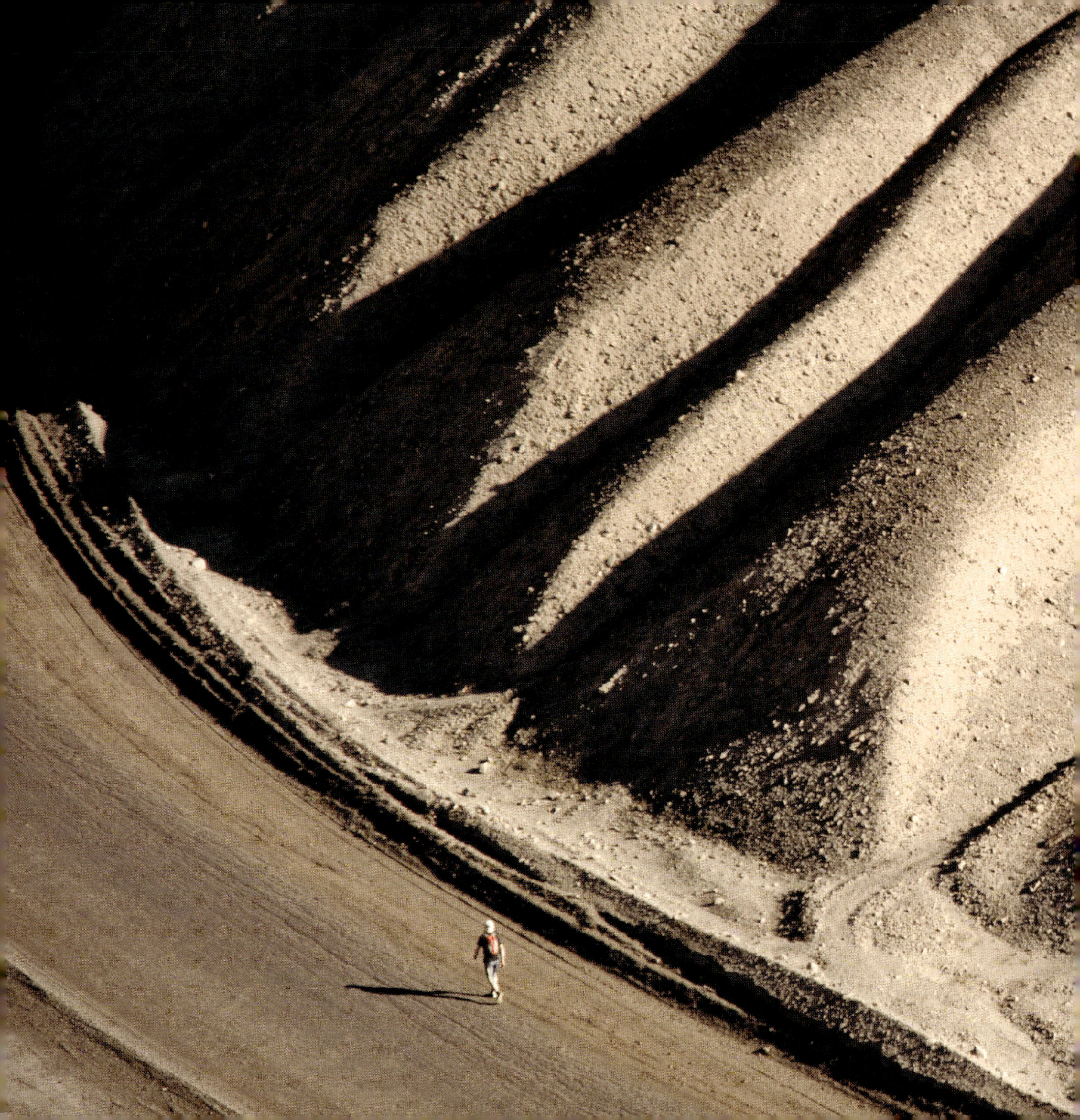

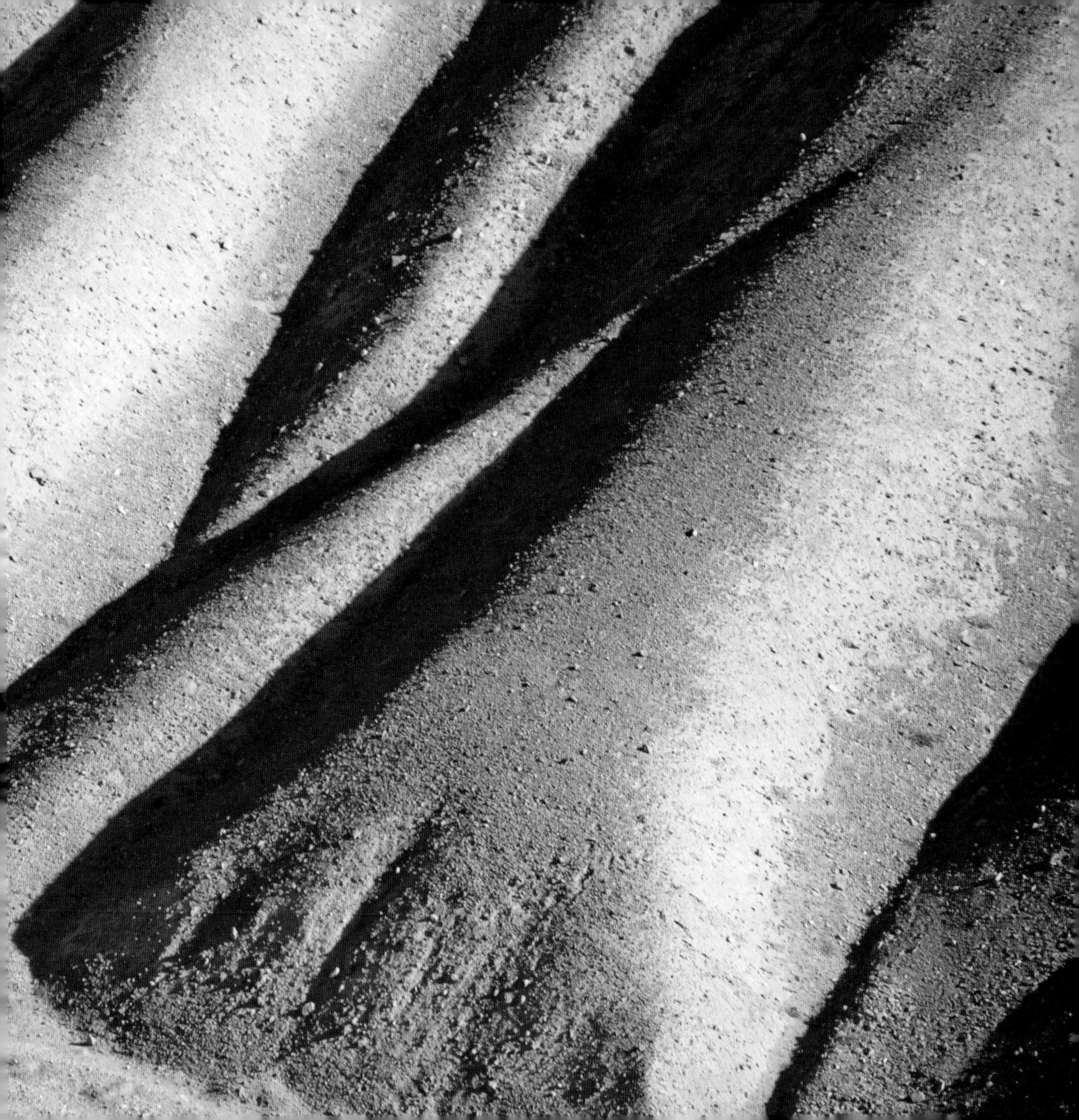

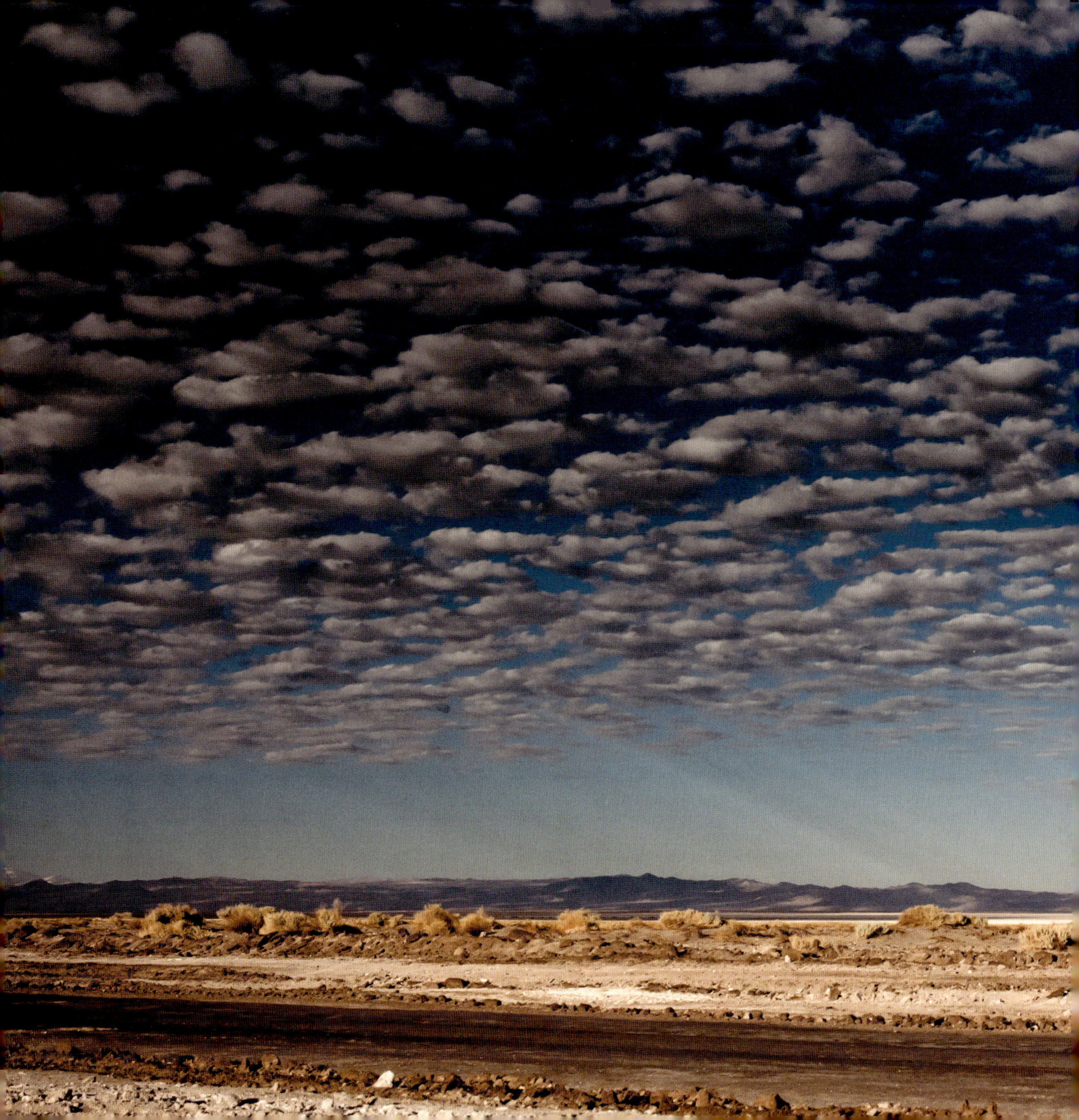

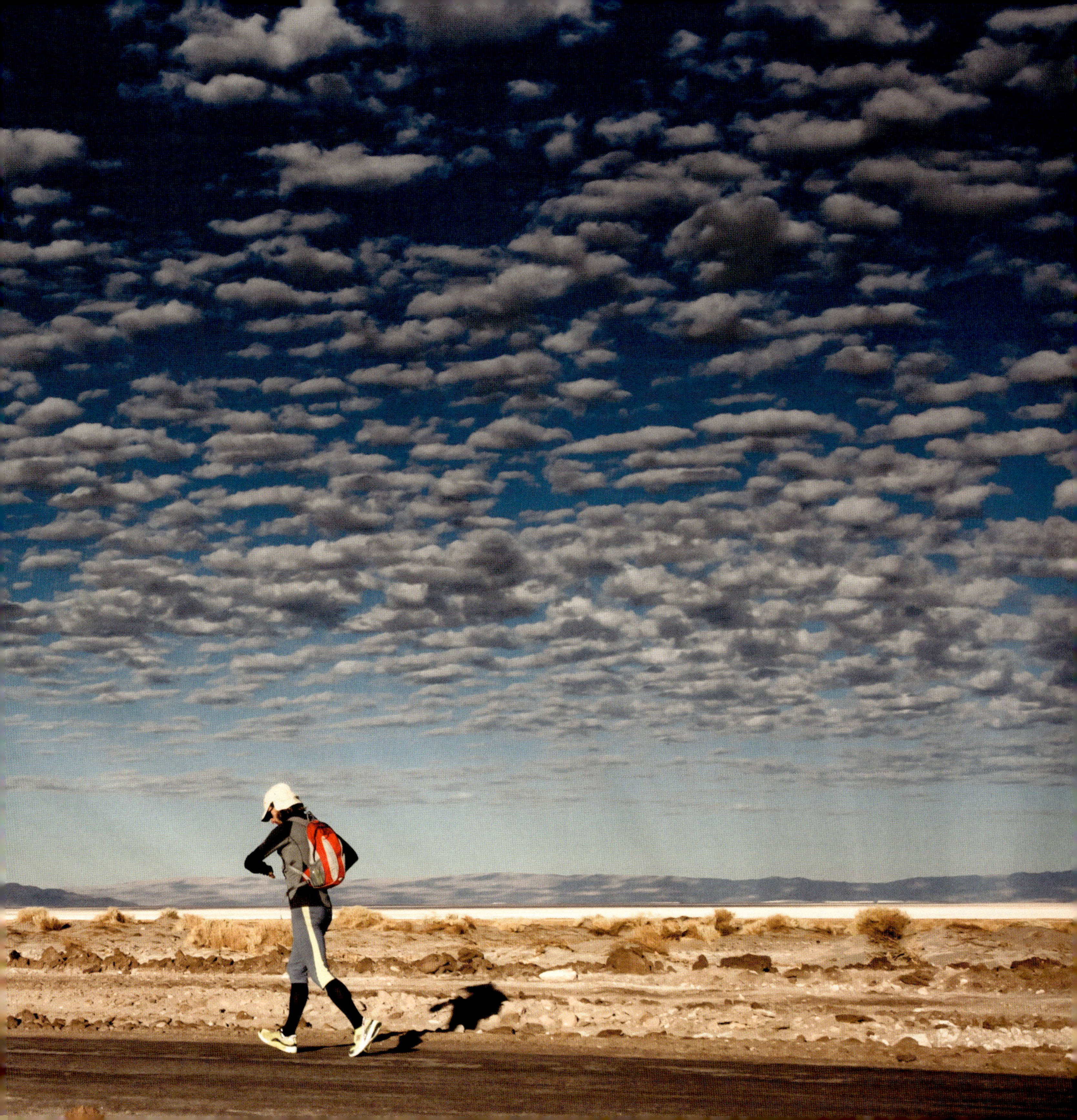

pen liegen hinter uns. Christian und Benjamin haben Bedenkungen wegen der weiteren Streckenführung. Unsere Funkgeräte funktionieren nicht.

Zudem befindet sich auf unserem GPS-Gerät nicht die Karte, die wir für den weiteren Streckenverlauf dringend benötigen. Ihrer Meinung nach ist die geplante Route ohne dieses Equipment zu gefährlich. Ohne Frage, wir befinden uns in einer schwierigen Situation. Wir haben eine enorm wichtige Entscheidung zu fällen, die den weiteren Verlauf dieses Projekts erheblich beeinflusst.

„Die kommenden zwei Etappen geht es parallel zum Salzsee entlang. Immer weiter in den Süden. Aber dann?" Den ganzen Abend besprechen wir intensiv mögliche Alternativen. Mir wird bewusst, dass wir zum ersten Mal seit dem Start in Calama über mehrere Stunden zusammensitzen und miteinander sprechen. Das tut gut. Das ist wichtig. An diesem Abend wird mir klar, dass wir ein gutes Team sind, dass wir menschlich zueinander passen, dass wir offen und ehrlich auch über unangenehme Dinge sprechen können, faire Diskussionen führen und auch bei wichtigen strategischen Entscheidungen weiter an einem Strang ziehen. Nach sorgfältiger Recherche vor Ort kommen wir auf eine neue Route, die von der Distanz fast identisch mit der alten ist, jedoch um einiges berechenbarer erscheint als die ursprüngliche Strecke.

Im Tal des Mondes

Nahe San Pedro liegt das wunderschöne Valle de la Luna – das Tal des Mondes. Dieses vegetationsarme Gebiet erinnert in der Tat an die Oberfläche des Mondes. Bizarre Felsformationen wechseln sich hier ab mit majestätischen Sanddünen, dazwischen immer wieder weiße Salzflächen. Der Tag neigt sich dem Ende zu und die Sonne ist fast schon hinter dem Horizont verschwunden. Wir sitzen auf einer Düne und genießen diesen traumhaften Sonnenuntergang. Genauer gesagt: Benjamin und ich sitzen. Der Aktivitätsgrad von Christian nimmt hingegen zu. Mit seiner Kamera hält er diese fantastische Stimmung bildlich fest. Mit jeder Minute ändern sich die Farben. Die Felsen schimmern erst orange, dann gold, violett, pink und schließlich rot. Was für ein spektakuläres Naturschauspiel! Das ist schwer in Worte zu packen.

Beinhart und wunderschön

„Was ist das denn bitte dort drüben?", frage ich mich. Tausende und Abertausende futuristisch wirkende Gesteinsformationen liegen zu meiner rechten Seite. Sind das wirklich Steine? Bei genauerer Betrachtung erkenne ich, dass es sich um Salzkristalle handelt, die aus dem trockenen Wüstenboden ragen. Wie Tausende

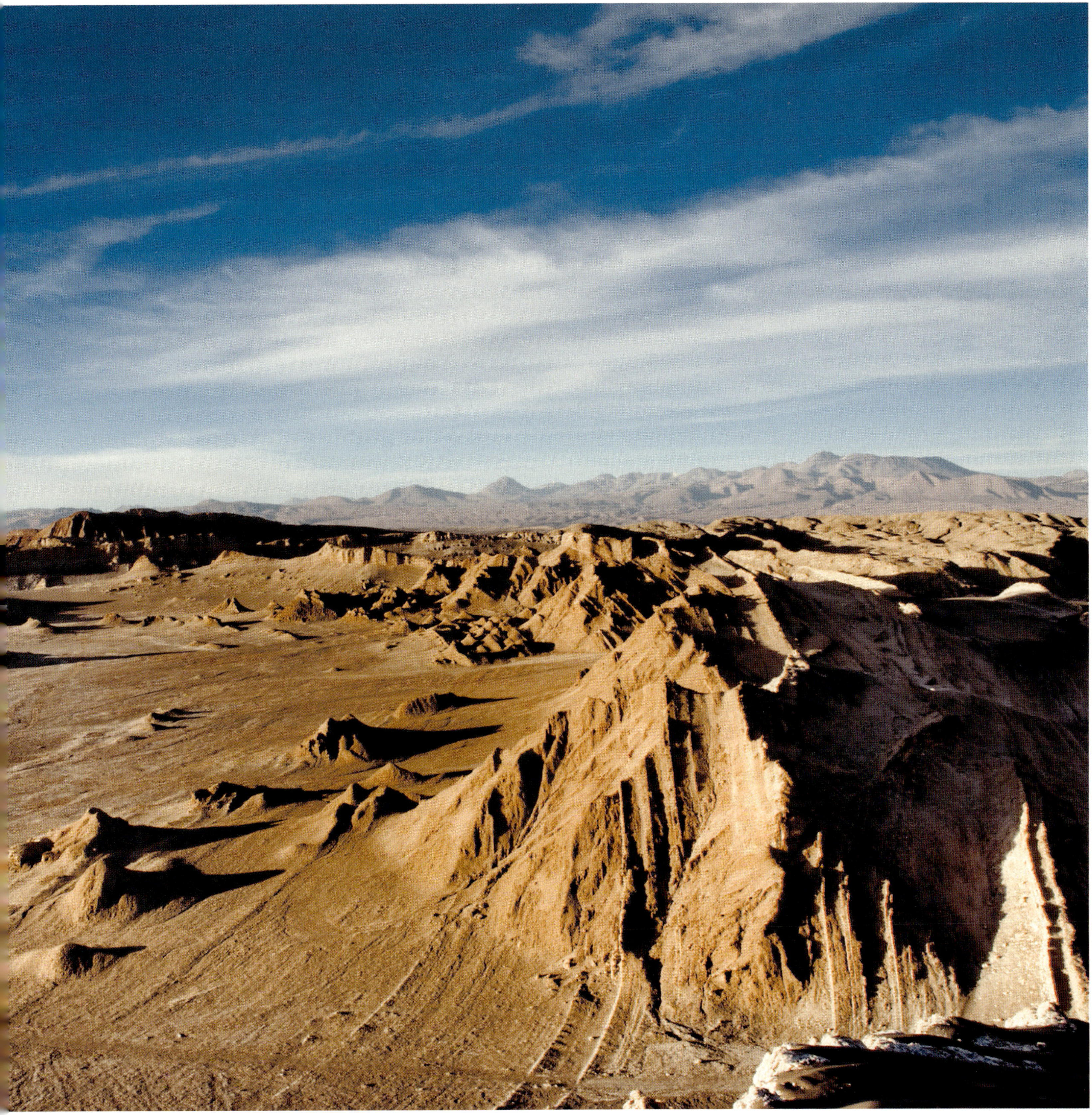

spitzer Dolche sehen sie aus. Diese Salzkrusten mit den Quarzsteinen blitzen und funkeln in der Sonne. Einige Gebilde erheben sich gut einen halben Meter hoch aus dem Boden. „Der sieht fast aus wie eine Katze", geht es mir durch den Kopf. Mit etwas Fantasie lassen sich bei den Kristallen diverse Figuren erkennen. Der gewaltige Salar de Atacama tritt in Erscheinung. Dieser ist Chiles größter Salzsee, gut fünfmal so groß wie der Bodensee. Wohin ich auch blicke: Salze, Salze und nochmals Salze. Nachdem ich in den letzten Tagen noch alpine Verhältnisse, Canyons und Sanddünen erlebte, durchlaufe ich jetzt weites, flaches Buschland, das mich ein wenig an Australien erinnert. Nur ganz wenige, blätterlose Bäume säumen den Weg. Eine staubige Schotterpiste dient weiter als Laufuntergrund. Ein bis zwei vorbeifahrende Autos pro Tag stellen eine der ganz der wenigen Abwechslungen dar. Doch der Weg zieht sich gewaltig, ohne eine einzige Kurve verläuft er immer kerzengerade. Knapp dreißig Kilometer zeigt mir meine Laufuhr an. Mindestens noch zwölf habe ich vor mir. Die Monotonie nimmt wieder zu, meine Begeisterung ab. Wie es wohl meiner Familie zuhause geht? Was sie gerade macht? Beim Gedanken an meine Tochter Marla, die erst zwei Monate alt ist, bekomme ich feuchte Augen. Mir wird in diesem Moment besonders bewusst, wie sehr ich sie vermisse. Ich stelle mir vor, wie meine Frau Sabine und Marla mich in ein paar Wochen am Flughafen empfangen und wir uns in die Arme fallen. Ein wunderbarer Gedanke. Ich brauche solche Gedanken. Ich suche sie ganz bewusst. Denn: Die Einförmigkeit und Einsamkeit zieht mich heute in ihren Bann. Sie scheint mich wie eine riesige Anakonda ihre Beute erdrosseln zu wollen. Ich sehne mich nach Menschen, nach Kommunikation, nach Ablenkung.

Saukalte Nächte

Auch heute klingelt mein Wecker wieder um sechs Uhr. Es ist noch kalt. Schweinekalt. So kalt, dass meine Wasserflasche über Nacht gefroren ist. Meinen Atem kann ich deutlich im schmalen Schein meiner Stirnlampe ausmachen. Ich zittere am ganzen Leib. Verdammt, ist das frisch heute Morgen! Fast schon mechanisch reibe ich meine Hände aneinander, was zumindest für ein paar Sekunden ein Gefühl der Wärme erzeugt. Meine Glieder sind noch steif wie ein Brett und meine Muskeln streiken gegen das Aufstehen. Sie hätten gerne noch etwas die liegende Position beibehalten. Doch mein Kopf hat etwas dagegen. Mein Kopf will weiterlaufen. Mein Magen signalisiert mir mit einem unüberhörbaren Knurren, dass er gerne wieder ein paar Kalorien zu sich nehmen will. Diesen Gefallen tue ich ihm gerne. Der Inhalt meines geliebten Nuss-Nougat-Brot-

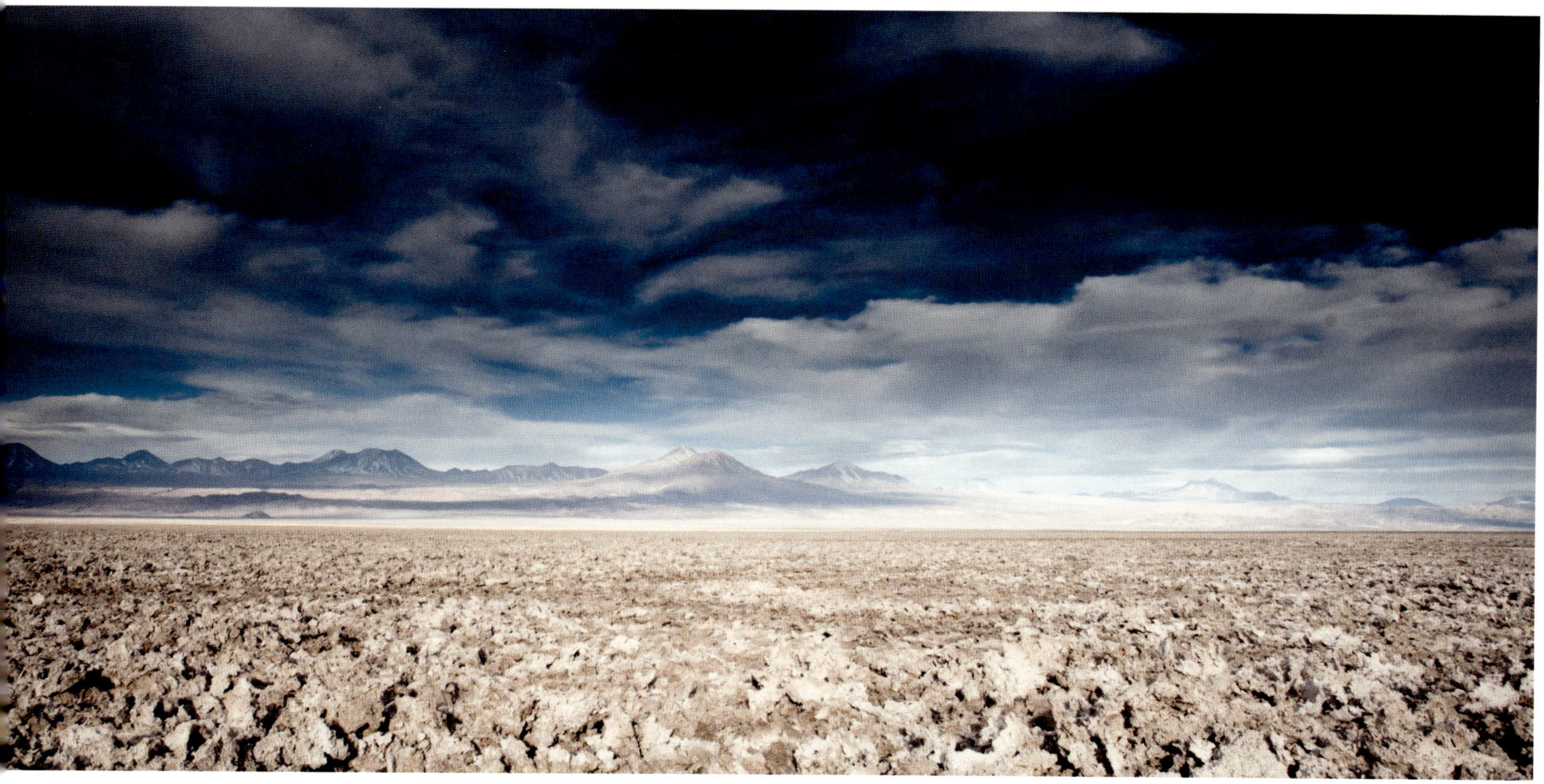

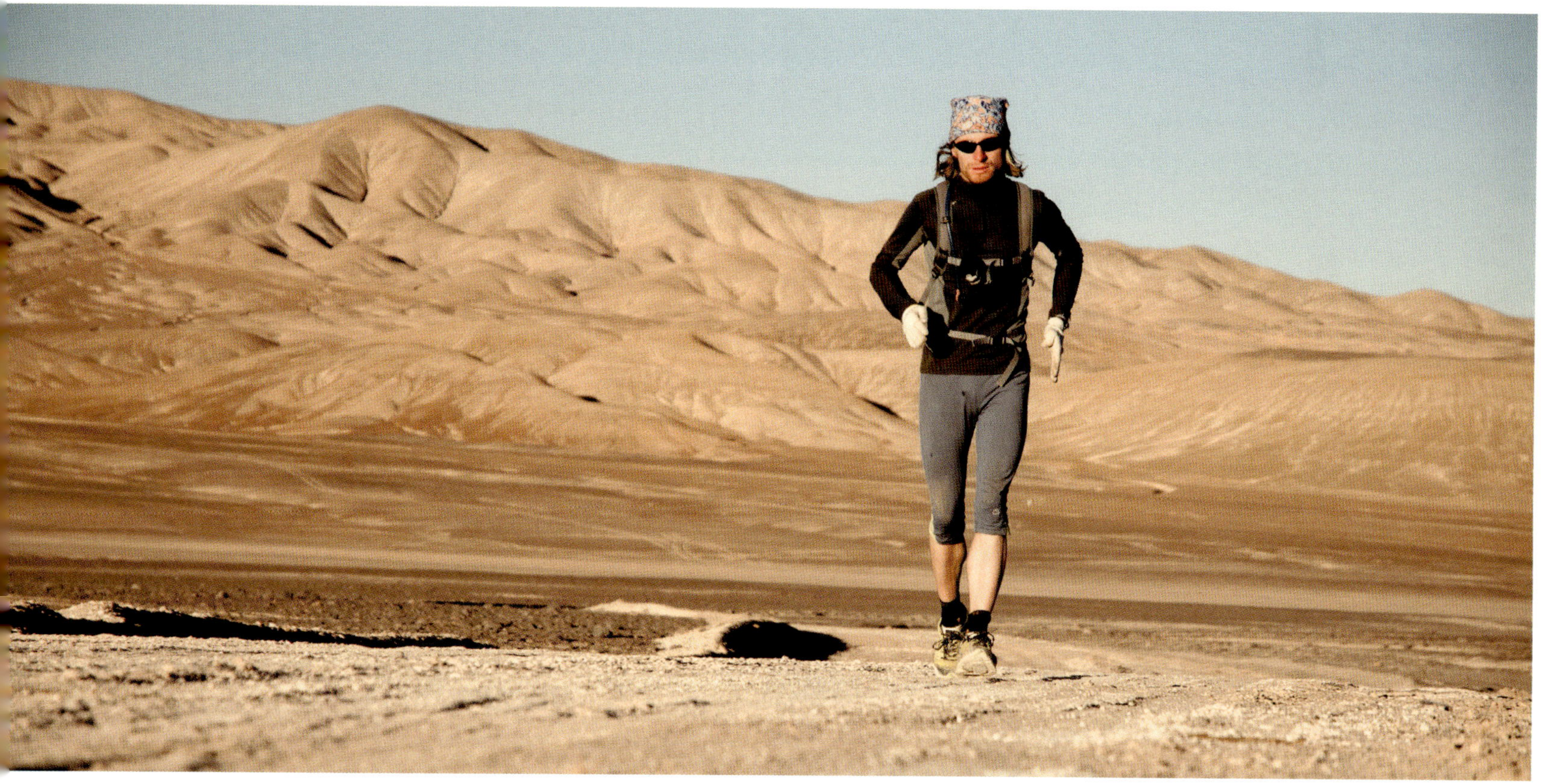

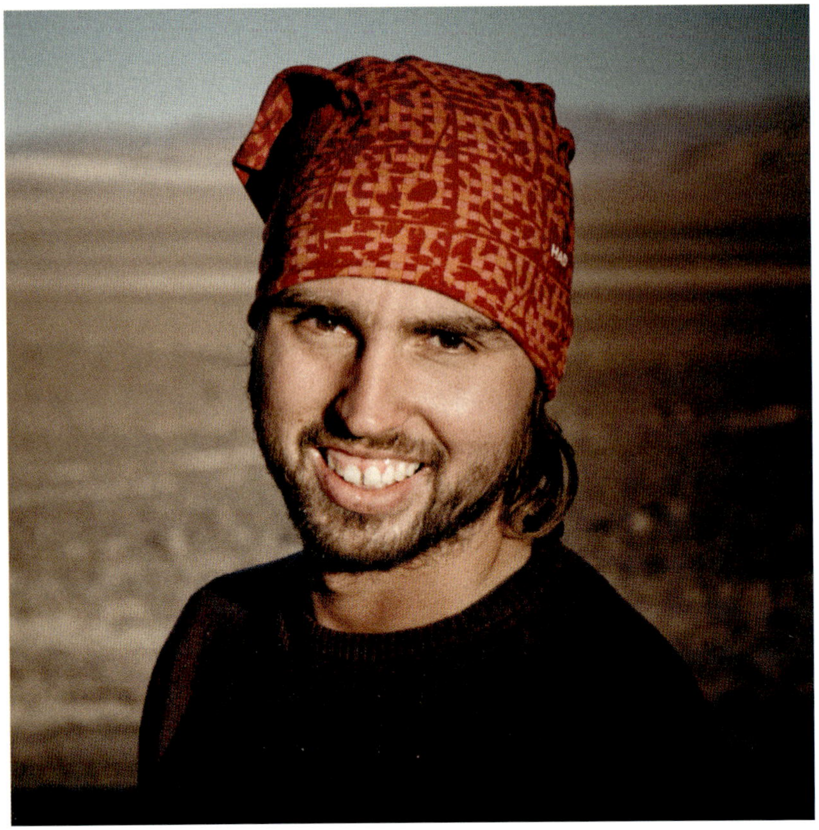
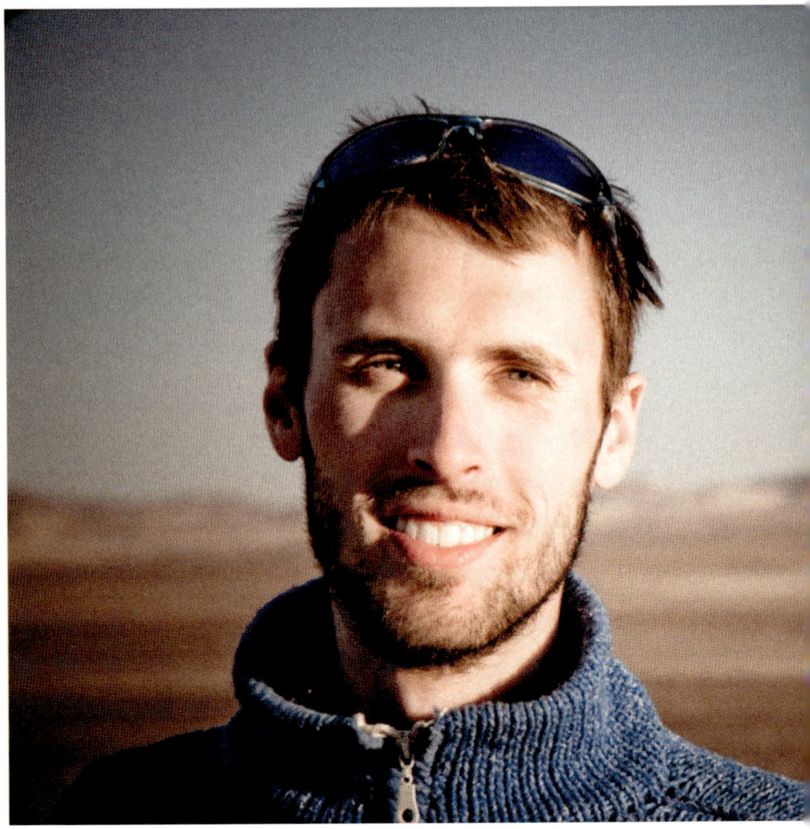
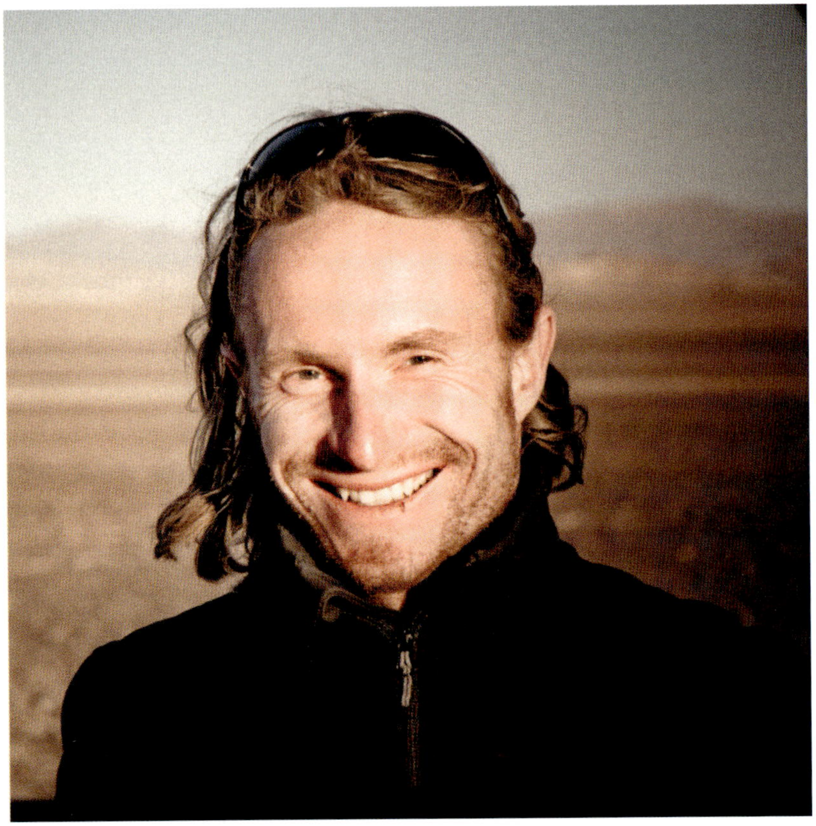
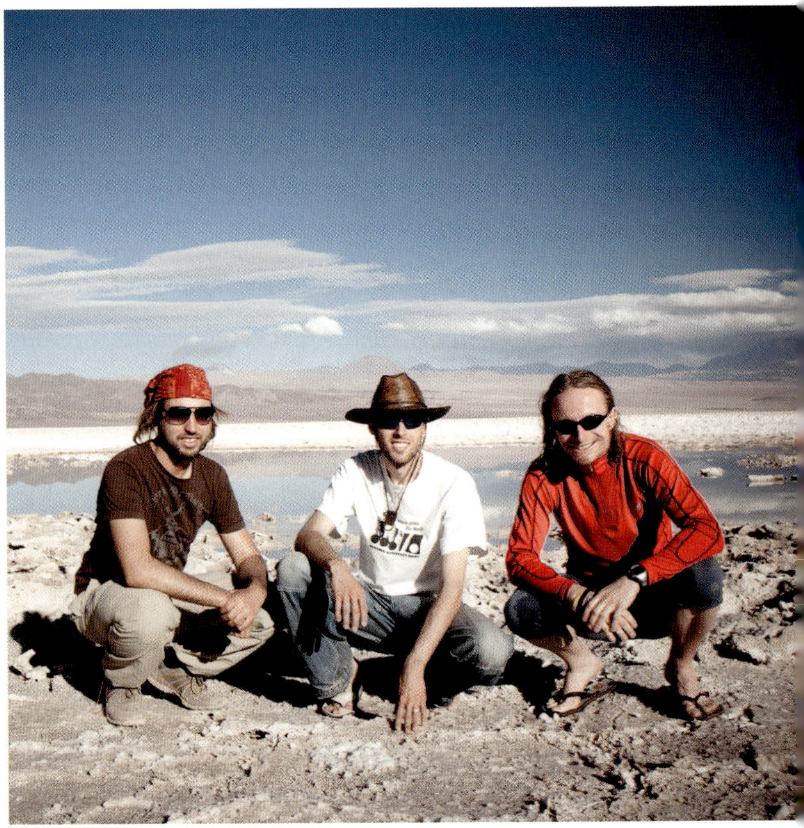

aufstrichs ist hart wie Beton. Müsli ist deshalb angesagt. Mit bibbernden Zähnen schiebe ich mir einen Löffel nach dem anderen in den Mund. „Na ja, hat auch schon mal besser geschmeckt." Mit Genuss hat dies sicherlich wenig zu tun. Was hier zählt, ist die Anzahl an aufgenommenen Kalorien. Frühstück ist eben nicht gleich Frühstück. Wie gerne wäre ich jetzt zu Hause im wohltemperierten Esszimmer und würde genüsslich einen heißen Chai Tee mit extra viel Schaum zu mir nehmen. Mhmm, der Tee duftet verdammt gut. Doch das stellt leider nur mein Wunschdenken dar. Die Realität sieht hier ganz anders aus: dunkel, ungemütlich und vor allem saukalt. Aber ich habe es ja so gewollt. Nur ganz langsam wird es hell. Mein Schweinehund wird noch größer, als ich aus meinem Schlafsack krieche und mich anziehe. Die Szene mit dem Teufel und dem Engel aus einem Otto-Film kommt mir in den Sinn. Der Teufel flüstert mir ins Ohr: „Komm, bleib im warmen Schlafsack und leg dich nochmals eine Stunde aufs Ohr." Doch der Engel entgegnet dem Teufel: „Das wird wieder ein wunderbarer und ereignisreicher Tag. Auf, los geht's!" Fünfzehn Minuten später begebe ich mich auf die nächste Etappe.

Welchen Tag haben wir denn heute? Montag? Dienstag? Erst der Blick auf meine Laufuhr verschafft mir Gewissheit. Das Zeitgefühl kommt mir hier in der Wüste ab und an abhanden. Die Tage ähneln sich. Die Abläufe sind standardisiert. Die Aufgaben optimiert. Routine hat sich eingestellt. Das ist gut so, aber auch gefährlich. Ein einziger Fehler, eine kleine Unachtsamkeit, ein Umknicken des Fußes kann fatale Folgen haben und zum sofortigen Abbruch des Abenteuers führen. Konzentration ist deshalb angesagt. Jeder Tag, jede Etappe, jeder Kilometer zählt. Die Anden sind heute noch klarer auszumachen. Mein Freiheitsgefühl gewinnt beim Anblick dieser Naturschönheit wieder die Oberhand. Meine Gedanken lasse ich bewusst fließen. Viele Dinge gehen mir durch den Kopf. Meine Familie, meine Gesundheit, meine Ziele, mein gesamtes Leben. Ein kleiner Stolperer über einen Stein holt mich mit meinen Gedanken wieder ins Hier und Jetzt.

Kurztrip auf der Panamericana

Mit einem breiten Grinsen auf dem Gesicht steige ich an diesem Morgen aus dem Zelt. Ein strahlend blauer Himmel begrüßt mich. Wieder einmal. Ein weiterer Höhepunkt dieses Abenteuers liegt heute vor mir: die Panamericana. Darauf habe ich mich schon die letzten Tage gefreut. Die Panamericana ist ein System von Schnellstraßen, das – mit wenigen Lücken – Alaska mit Feuerland verbindet, sich also über die gesamte Nord-Süd-Ausdehnung des amerikanischen Kontinents erstreckt. In ihrer längsten

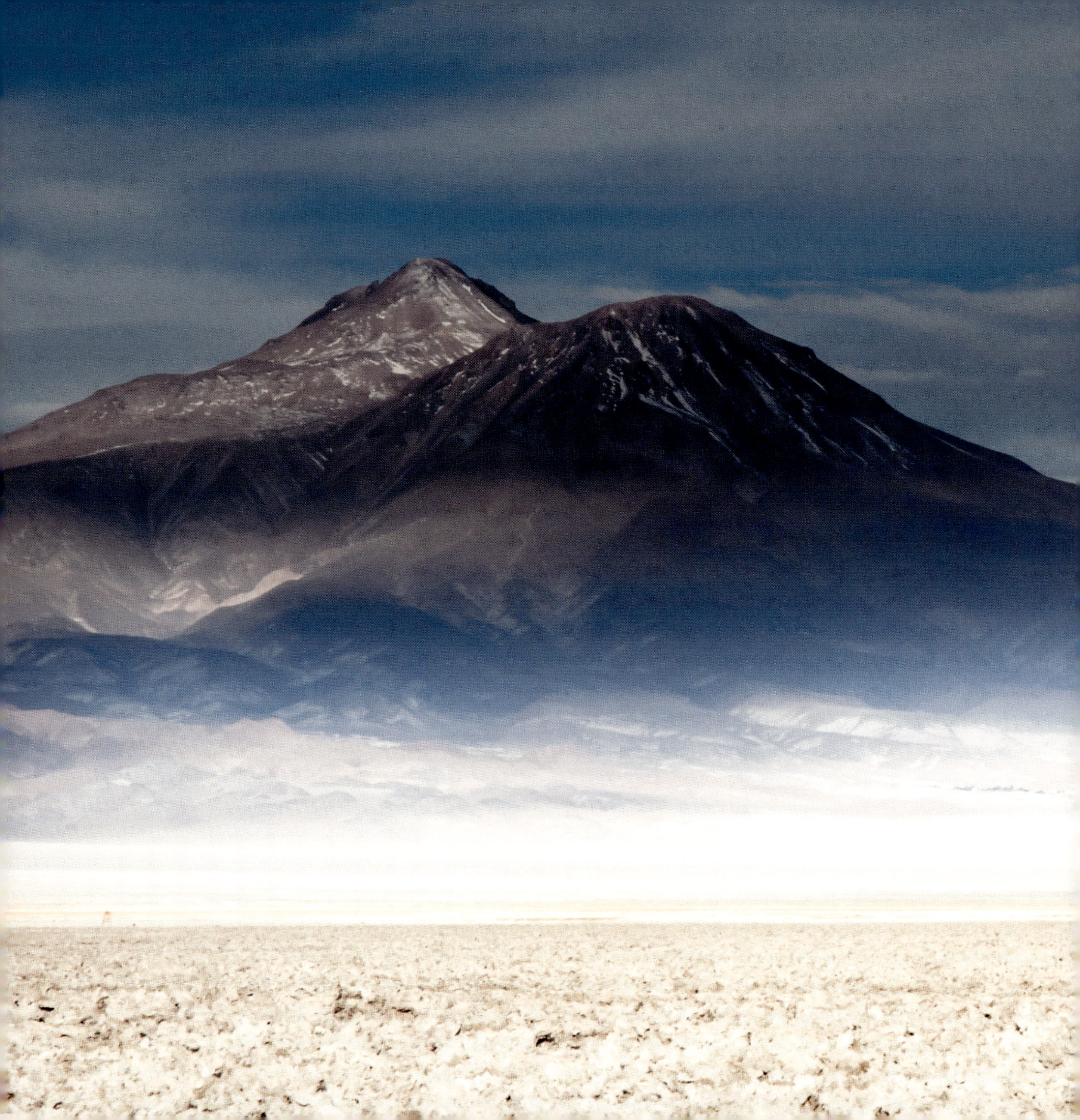

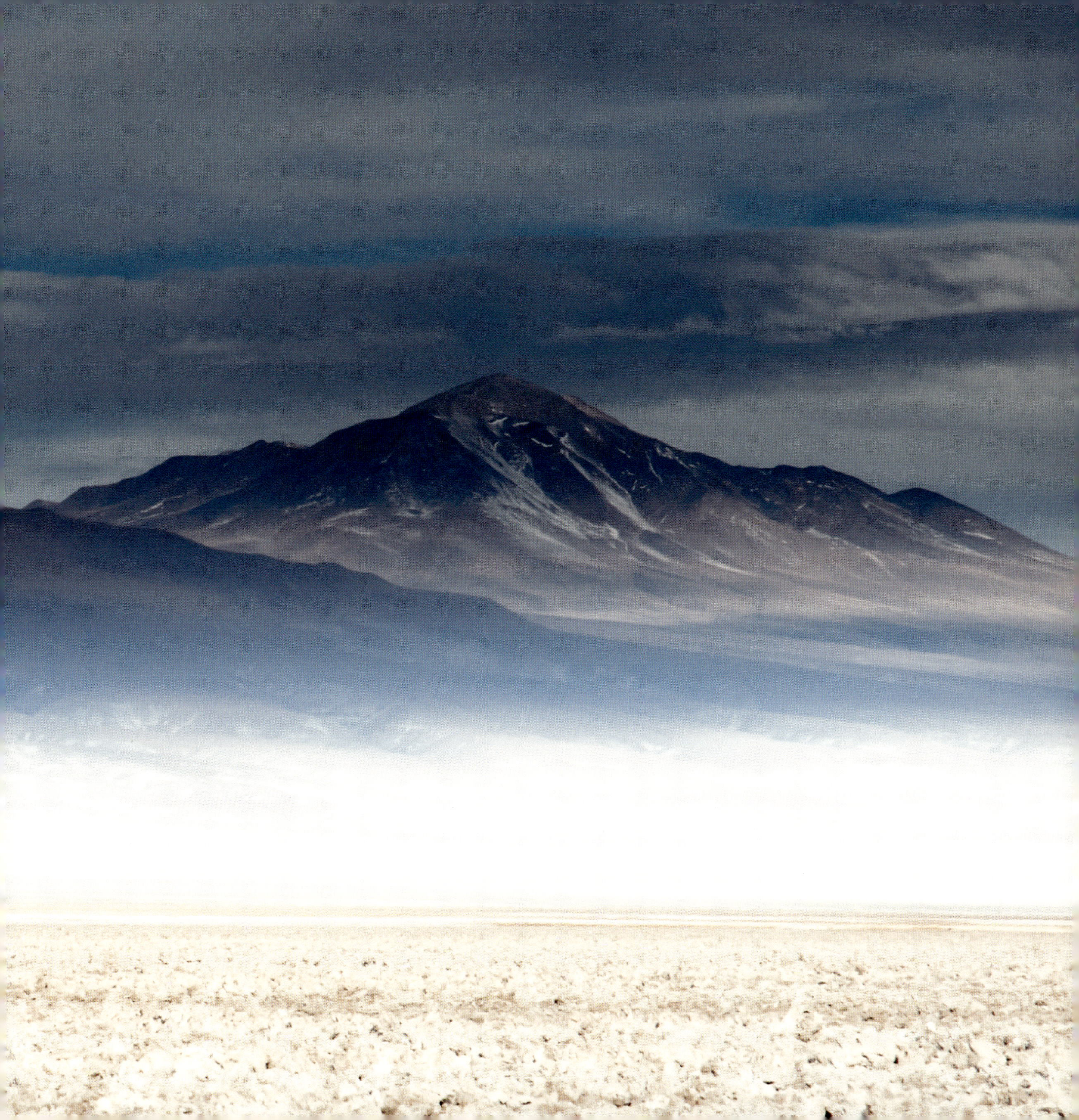

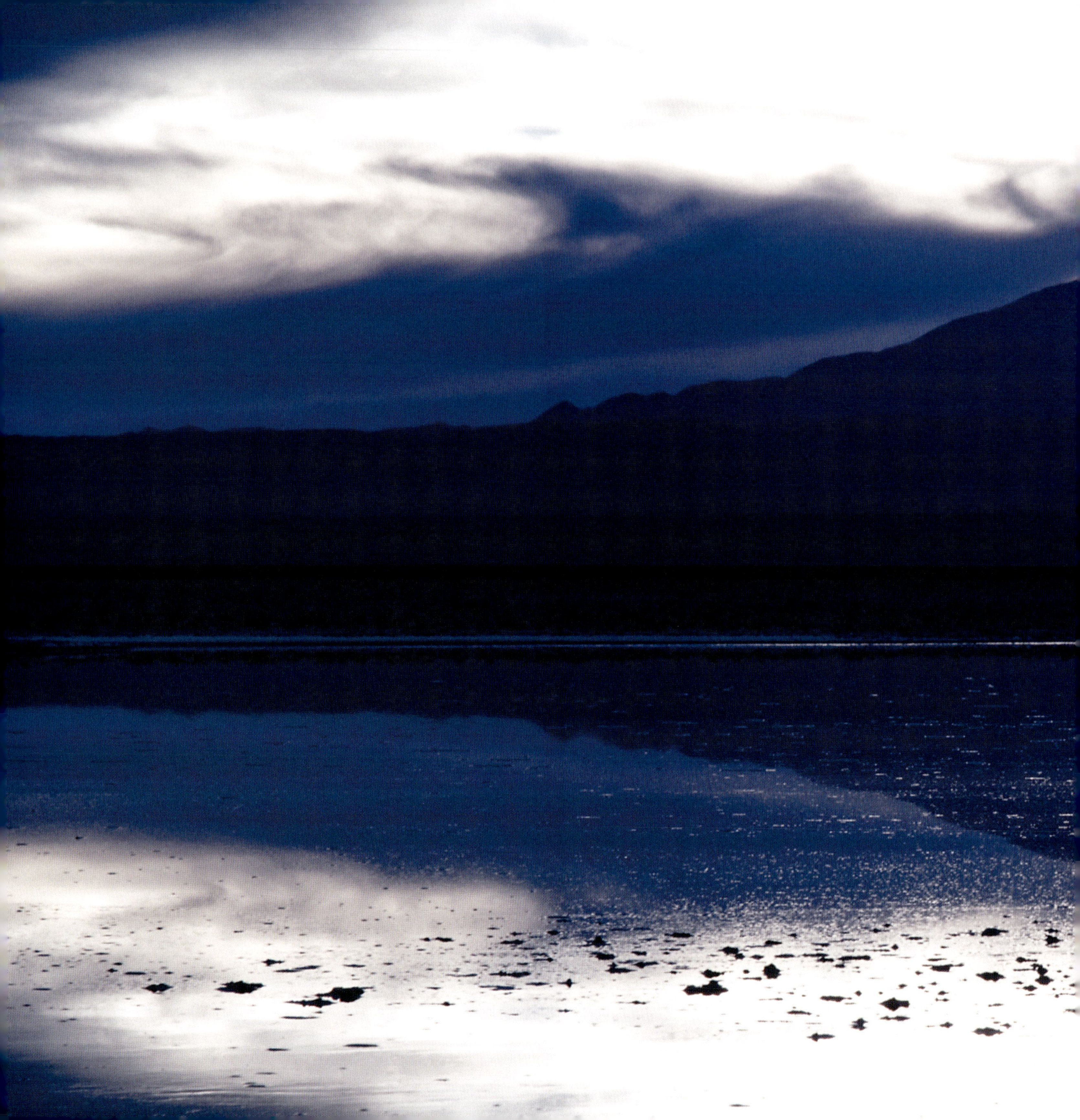

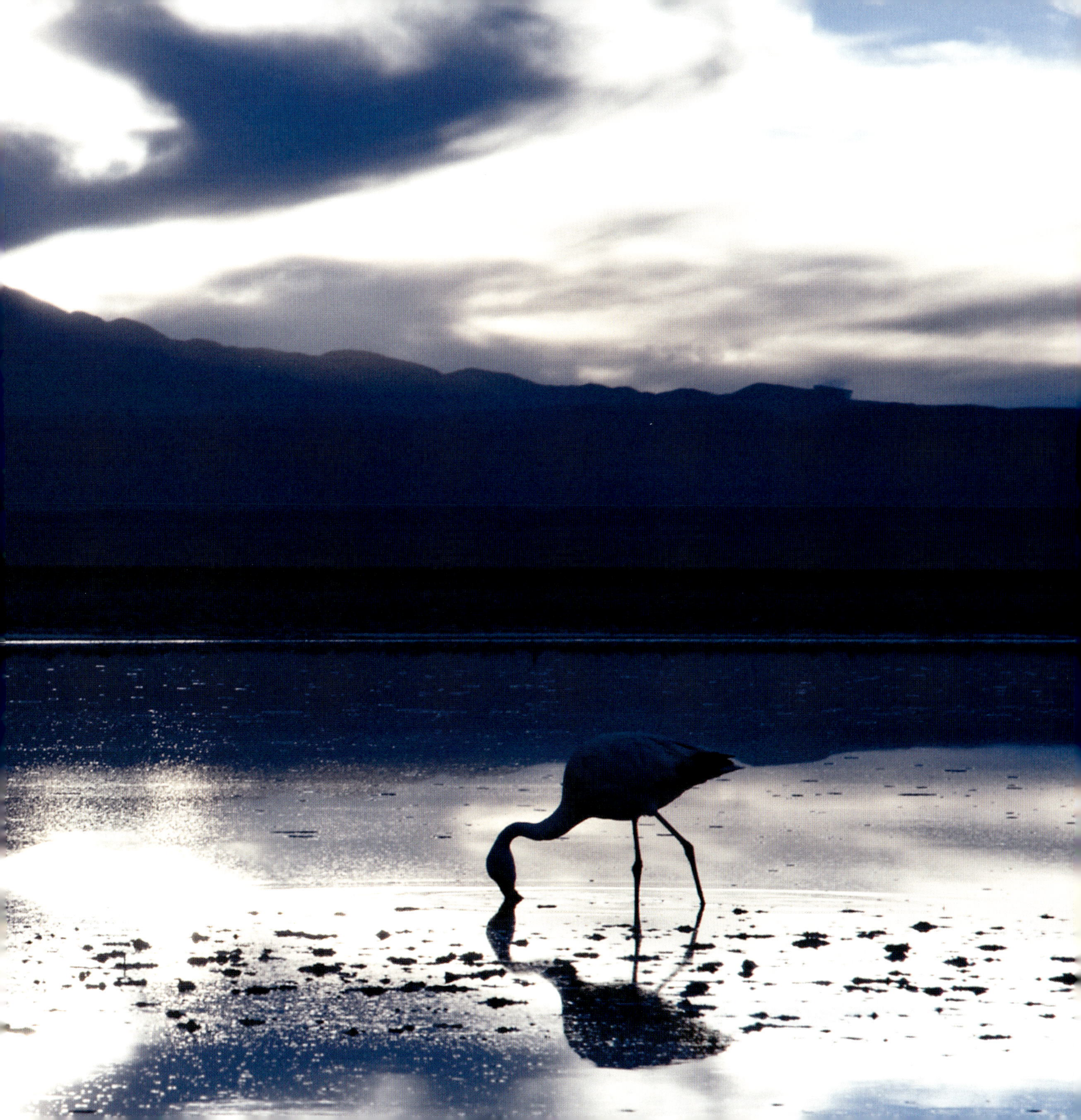

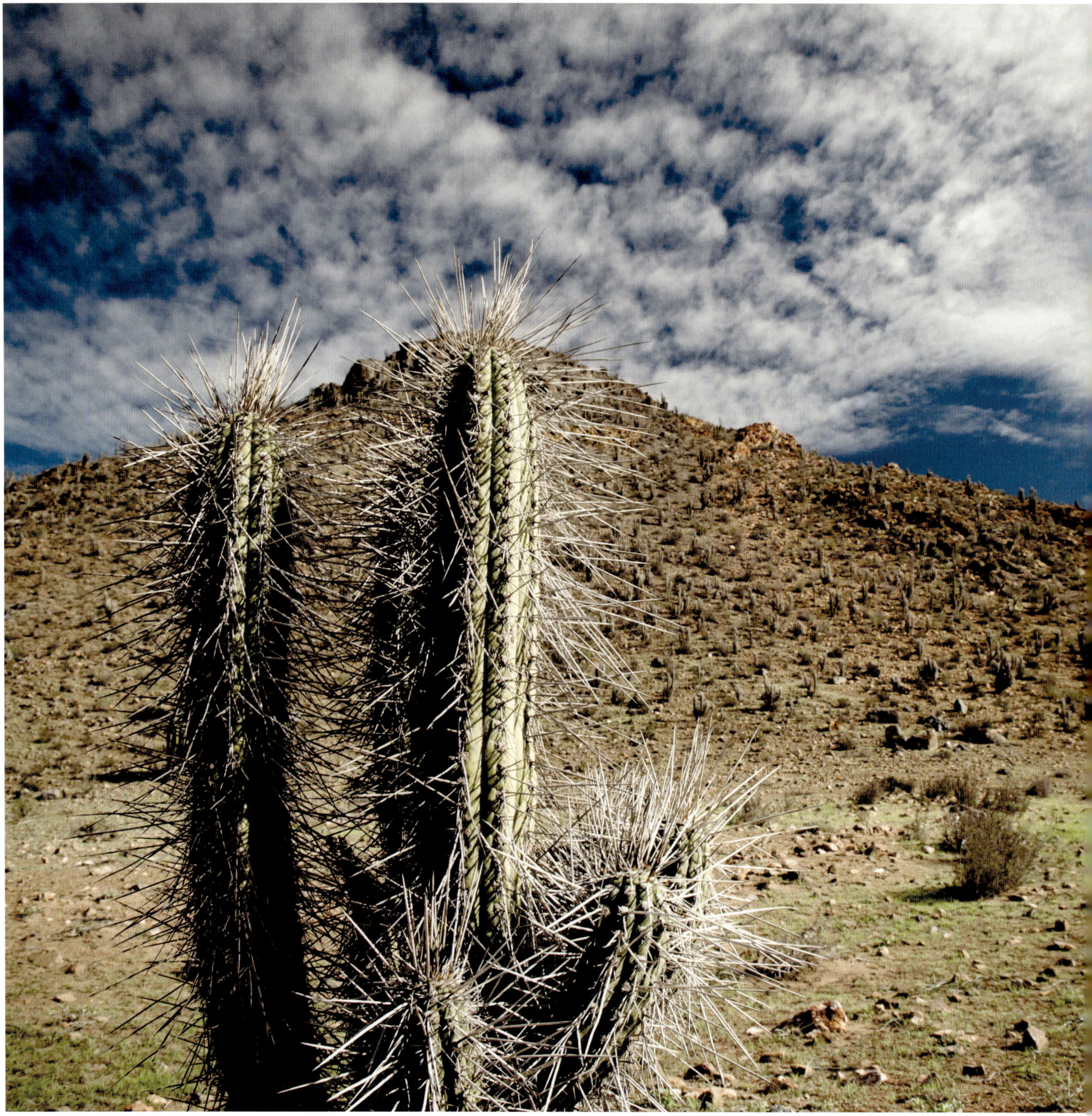

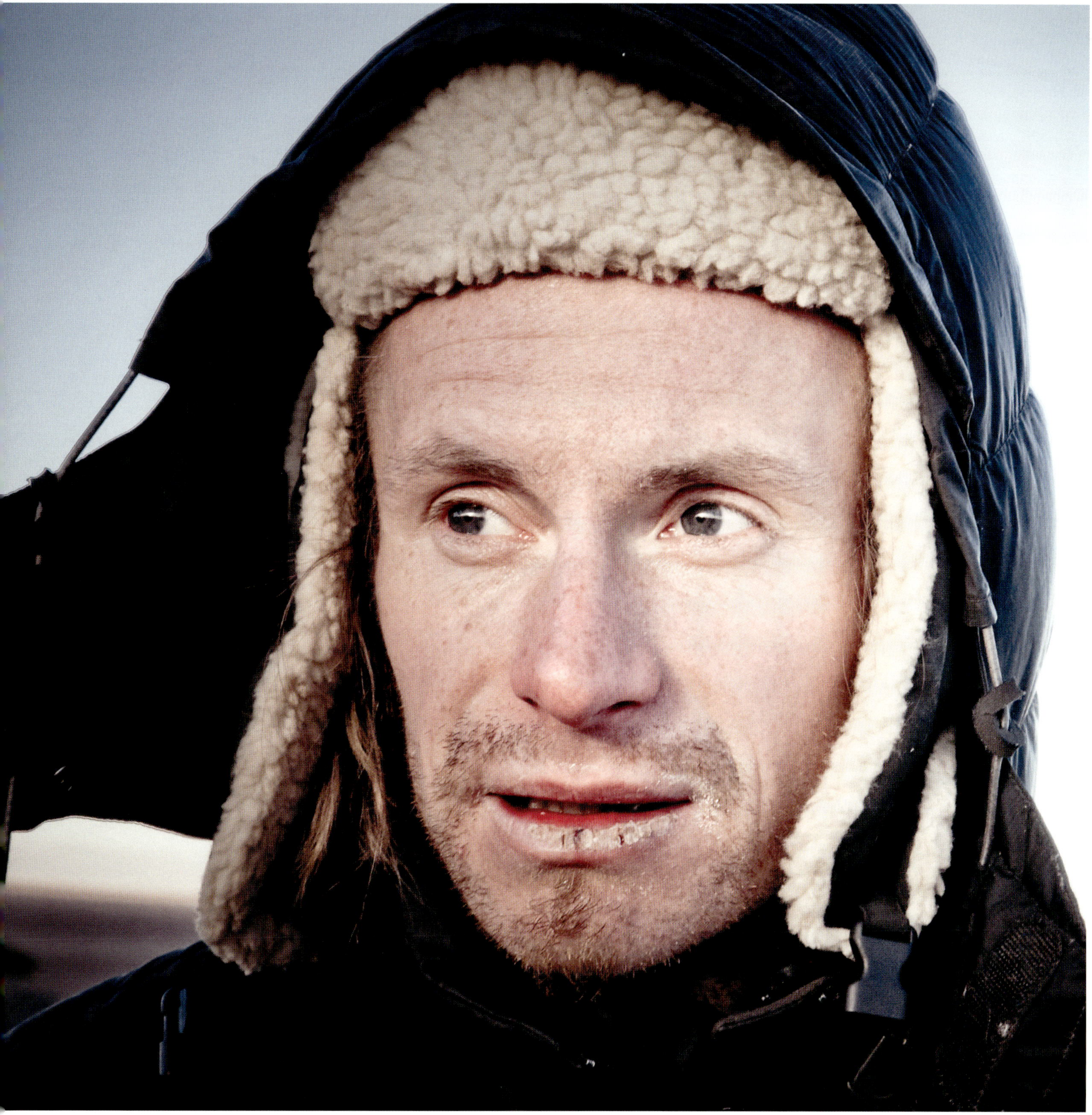

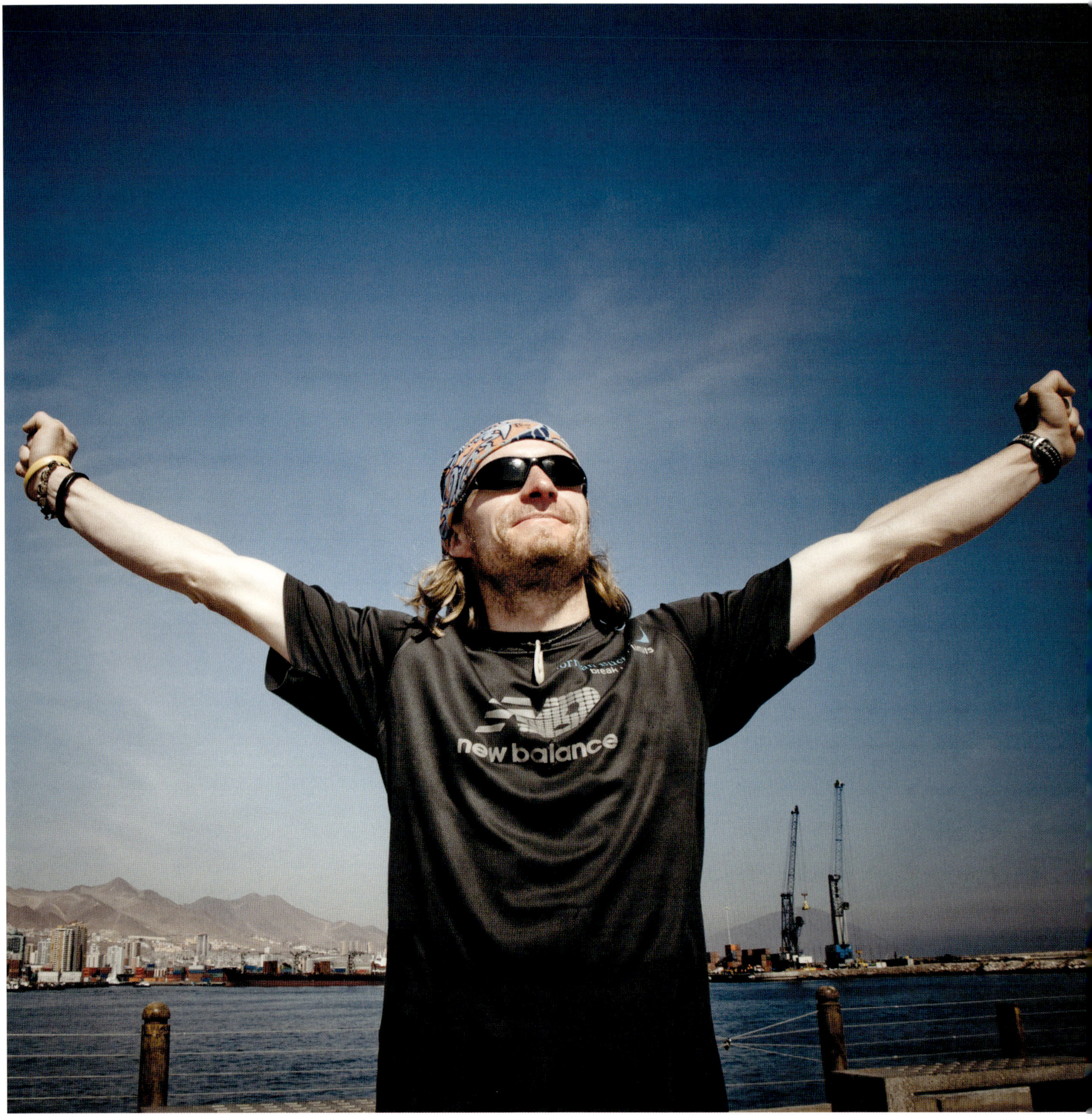
new balance

Nord-Süd-Verbindung ist die Panamericana fast 26.000 Kilometer lang. Eine unglaubliche Zahl. Ich freue mich wie ein kleines Kind nur ein winzig kleines Stück auf dieser Legende, auf diesem Mythos laufen zu dürfen. Doch Panamericana bedeutet gleichzeitig auch: zurück in die Zivilisation. Mittlerweile habe ich schon über 500 Kilometer in den Beinen. Ich bin überwältigt. Überwältigt davon, was ich bisher erleben durfte. Überwältigt von der Distanz, die ich bisher gelaufen bin. Trotz der vielen Kilometer in meinen Beinen, fühle ich mich ausgezeichnet und könnte Bäume herausreißen. Es ist fast geschafft.

Nur noch knapp 80 Kilometer trennen mich vom Ziel. Doch die Freude und Träumerei weichen schnell der Realität. Ständiger Lärm, massenweise Müllreste am Wegesrand und vor allem unzählige LKWs bestimmen den weiteren Verlauf unseres Abenteuers. Schon als ich die Ortschaft Baquedano, die als Zwischenstation für die unzähligen LKWs dient, verlasse, spüre ich den Kontrast zu den letzten Tagen. Mit der Stille ist es nun vorbei. Der Lärmpegel nimmt zu. Ein Auto nach dem anderen überholt mich. Ich fühle mich, als befände ich mich auf einer gut befahrenen Bundesstraße in Deutschland und nicht in einem der bevölkerungsärmsten Länder der Erde. Auch der Genuss beim Laufen lässt nun deutlich nach. Sand und Staub schlagen mir ins Gesicht – aber nicht vom Wind in der Wüste, sondern von den Autos und LKWs. Ich will jetzt nur noch nach Antofagasta, dem großen Ziel des Laufs. Meine innere Gewissheit, dass ich bald am Ziel bin, beflügelt mich. Dieses Gefühl wird immer stärker. Mit jedem Schritt nimmt es weiter zu.

Endlich am Meer – endlich am Ziel

Eine tiefe innere Befriedigung erfahre ich, als ich nach 14 langen und ereignisreichen Etappen den Pazifischen Ozean in Antofagasta ausmache. Als ich das Ortsschild von Antofagasta hinter mir lasse, verschlägt es mir den Atem. Ich sehe das Meer! Vor mir erstreckt sich der tiefblaue Pazifische Ozean. Ich bleibe erstmal stehen, damit ich das begreifen kann. Größer können die Kontraste gar nicht sein. Vor ein paar Minuten war ich noch in der sandigen, staubigen Wüste und jetzt sehe ich den Pazifik vor mir. Mir wird bewusst, dass sehr bald das Abenteuer Atacama Challenge zu Ende sein wird. Überglücklich laufe ich die letzten Meter bis zum Hafen.

Ich habe es tatsächlich geschafft. 600 Kilometer in 14 Etappen durch die Atacama Wüste. Ein Traum wird für mich wahr. Christian, Benjamin und ich fallen einander in die Arme. Wir genießen diesen wunderschönen Moment. Die warme Sonne und das Rauschen des Meeres erfüllen uns in diesem Augenblick mit einer sehr selten empfunden Ergriffenheit.

Der weiße Berg

In 42 Stunden um den Mont Blanc

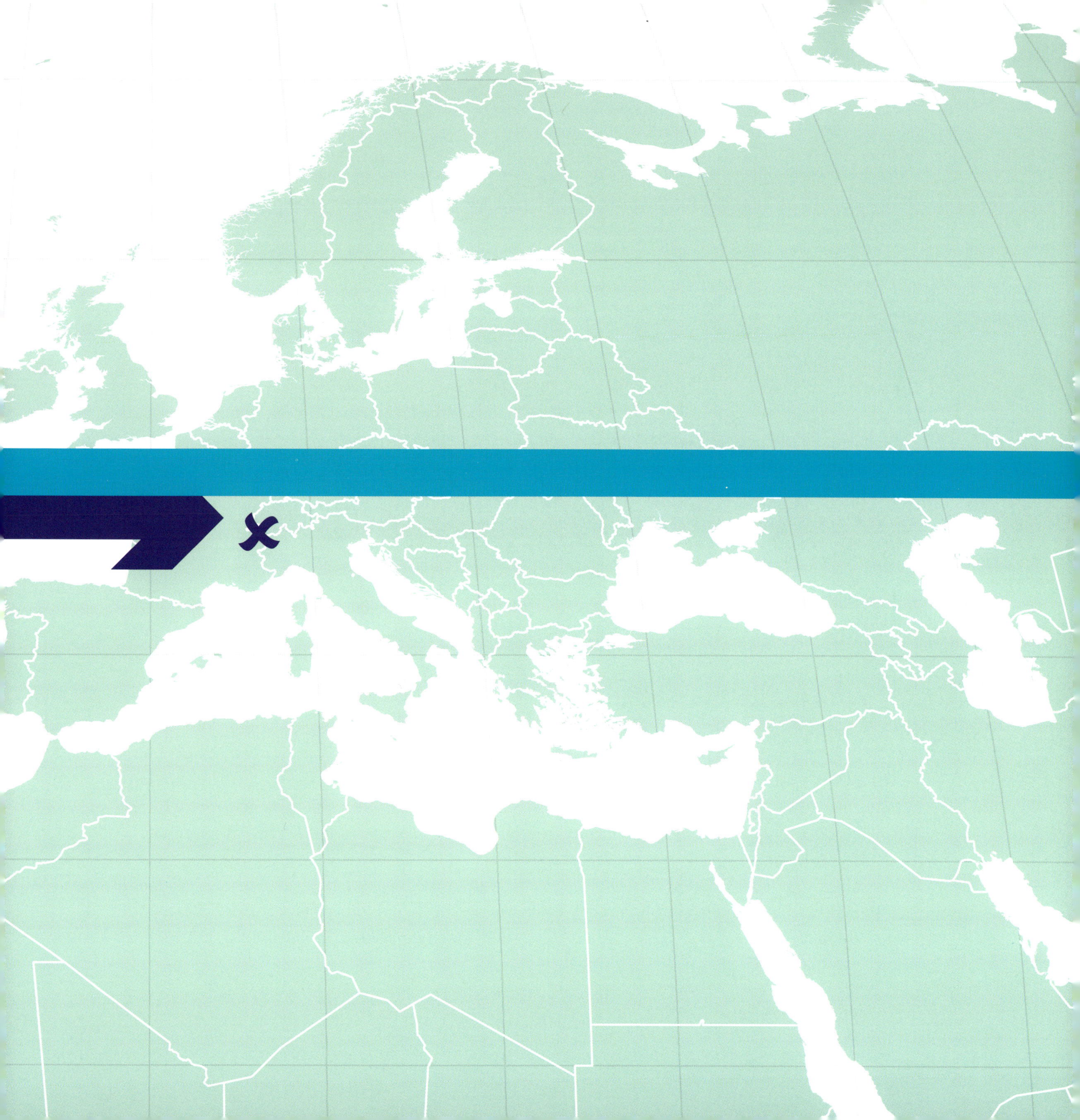

WAS IST DAS DENN BITTE? Sind das etwa schon die Sterne am Himmel? Doch warum bewegen sie sich? Bei genauerer Betrachtung gefriert mir fast das Blut in den Adern. Das sind die Stirnlampen der Läufer! Wie Glühwürmchen, die sich den steilen Berg hochschlängeln. Einerseits ist es faszinierend, andererseits lässt mich dieser Anblick erschauern, weil ich sehe, welche Strecke ich noch vor mir habe. Es ist kurz nach Mitternacht. Das Thermometer zeigt null Grad Außentemperatur an. Ein eiskalter Wind peitscht mir frontal ins Gesicht. Das Grinsen in meinem Gesicht liegt am Klappern meiner Zähne. Mein Atem erzeugt im schmalen Schein meiner Stirnlampe kleine weiße Wolken, die sich schnell wieder in die Dunkelheit verabschieden. Vor mir liegt ein schlammiger Pfad, übersät mit Geröll und rutschigen Felsen. Im Zick-Zack-Kurs geht es steil nach oben. 1.000 Höhenmeter auf nur vier Kilometern bergauf. Links und rechts des Pfades ist es stockdunkel. Mein Sichtfeld ist merklich eingeschränkt. Nur der schmale Schein meiner Stirnlampe gibt mir Orientierung. Ohne eine Lichtquelle bist du hier in dieser wilden, dunklen Berglandschaft verloren. Ich sehe immer nur die nächsten Steine und Felsen. Alles andere ist dunkel. Unheimlich, mystisch, geheimnisvoll. Gleichzeitig aber auch mitreißend. Gänsehaut läuft mir den ganzen Rücken in Anbetracht dieser Kulisse herunter.

Ich befinde mich mittendrin beim Ultra-Trail du Mont Blanc, einem der längsten und anspruchsvollsten Bergrennen der Welt. Drei Länder, 166 Kilometer, 9.400 Höhenmeter, 46 Stunden Zeitlimit.

Allein die nackten Zahlen rufen eine gehörige Portion Respekt in mir hervor. Der Lauf hat um 18:30 Uhr in Chamonix begonnen und nach fast neun Stunden schleichen sich zum ersten Mal ganz kleine Zweifel ein, wie das Rennen für mich weitergeht. Das erste Zwischentief ist in meinen müden Beinen spürbar und der präsente Gedanke, dass noch über 120 Kilometer auf mich warten. Wie werden wohl die nächsten Stunden verlaufen?

Der Berg ruft

Es geht weiter und weiter. Schritt für Schritt. Ich stemme meine Trekkingstöcke routiniert in den vom schmelzenden Schnee nassen Pfad und drücke mich mit aller Kraft nach vorne. Ticktack, ticktack – in der Stille der Nacht hört man nur den Klang der Stöcke, die auf die nassen Felsen aufsetzen. Ansonsten ist es ruhig. Ich bin ganz bei mir. Konzentriert suche ich mir meinen Weg.

Auf einmal taucht im Schein meiner Stirnlampe ein Läufer auf, der am Wegesrand steht und nicht mehr weitergeht. Er hat seinen Oberkörper

1035

Norman
BUCHER

Tel Organisation : +33
Tel en cas d'urgence :
Dolderer, Sabine
4.9721820389e+011

REPAS DE
FIN DE COURSE

1181

1035
Norman

BAR LE CHAMONIX
trail
LE MAGAZINE DU TRAIL ET DU SPO
compagniedumontblanc.co
sports nutrition
POLARTE

nach vorne gebeugt, mit seinen Händen hält er sich an den Knien fest. Als ich mich ihm nähere, bemerke ich, dass er fix und fertig ist. Er keucht wie ein Stier und scheint sich erbrochen zu haben. Eine braunfarbene, widerlich riechende Flüssigkeit liegt vor ihm auf dem Boden. „Are you all right?", frage ich ihn. Er schüttelt nur den Kopf und signalisiert mir, dass ich weitergehen soll. So grausam kann der Mont Blanc sein, und das nach nur einem Viertel des Rennens. Mein Fokus richtet sich immer nur auf den jeweils nächsten Schritt. Auf jeden einzelnen Felsen, den ich auf dem schmalen, schlammigen Pfad passiere. Ich bin nur im Hier und Jetzt. Du bekommst hier bei Nacht fast automatisch einen Tunnelblick und siehst nur einen winzigen Ausschnitt aus dieser gewaltigen Bergwelt. Alles andere ist in diesem Moment ausgeblendet. Meter für Meter steige ich höher und die Luft wird immer kälter. Ich fühle mich wie eine langsame, schwere Dampflok, die sich hier den Berg hinaufquält. Über Felsen, Geröll und Schotter bewege ich mich weiter vorwärts. Weiter oben kann ich ganz sanft einzelne Stimmen wahrnehmen. „Ist das endlich der Gipfel?" Dann, nach der letzten steilen Kurve, habe ich es geschafft und stehe auf dem Croix du Bonhomme, „dem Kreuz des guten Mannes", auf 2.479 Metern.

Mörderabstieg bei Nacht

Doch wenn ich dachte, dass der Aufstieg schon knackig war, dann zeigt der Ultra-Trail jetzt sein ganzes Gesicht. Denn nun geht es bergab, und wie: knapp 1.000 Meter auf nur 5,9 Kilometern! Gift für die Oberschenkel. Schläge für die Gelenke. Höchstarbeit für den Kopf. Denn kantige Felsen, matschige Pfade, feuchte Wiesenabschnitte und immer wieder tückische Schluchten machen diesen Abstieg extrem anspruchsvoll. Die Anstiege beim Ultra-Trail du Mont Blanc sind schon heftig und verlangen einem wirklich alles ab, doch dieser Lauf wird definitiv bergab entschieden. Jeder Schritt bestimmt über deine Gesundheit. Machst du einen falschen, kann das Rennen vorbei sein. Ich muss bei jedem Schritt genau wissen, wo ich meinen Fuß als Nächstes hinsetze. Der Untergrund ist rutschig und schlammig, immer wieder muss ich über Felsen steigen. Einhundert Prozent Aufmerksamkeit sind hier angesagt. „Konzentriere dich!" Plötzlich funkelt etwas Goldfarbenes im Schein meiner Stirnlampe. Was ist das denn? Einem kurzen Augenblick der Verwunderung folgt die Realität. Ein Läufer liegt vor mir am Wegesrand, eingehüllt in seine Überlebensdecke, mit schmerzverzerrtem Gesicht und kämpft mit sich und seinen Emotionen. Tränen kullern ihm über

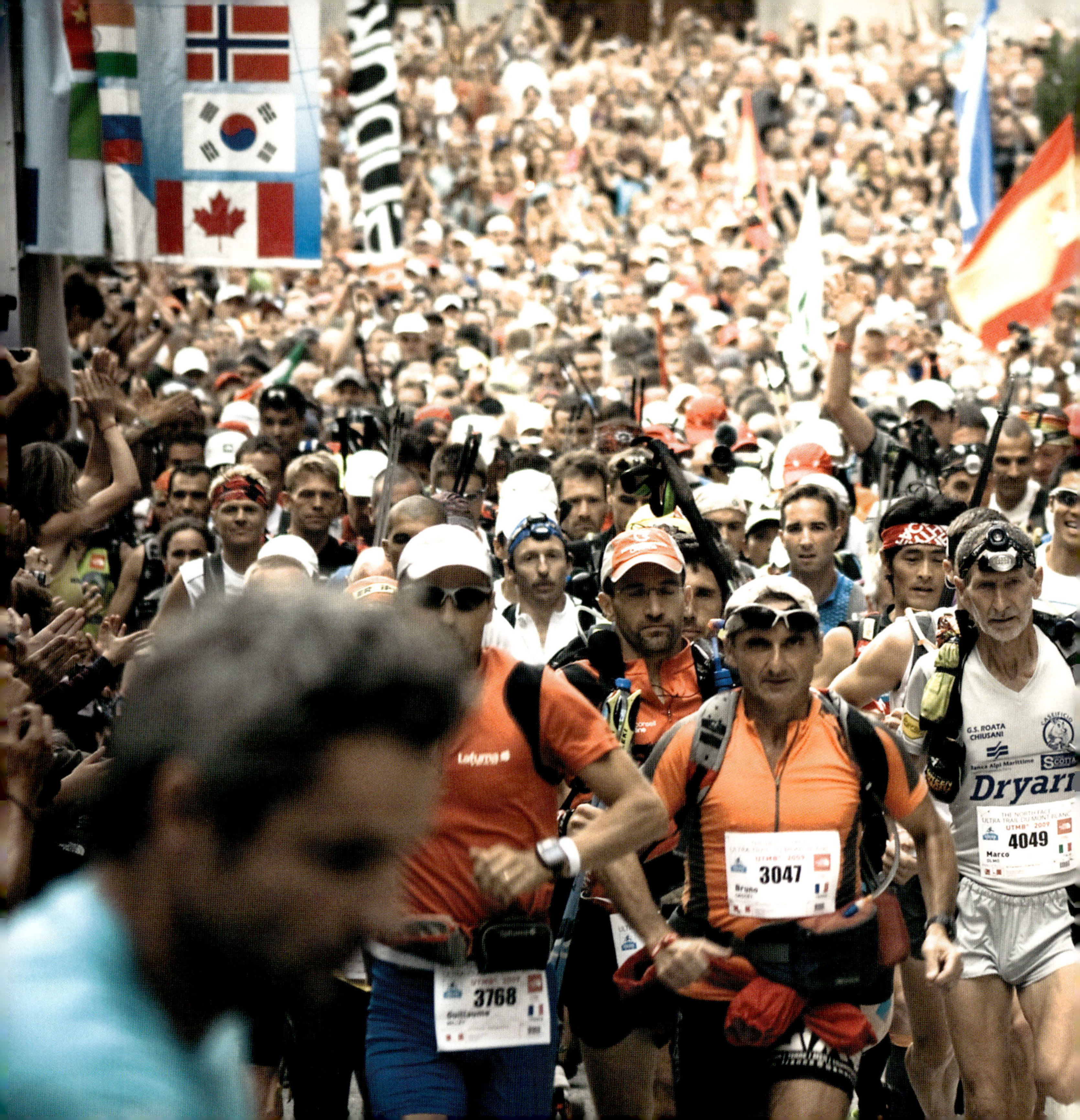
3768
3047
4049
G.S. ROATA CHIUSANI

Départ Chamonix
• PTL
Départ Chamonix
DERNIER
ESPACE VIP
ESPACE BENEVOL
INDUNI
Quechua
2
UTMB 2009
3
UTMB 2009
4073
Scott
GREEN MAGMA

die Wangen. Für ihn scheint das Rennen nach nicht einmal einem Drittel der Strecke beendet.

Weiter unten sehe ich eine kleine Lichtquelle. Ist das etwa die Verpflegungsstation? Allein der Gedanke versetzt meinem müden Kopf einen Motivationsschub. Doch der Weg zieht sich gewaltig. Nur ganz langsam komme ich meinem nächsten Teilziel näher. Über steile und rutschige Wiesen geht es bergab. Bin ich noch richtig? Wo ist die nächste Markierung? Wo ist überhaupt der Weg? Dieser ist fast nicht mehr auszumachen. Im Winter dient dieser Untergrund als Skipiste, an diesem August-Wochenende dürfen wir Läufer diesen Abhang hinunterpreschen. Was für ein Mörderabstieg! Die Lichtquelle unten im Tal wird immer größer und ich nehme auch ganz leise Musikgeräusche wahr. Mit jedem gelaufenen Meter werden sie lauter. Die Klänge von „Satisfaction" der Stones dröhnen mir entgegen. „Bald bist du unten", sage ich mir. „Ist es nicht geil, hier in der pechschwarzen Nacht inmitten der mächtigen Bergwelt die Rolling Stones zu hören?", denke ich mir. Der Rhythmus beflügelt mich und im lockeren Laufschritt erreiche ich schließlich den Verpflegungspunkt in Les Chapieux. Fünfzig Kilometer habe ich bereits zurückgelegt. Meine Uhr zeigt 4:45 Uhr. „46 Stunden hast du maximal Zeit", sage ich mir. Doch es existieren noch andere Zeitlimits, die es zu beachten gilt. Denn während des Rennens gibt es zehn Kontrollstellen mit sogenannten Cut-Offs. Wenn man diese vorgegebenen Zeitfenster nicht einhält, wird man aus dem Rennen genommen. Aber ich liege gut in der Zeit und habe 90 Minuten Puffer auf das Zeitlimit.

Seit über zehn Stunden bin ich nonstop unterwegs und begebe mich gleich ins große und warme Zelt. Mein Magen schreit nach etwas Essbarem, in den letzten Stunden habe ich mich ausschließlich von Riegeln und Gels ernährt. Das ist bei diesem Lauf definitiv zu wenig, denn hier hast du einen ganz anderen Energiebedarf: angeblich das Acht- bis Zehnfache eines normalen Marathonlaufs. Wie gut, dass bei diesem Rennen alle zehn bis 15 Kilometer ein Verpflegungsposten kommt. Der köstliche Geruch von Nudelsuppe steigt mir in die Nase. Ich esse gleich zwei Teller davon, bevor ich mir noch ein gut belegtes Käsebrot in den Mund schiebe. „Aahh, was für eine Wohltat!"

Die sehr angenehmen Temperaturen, die Musik und die fantastische Atmosphäre im Zelt laden zu einem längeren Verweilen ein. Doch wenn du es dir hier erst einmal bequem gemacht hast, dann fällt es dir umso schwerer, wieder weiterzulaufen. „Ich will weiter", sage ich mir und verlasse das Zelt.

Das Auge läuft mit

Fünf Stunden später genieße ich einen der besten Ausblicke auf das gewaltige Mont-Blanc-Massiv. Ich befinde mich auf dem Gipfel des Col de la Seigne. 2.516 Meter über dem Meeres-

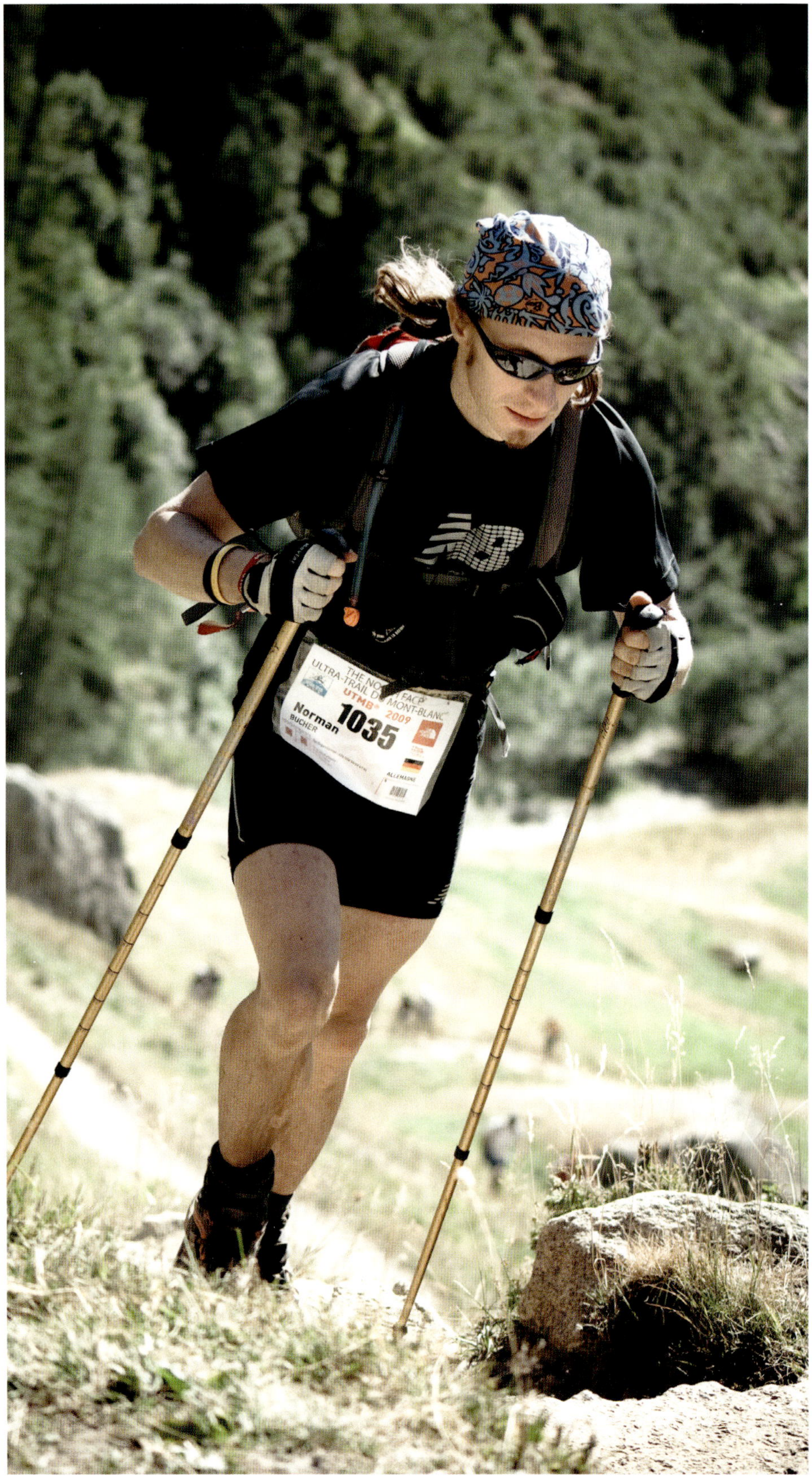
UTMB® 2009
Norman
BUCHER
1035

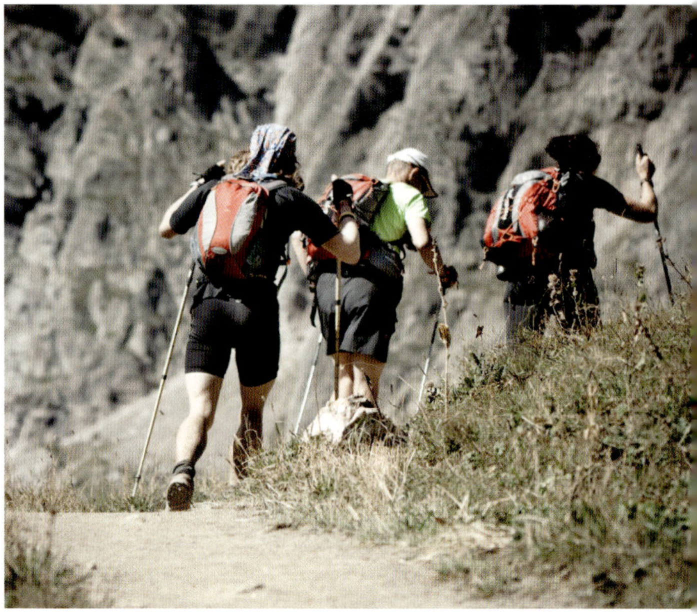

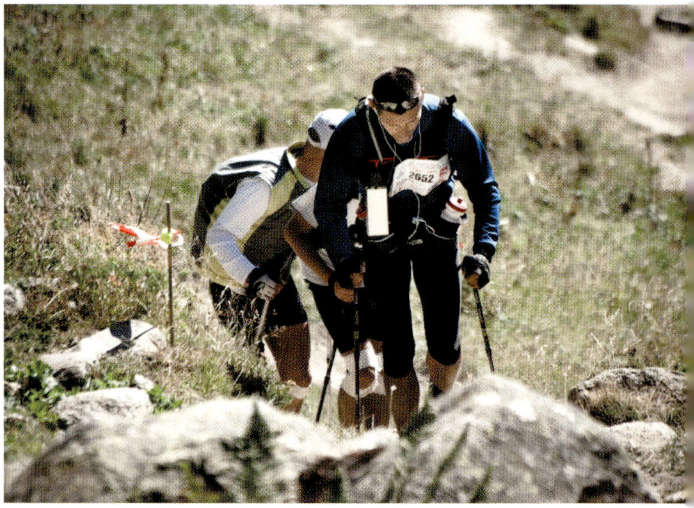
2652

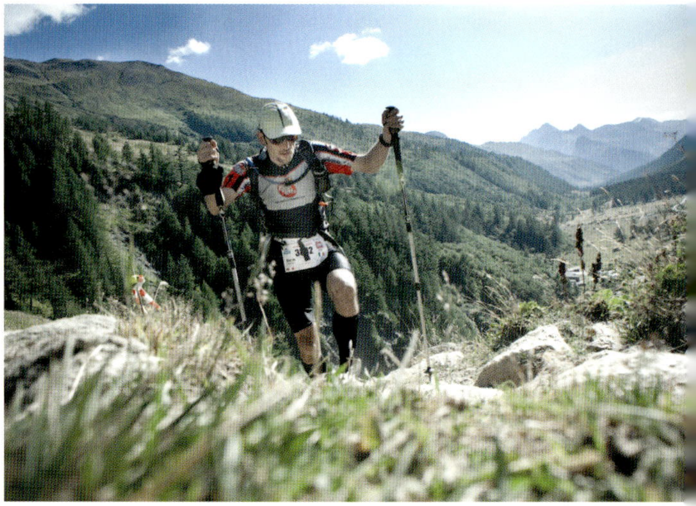

spiegel. Die ersten Sonnenstrahlen kitzeln auf meiner Haut. Nicht nur die Kälte der Nacht und die Finsternis sind damit überstanden, auch die Gewissheit, einen weiteren schwierigen Streckenabschnitt erfolgreich bewältigt zu haben. Ich bleibe stehen, schnaufe noch ein paar Mal kräftig durch und warte, bis sich mein Atem ein wenig beruhigt hat. Weitere 1.000 Höhenmeter Aufstieg liegen hinter mir. Doch die Aussicht hier oben entschädigt für die Strapazen. Wohin ich auch blicke: Berge, Berge und nochmals Berge!

Imposante Viertausender reihen sich aneinander und ein einzelner Berg sticht deutlich hervor: der Mont Blanc – der Weiße Berg, der mit 4.810 Metern der höchste der Alpen ist. Eine Aussicht, die mir schier den Atem raubt. Und mitten drin stehe ich. Wie klein du doch bist, in Anbetracht dieser gewaltigen Natur. Meine Blicke schweifen weiter: schneebedeckte Gipfel, saftig grüne Wiesen und imposante Gletscher. Keine einzige Wolke bedeckt den tiefblauen Himmel und ich kann kilometerweit sehen. Was für ein Genuss! Die Sonne taucht die Berge ringsum in ein warmes Orange, der majestätische Mont Blanc leuchtet fast rot in diesem Morgenlicht. Sieben Täler, 71 Gletscher und 400 Gipfel – das ist das Faszinierende am Mont-Blanc-Massiv. Hier wechseln sich Fels, Wasser, Eis und Licht ständig ab. In der letzten Stunde des Aufstiegs ist mir jeder Schritt unheimlich schwergefallen, doch jetzt scheint alles wie weggeblasen. Ich spüre absolute Reinheit in mir. Die klare, saubere Luft, die in meine Lungen strömt. Ich sauge diesen Moment voll und ganz in mich auf. Alles andere um mich herum nehme ich in diesem Augenblick nicht mehr wahr. Die Welt kann so schön sein. Ein Lächeln huscht mir über den Mund und Glücksgefühle durchströmen meinen Körper. „Ist es nicht ein absolutes Privileg, hier in dieser traumhaften Landschaft laufen zu dürfen?" Ich ziehe meine Mütze und Handschuhe aus, bleibe für ein paar Sekunden stehen, genieße noch einmal den fantastischen Rundblick, nehme noch einen Riegel zu mir und mache mich danach an den Abstieg.

Achterbahnfahrt durch die Alpen

Was für ein Hochgenuss! Endlich wieder etwas Warmes zu essen. Eine kleine Schale aus Plastik gefüllt mit Nudeln und ein wenig Tomatensoße. Davon drei Portionen. Das schmeckt wie ein Fünf-Gänge-Menü in einem Nobelrestaurant. Doch ich befinde mich nicht in einem luxuriösen Etablissement, sondern im Sportzentrum von Courmayeur. Die Stadt im Aosta-Tal in den italienischen Alpen wird auch aufgrund ihrer Lage die heimliche Hauptstadt der Alpinisten genannt und zählt zu den ältesten und berühmtesten Fremdenverkehrsorten der Alpen. 78 Ki-

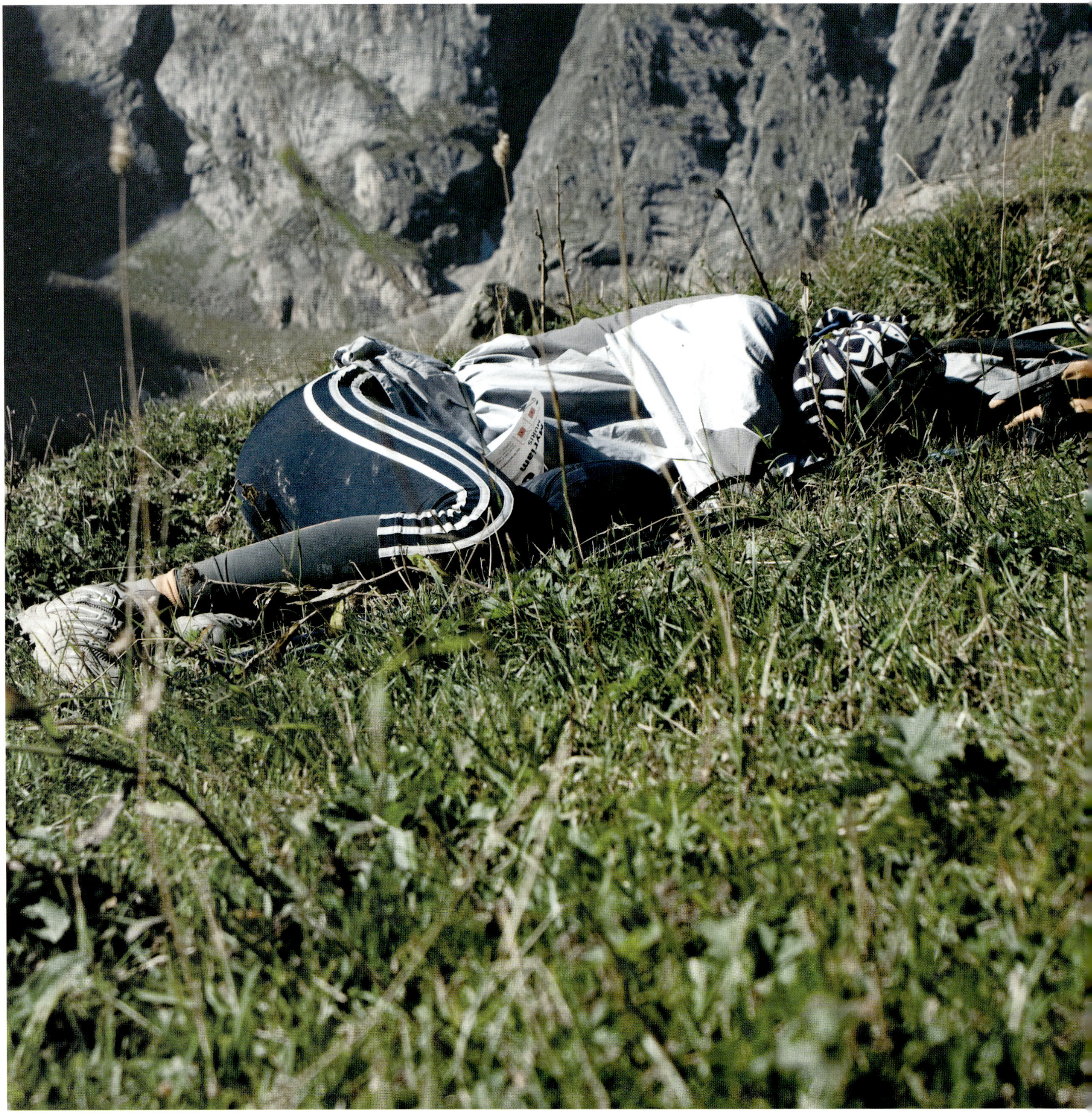

lometer und 4.500 Höhenmeter liegen bereits hinter mir. Doch Zahlen, Daten, Fakten interessieren dich in diesem Moment überhaupt nicht. Wo kann ich meine Trinkblase wieder auffüllen? Wo gibt es etwas Anständiges zu essen? Wie viel Uhr ist es überhaupt?

Ein stechender Geruch von Massageöl steigt mir in die Nase. Ich lasse meinen Blick durch die Halle schweifen. Wie es hier ausschaut! Völlig übermüdete und erschöpfte Läufer, die überall in der Halle liegen. Fast wie Leichen.

Vor mir mache ich einen Läufer aus, dessen rechtes Bein von oben bis unten vollgepflastert ist. Nur noch humpelnd und mit schmerzverzerrtem Gesicht kommt er voran. Von den 2.500 Läuferinnen und Läufern, die gestern in Chamonix an den Start gegangen sind, sind Hunderte bereits aus dem Rennen ausgeschieden.

Der erste Streckenabschnitt geht nicht spurlos an dir vorbei. Wir haben immerhin schon fast zwei Marathonläufe mit 4.500 Höhenmetern zurückgelegt. Seit über 16 Stunden bin ich ununterbrochen unterwegs. Doch die eigentliche Herausforderung bei diesem Rennen ist, dass es jetzt erst so richtig losgeht. Weitere 88 Kilometer, fast 5.000 Höhenmeter und mindestens 22 Stunden Laufen liegen noch vor mir. Dabei muss ich noch durch eine weitere Nacht laufen. Meine Füße schmerzen. Markstückgroße, unappetitliche Blasen haben sich gebildet. Doch dies stellt ein Stück Normalität bei solch einem langen Ultra-Trail dar. Mein Mund öffnet sich – unfreiwillig. Die Müdigkeit hat mich gepackt und nicht zum letzten Mal. Doch an Schlafen denke ich erst gar nicht.

Stattdessen motiviere ich mich: „Bald hast du die Hälfte des Rennens geschafft." Diesem Streckenabschnitt, bei Kilometer 83, fiebere ich jetzt wie ein kleines Kind entgegen. Er bildet für mich einen der wichtigsten Punkte des gesamten Laufs. Es wird immer wärmer, die Sonne steht fast senkrecht über mir, als ich Courmayeur wieder verlasse. Schattenspendende Bäume suche ich vergebens. Über dreißig Grad in der Sonne – ich fühle mich wie in einem riesigen Backofen. Das Wasser in meiner Trinkblase inhaliere ich förmlich, so groß ist mein Durst. „Wann kommt der nächste Verpflegungspunkt?", geht es mir immer wieder durch den Kopf. Ich fühle mich wie bei einer Achterbahnfahrt. Mein Kopf ist leer und ich bin müde und dennoch fühlt sich alles richtig an. Es ist ein ständiges Auf und Ab. Ein Wechselbad zwischen hundeelend und pudelwohl.

Wo ist denn die Grenze?

Nachdem ich die letzten Stunden auf italienischer Seite gelaufen bin, betrete ich nun Schweizer Terrain. Über 100 Kilometer liegen hinter mir.

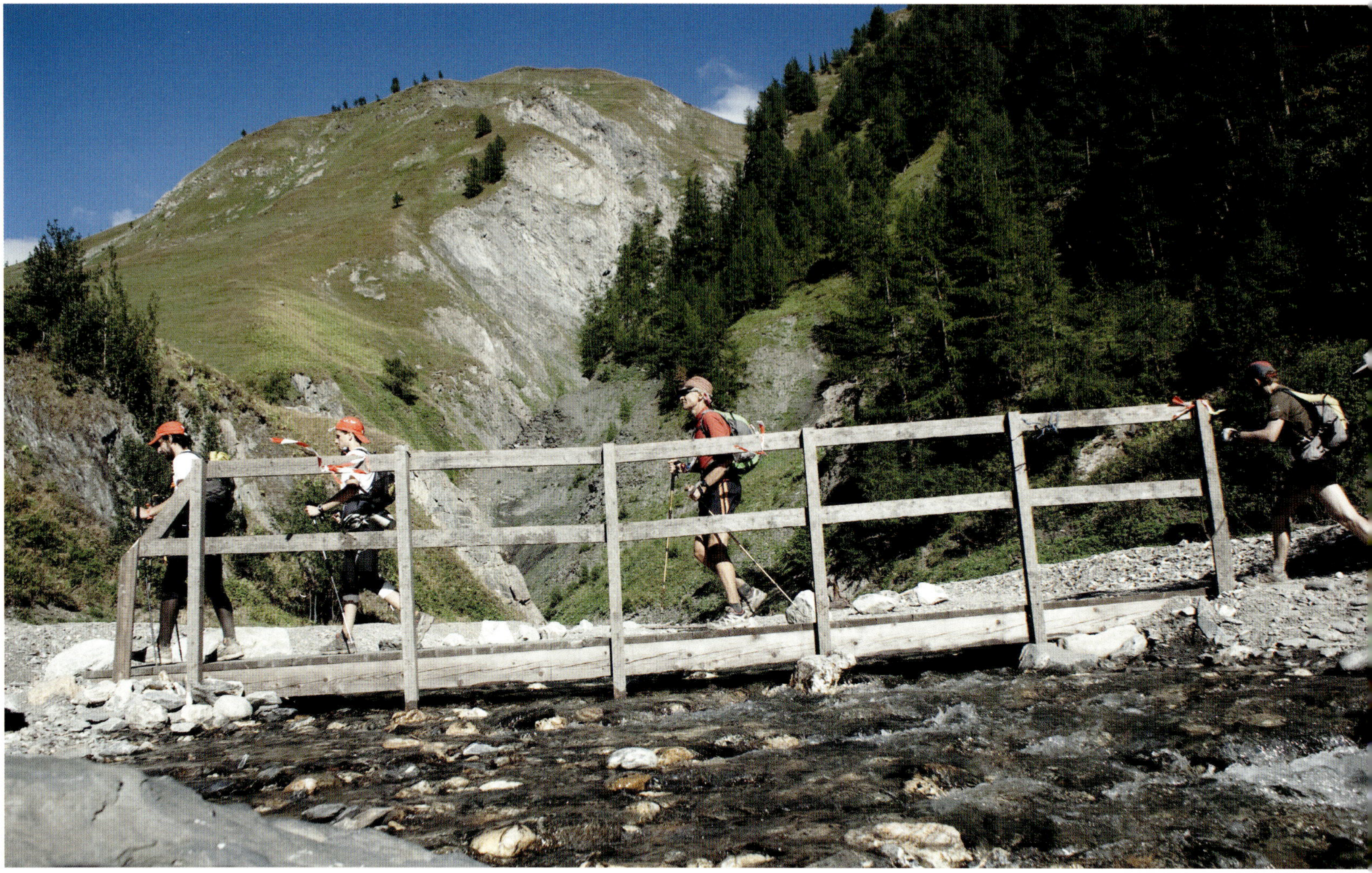

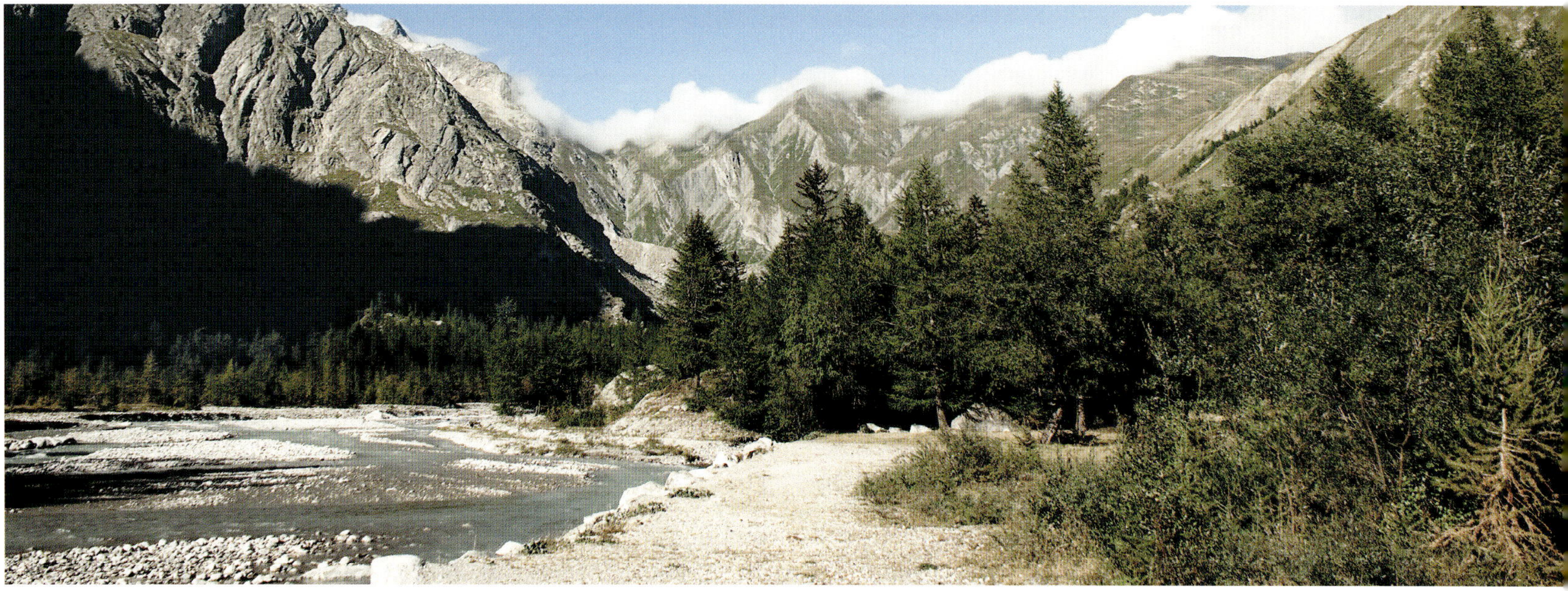

Seit dem Start gestern Abend in Chamonix sind bereits 26 Stunden vergangen. Langsam wird es wieder dunkel und die zweite Nacht bricht herein. Auf einmal werde ich hundemüde. „Quäl dich, du Sau", sage ich mir immer wieder. Mit diesem Zitat feuerte Udo Bölts Jan Ullrich auf der Tour de France vor vielen Jahren an. Diese vier Worte motivieren mich und begleiten mich auf den nächsten Kilometern. Die lange Dauer des Rennens und das damit verbundene Laufen durch zwei Nächte stellen einen großen Härtefaktor dar. Insbesondere in der zweiten Nacht, nach mittlerweile fast dreißig Stunden Nonstop-Laufen, ist es außerordentlich schwer, gegen die Müdigkeit und die Finsternis anzukämpfen. Ich schlafe teilweise während des Laufens fast ein. „Verdammte Scheiße, bleib konzentriert", sage ich mir laut. Ich schlage mir mit meinen Händen auf die Brust – wie ein wild gewordener Gorilla – und reiße meine müden Augen so weit wie möglich auf. Ich will mit aller Kraft wach bleiben und den nächsten Checkpoint erreichen. In solch einem Moment entscheidet nur noch die mentale Stärke. Willst du die Müdigkeit besiegen oder besiegt sie dich? Die Versuchung ist groß, sich an einer der komfortablen Verpflegungsstationen entlang der Strecke niederzulassen und für ein paar Stunden zu schlafen. Doch ein Blick auf meine Uhr signalisiert mir, dass dies nicht geht.

In meiner Vorstellung taucht ein großes weiches Bett auf, zarte Hände massieren meine geschundenen Beine, genüsslich trinke ich von meiner heißen Schokolade. Das fühlt sich verdammt gut an, stellt aber leider nur mein Wunschdenken dar. Die Realität sieht hier ganz anders aus: kalt, dunkel, ungemütlich. Meine Augenlider werden immer schwerer. Nicht einmal ein Streichholz würde mehr dazwischen passen. Den anderen Läufern geht es genauso. Mit ihren dunklen Augenringen und einem starren Gesichtsausdruck bewegen sie sich ganz langsam voran – fast wie Gespenster.

Mit größter Müdigkeit schleppe ich mich zum Verpflegungspunkt Champex-Lac im Schweizer Wallis. 122 Kilometer, 6.000 Höhenmeter und gut drei Viertel des Rennens liegen jetzt hinter mir. „Nur noch einen Marathon mit 3.000 Höhenmetern hast du vor dir." Wenn du schon über 120 Kilometer in diesem Terrain in den Beinen hast, kommt dir der Marathon im Vergleich dazu nicht mehr so ehrfurchtgebietend vor. Es ist kurz nach Mitternacht. Das große, helle und warme Zelt gibt mir Hoffnung und Motivation. Müde Augen blicken in die Runde. Hier ist der Scheideweg. Einige Läufer werden an diesem Ort das Rennen beenden müssen. Wann ist denn die Grenze erreicht? Ich bewege mich körperlich wie mental nahe am Limit. Meine Oberschenkel sind steinhart, meine Füße schmerzen und das

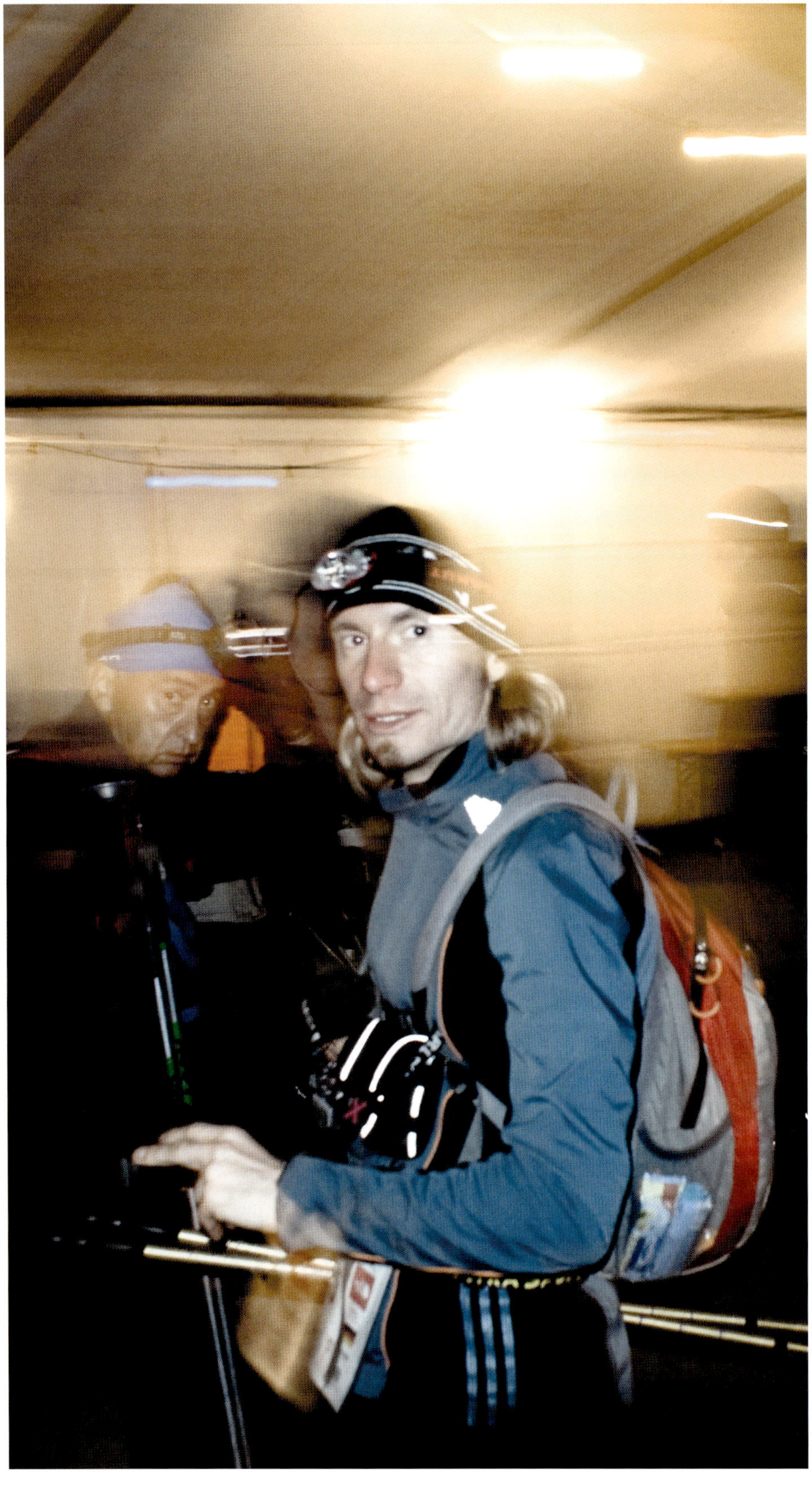

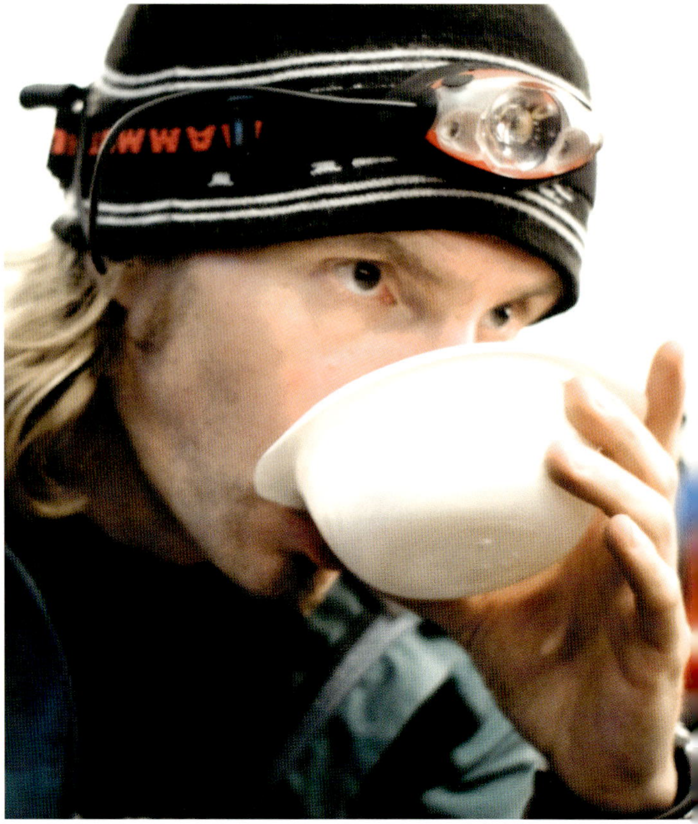

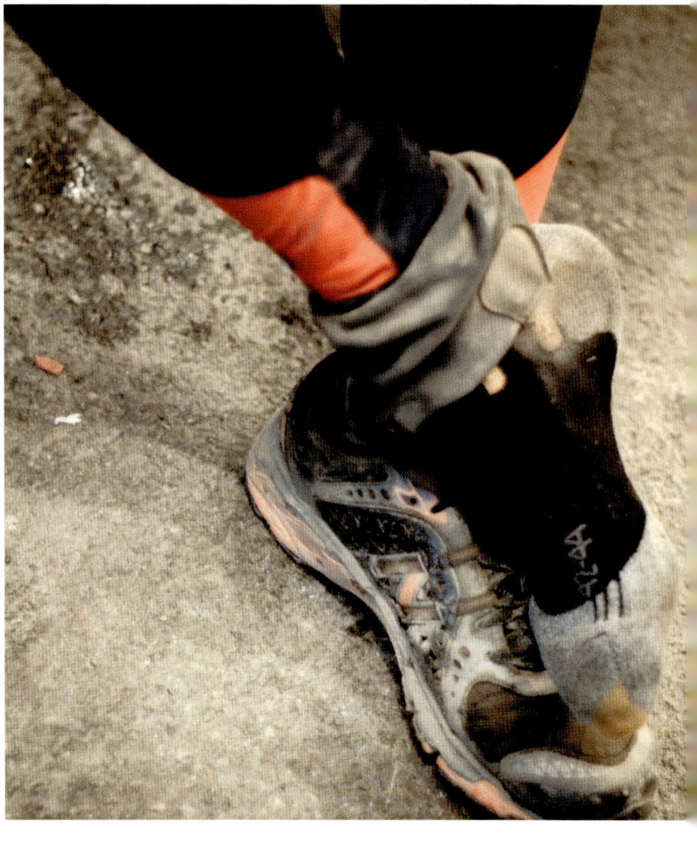

Bedürfnis, sich hinzulegen, wird immer größer. Mein Körper schreit nach einem Bett, doch meine Willenskraft sehnt den Zieleinlauf herbei und sagt mir: „Auf, weiter geht's!"

Finale. Besser? Geht kaum!

„Bon courage!" „Allez, allez!" Es tut so gut, zieht rein bis tief unter die Haut. Jeder Läufer erhält seine persönliche Anfeuerung. Ehrliche Hochachtung ist zu spüren. Es sind die Menschen, die Läufer, die Helfer, die Zuschauer, die diesen Lauf so besonders machen. Plötzlich finde ich mich auf meinem Allerwertesten wieder. „Bleib konzentriert", sage ich mir. Eine kleine Unachtsamkeit hat mich wegrutschen lassen. „In ein paar Stunden wirst du im Ziel sein." Kurz vor dem Ziel eines so langen Laufes verletzungsbedingt auszuscheiden ist besonders ärgerlich. Da hast du dich ein Jahr lang vorbereitet, hast sehr viel Zeit und Energie in das Projekt „Ultra-Trail du Mont Blanc" investiert und nur ein kurzer Augenblick der Unachtsamkeit kann alles zunichte machen. Auch das ist Teil des Langstreckenlaufens. Vor mir erblicke ich einen Läufer, der sich nur noch humpelnd vorwärtsbewegt. Mit seinem rechten Fuß kann er fast nicht mehr auftreten, bei jedem Schritt verzieht er schmerzverzerrt sein Gesicht. „Wenn es sein muss, krabble ich auf allen Vieren über die Ziellinie", gibt er mir in seinem akzentfreien Englisch zu verstehen. Die letzten Kilometer ziehen sich noch einmal gewaltig. Minuten kommen mir wie Stunden vor.

Alle Gedanken fokussiere ich nur noch auf meinen Zieleinlauf. In meinem Kopf lege ich den Schalter auf Autopilot um. Mein Körper funktioniert nur noch und steht unter dem Diktat meines Kopfs.

Dann habe ich nur noch zwei Kilometer bis zum Ziel. Ich lasse das Ortsschild von Chamonix hinter mir. Überall stehen Menschen, die mich anfeuern und meinen Namen rufen. Glücksgefühle durchströmen meinen ganzen Körper, jeder Meter ist jetzt ein einziger Genuss zu laufen. Dann die allerletzten Meter. Nach 42 Stunden und 30 Minuten stoppe ich meine Uhr. Ich habe es geschafft. Mit Worten kann ich nicht beschreiben, was in mir vorgeht. Tränen laufen mir über die Wangen. Ich bin endlich im Ziel. Wieder am Ziel. Der Hattrick ist mir gelungen. Nach 2007 und 2008 habe ich auch in diesem Jahr wieder das Ziel dieses renommierten Rennens erreicht. Ein sanftes Lächeln huscht mir über den Mund. Freudestrahlend schaue ich hoch in den wolkenfreien Himmel, an dem die Sonne wie eine Königin thront. Dabei macht sich Gänsehaut auf meinem ganzen Körper breit. In mir macht sich das altbekannte warme Gefühl breit. Mein ganzer Körper prickelt. Ich fühle mich losgelöst. Bin ganz bei mir angekommen. In diesem Moment

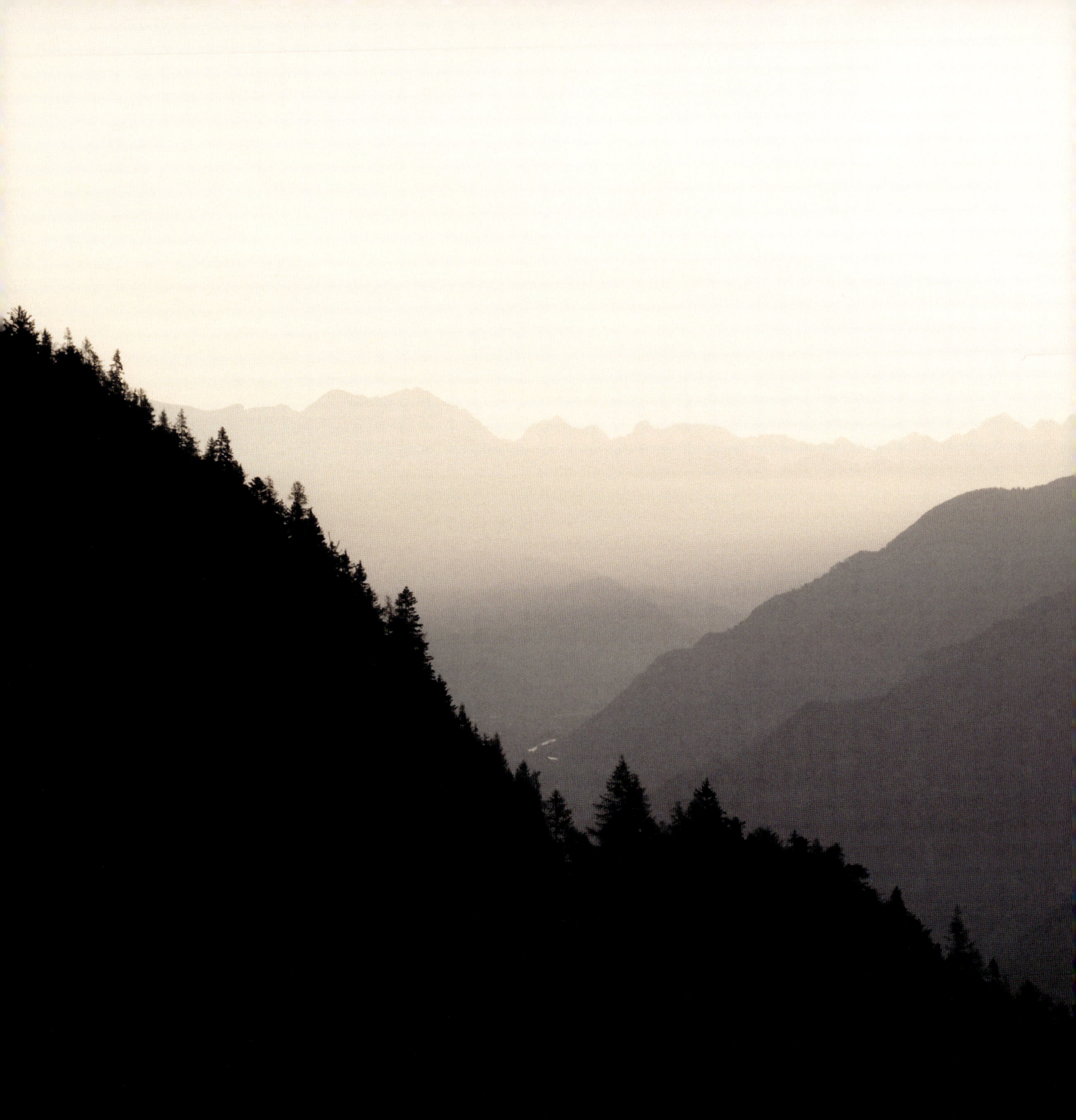

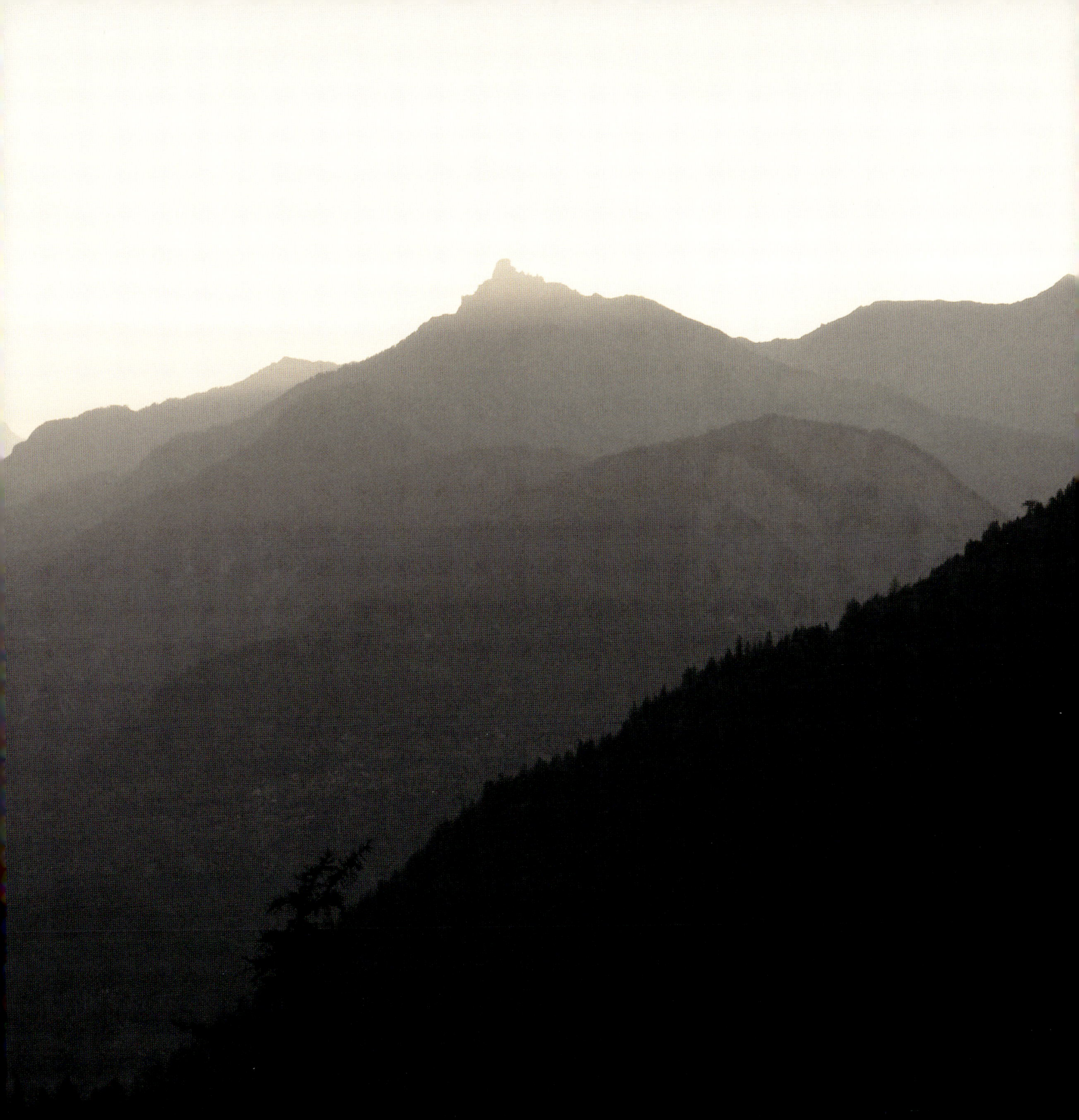

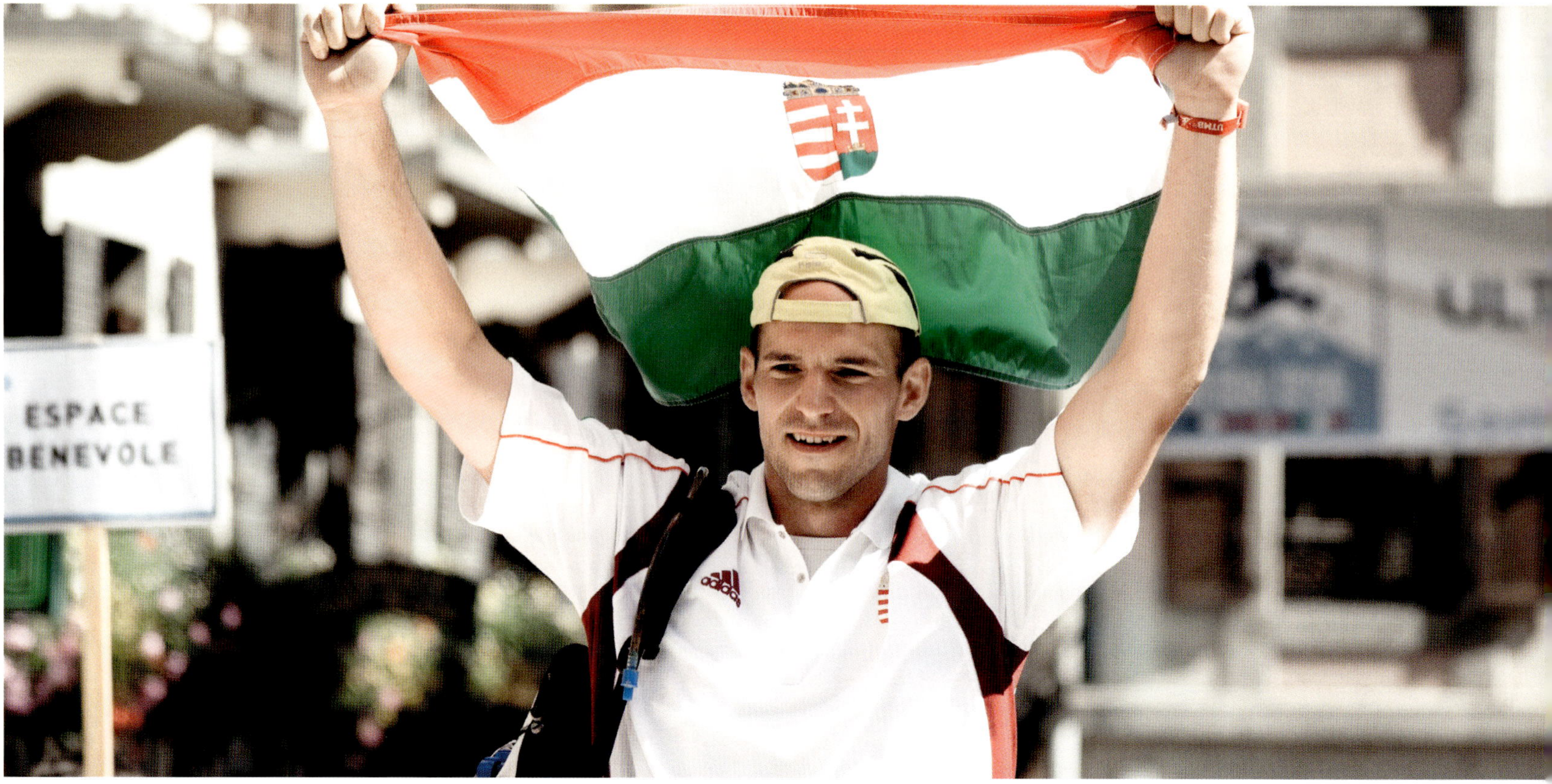
ESPACE
BENEVOLE

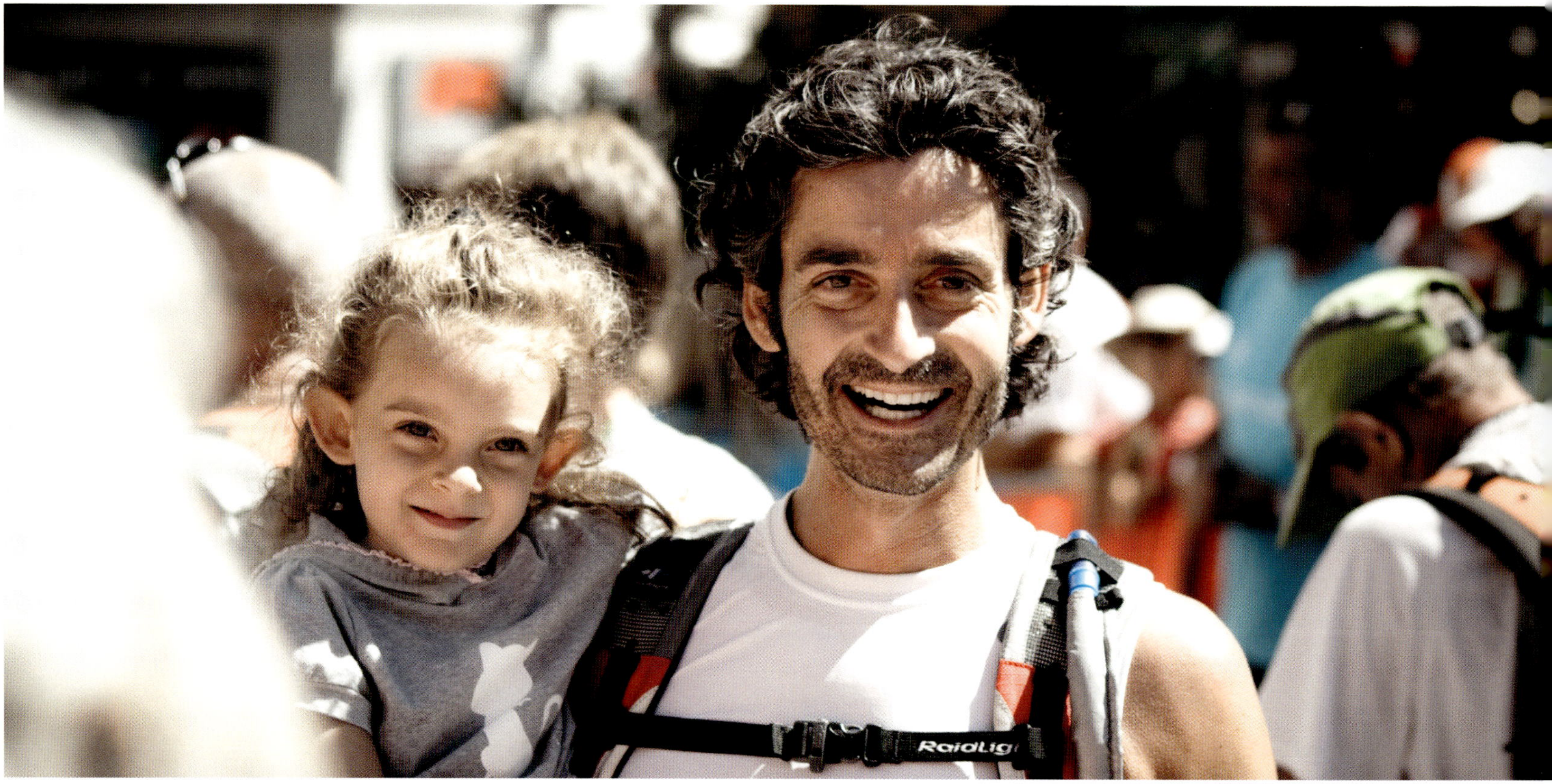

brauche ich nicht. Ich existiere nur. Meine Beine, meine Arme, meine Füße, mein Kopf – alles fühlt sich ganz leicht an. Ich schließe für einen kurzen Augenblick meine Augen und fühle mich wie im siebten Himmel. Mein Gesicht habe ich in meine Hände gelegt. Alles fühlt sich nass an. Nicht vom Schweiß, der schon lange getrocknet ist, sondern von den vielen Tränen, die nur so aus mir herausströmen. Es sind Tränen der Freude! Was für ein geiler Moment! Wie ein kleines Kind, das gerade Weihnachten, Ostern und Geburtstag auf einmal erlebt, fühle ich mich. Ich bin sprachlos. Ich sitze einfach nur da und genieße dieses unbeschreibliche Glücksgefühl in vollen Zügen.

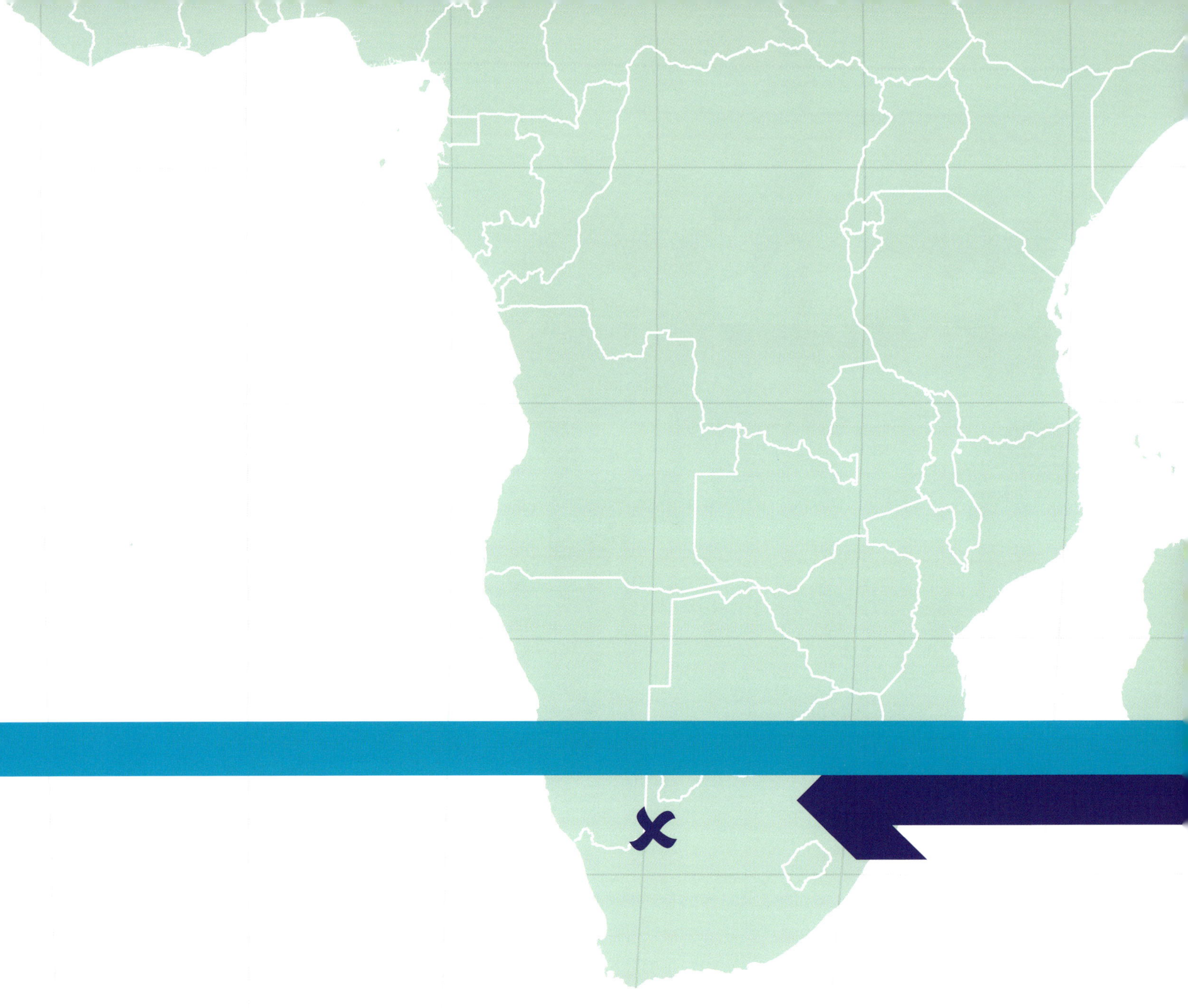

Ab in die Wüste
250 Kilometer durch die Kalahari

DIE WELT IST EINFACH SCHÖN! Mit einem zufriedenen Lächeln sitze ich hier vor meinem Chalet im Augrabies Falls National Park und schreibe diese Zeilen. Wenige Meter von mir entfernt tollen zwei Affen herum, die mich neugierig beobachten. Die Sonnenstrahlen kitzeln auf meiner Haut. Keine einzige Wolke lässt sich am strahlend blauen Himmel sehen. Eben habe ich genussvoll einen frischen grünen Apfel gegessen. Den ersten seit über einer Woche. Die vergangenen Tage sind sehr ereignisreich gewesen. Gestern habe ich erfolgreich das Ziel des Kalahari Augrabies Extreme Marathon erreicht. Ich sehe mich wiederholt durch das Ziel laufen und schwebe immer noch auf Wolke sieben. Doch der Reihe nach.

250 Kilometer in sechs Etappen

Nach einer zwölfstündigen Fahrt von Johannesburg erreichen wir abends den Augrabies Falls Nationalpark. Dieser stellt den Ausgangspunkt für das Abenteuer Kalahari Augrabies Extreme Marathon dar.

Der Kalahari Augrabies Extreme Marathon ist ein Wüstenetappenlauf über insgesamt 250 Kilometer in sechs Etappen. 45 Läuferinnen und Läufer aus verschiedenen Ländern nehmen an diesem Rennen teil. Neben der Distanz stellt vor allem die Hitze die Herausforderung bei diesem Rennen dar. Temperaturen jenseits der 40-Grad-Marke sind hier im Oktober keine Seltenheit.

Eine kleine Kostprobe, wie heiß es hier ist, erleben wir, als wir im Augrabies Falls Nationalpark ankommen.

Der Nationalpark ist ein im Nordwesten Südafrikas gelegenes Naturreservat, das sich über 220 Quadratkilometer entlang des Flusses Oranje erstreckt. Zentrale Sehenswürdigkeit ist der Augrabies-Wasserfall, der auf bis zu 150 Metern Breite 56 Meter in die Tiefe stürzt. Eine imposante, 18 Kilometer lange und bis zu 200 Meter tiefe Felsenschlucht hat der Oranje-Fluss hier gegraben. Die Augrabies-Wasserfälle sind immerhin die sechstgrößten der Erde.

Stark beeindruckt stehe ich hier auf der Aussichtsplattform und schaue fasziniert dem Naturschauspiel zu. Solche Wassermassen werden wir in den nächsten Tagen nicht mehr zu Gesicht bekommen. Sand, Staub und Trockenheit sind dann angesagt. Die letzte Dusche habe ich deshalb heute nochmals besonders genossen, denn es wird für die nächsten sieben Tage die letzte sein. 250 lange und beschwerliche Kilometer warten auf mich. Eine Woche Ausgesetztsein in der Weite der Wüste. Wieder weg von der Zivilisation. Raus aus der Komfortzone, rein in die Zone der Herausforderung. Doch genau

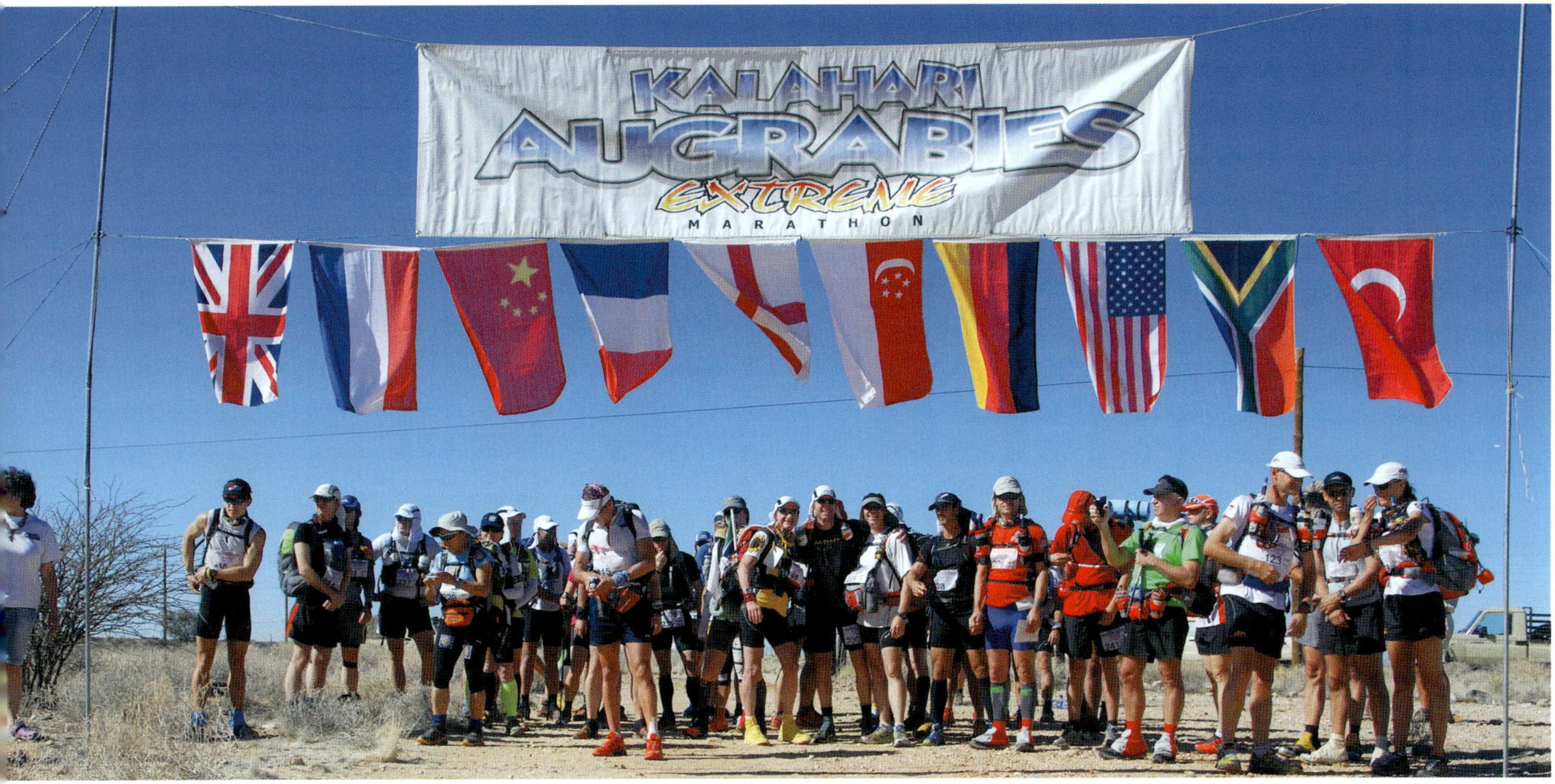
KALAHARI
AUGRABIES
EXTREME
MARATHON

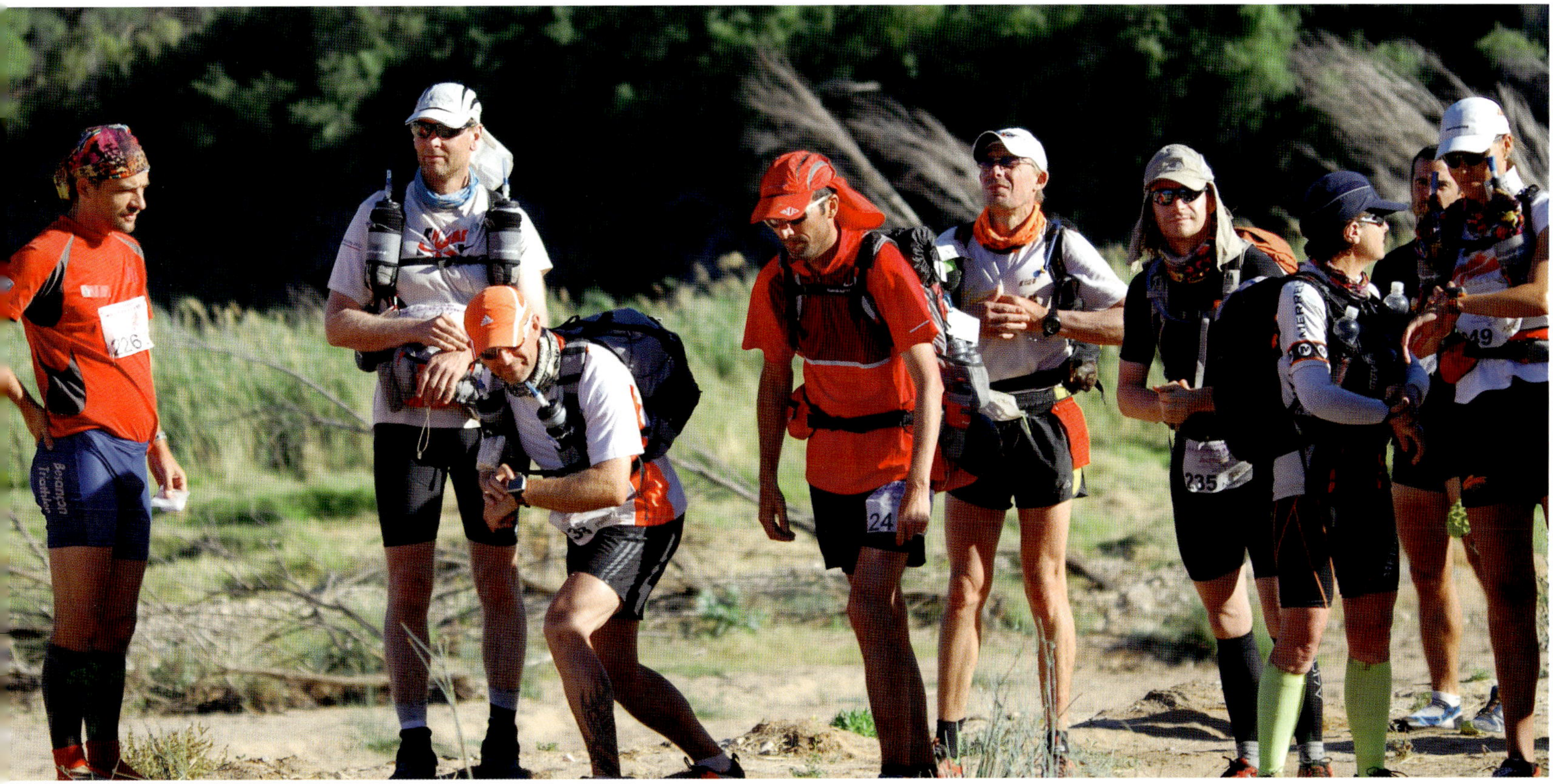

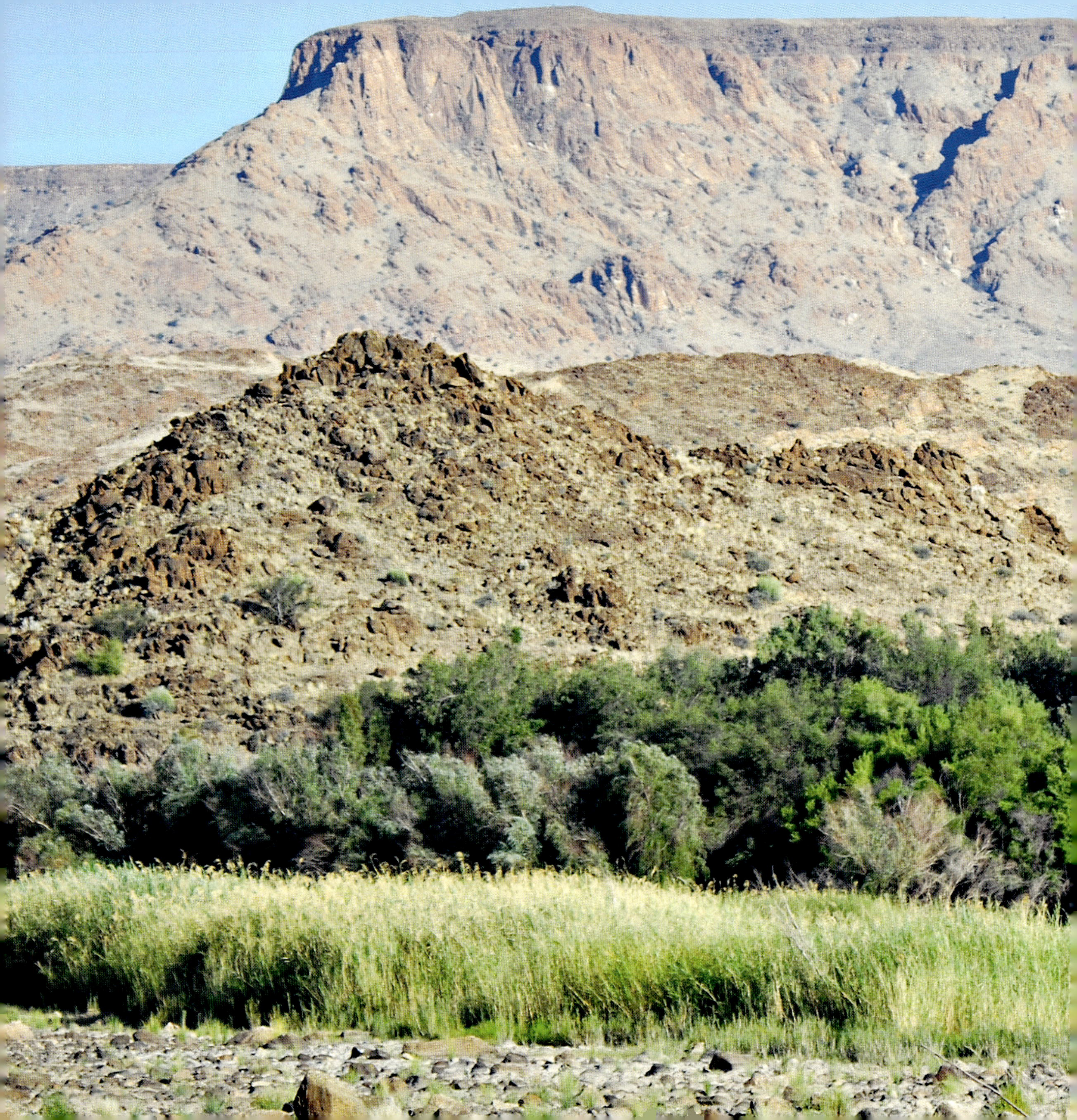

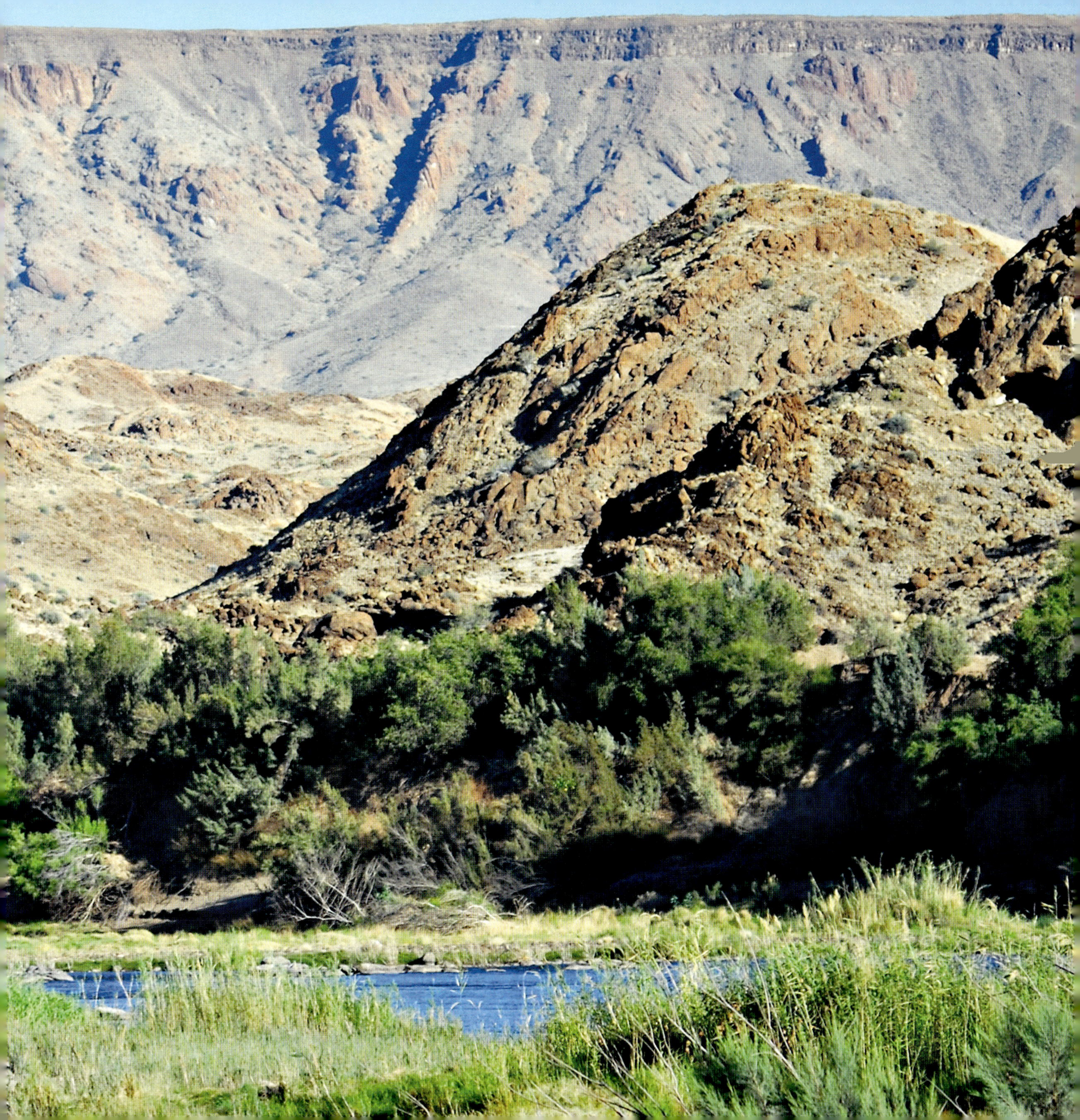

dieser Bereich ist es, der mich immer wieder auf das Neue antreibt ein Abenteuer zu suchen.

Selbstversorger in der Wüste

Vierzehn Stunden später. Ich befinde mich irgendwo in der Wüste. Laufend. Seit dem Startschuss vor einer Stunde fühle ich mich prima. Endlich geht es los. Doch die ersten Kilometer sind seltsam. Nicht unbedingt wegen des hohen Tempos, das die schnellen Läufer vom Start weg vorlegen. Auch nicht wegen der Hitze und der trockenen Luft, die heute Morgen noch erträglich sind. Nein, mein Rucksack macht mir zu schaffen. Es zieht und zerrt an meinen Schultern. Ich habe zwar viel mit ihm trainiert, aber hier scheint mir das Gewicht noch schwerer auf den Schultern zu liegen. 12,5 Kilogramm wiegt mein Rucksack – inklusive der Wasservorräte. Alles, was in dieser Woche von Bedeutung ist, zieht an meinen Schultern: Nüsse, Magnesiumpulver, Schlafsack, Isomatte, Wechselkleidung, Stirnlampe und eine Auswahl an Fertignahrung. Eine Herausforderung bei diesem Rennen ist sicherlich die Tatsache, dass du deine gesamte Ausrüstung, samt dem Essen, selbst tragen darfst. „Reduce to the max" lautet dabei die Devise. So wenig wie nur irgendwie möglich mitnehmen, aber nichts vergessen. Das Gewicht ist dabei von entscheidender Bedeutung. Jedes Gramm zählt. Die Zahnbürste ist unter dem Kopf abgesägt und das Essen teilweise von der normalen Verpackung in leichtere Tüten umgefüllt. An den Rucksack werde ich mich in den nächsten Tagen immer mehr gewöhnen. Er wird mein bester Freund sein. Vor dem Rennen haben alle Läufer ihre Rucksäcke immer wieder gewogen. Wer hat wohl am wenigsten Gewicht dabei? Der leichteste Rucksack wog sieben, der schwerste 19 Kilogramm. Wo kann ich noch Gewicht einsparen? Auf was kann ich verzichten? Benötige ich tatsächlich drei Paar Socken oder tut es auch ein Paar weniger? Und was ist mit dem Langarmshirt? Brauche ich das wirklich? Unzählige Male habe ich meinen Rucksack zuhause Probe gepackt und jeden Ausrüstungsgegenstand kontrolliert und hinterfragt. Besonderes Augenmerk widmete ich dem Essen. Denn: Du musst deine gesamte Kost für die Woche ebenfalls bei dir tragen. Unzählige Male hat mich mein Rucksack auf meinen langen Trainingsrunden im Nordschwarzwald begleitet. Mir war es in der Vorbereitung wichtig, dass sich vor allem mein Oberkörper an die Belastungen des Rucksacktragens gewöhnt. An eine Trainingseinheit kann ich mich noch sehr gut erinnern. Fünf Wochen vor dem Wüstenlauf lief ich in meiner Heimatstadt Karlsruhe den Baden Marathon mit. Nur zum Training, und zwar mit meinem fast vollgepackten Rucksack, was teilweise zur Belustigung der anderen Läufer führte. „Hast du da

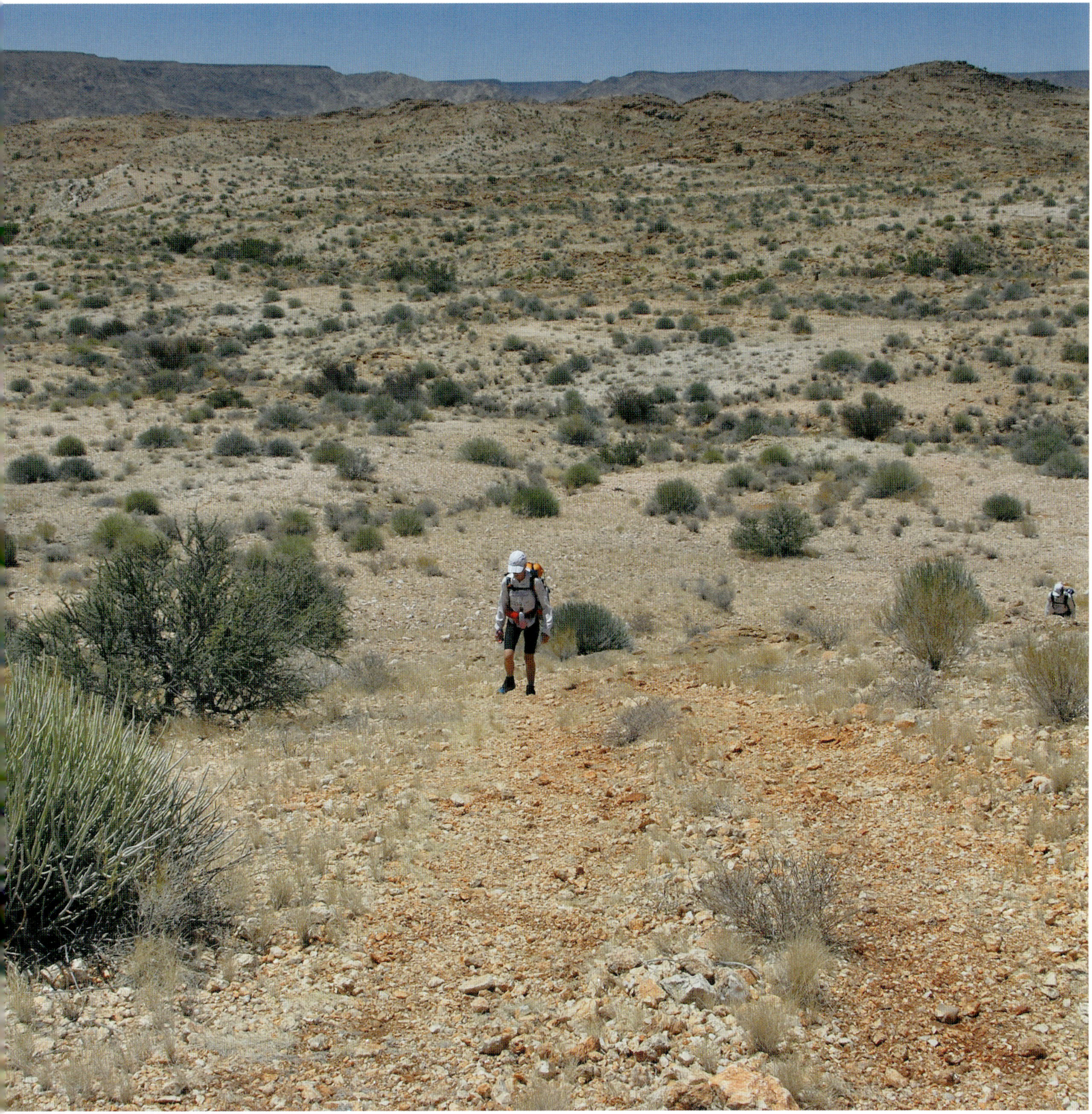

Bier drin?" oder „Reicht dir die Verpflegung hier nicht aus?", waren nur zwei jener Kommentare, die ich mir häufig anhören durfte. Aber wenn du ein großes Ziel hast, lässt sich auch so etwas aushalten.

Mitten in einem riesigen Sandkasten

Es wird wärmer und wärmer. Über 40 Grad werden heute gemessen. Meine gefüllten Flaschen sind schon nach der ersten Stunde des Laufs leer. Der Schweiß kommt aus jeder Pore meines Körpers. Doch Schatten sucht man hier vergebens. Nur ein paar karge Büsche säumen den Weg. Sand, Schotter und lose Steine dominieren den Untergrund. Es geht immer leicht auf und ab, vorbei an tiefen Schluchten und beeindruckenden Felsformationen. Dann kann ich wieder die grenzenlose Weite der Kalahari ausmachen. Doch was ist das denn? Sand, Sand und nochmals Sand. Eines von zahlreichen Flussbetten dürfen wir passieren. Diese sind besonders kräftezehrend. Als würdest du durch einen riesigen Sandkasten waten. Bei jedem Schritt sinken deine Füße bis zu den Knöcheln ein. Sich schnell vorwärtszubewegen ist auf diesem Terrain enorm anstrengend. Vom Laufen wechsle ich ins Gehtempo. Die folgenden Kilometer ziehen sich gewaltig. Nur sehr langsam komme ich voran – 9:30 Minuten auf den Kilometer.

Abenteuer Wüstencamp

Nach 30 Kilometern ist die erste Etappe beendet. Zum ersten Mal betrete ich unser neues Zuhause. Ein riesiges Zelt ohne Außenwände. Hier ist Platz für gut 50 Läuferinnen und Läufer. Ruhe und Zeit für dich kannst du dir in den nächsten Tagen abschminken. Du lebst in dieser Woche mit Menschen auf engstem Raum zusammen, die du zuvor noch nie gesehen hast. Nur mit dem Notwendigsten ausgestattet. Komfort wie ein weiches Bett, bequeme Matratzen oder eine Dusche suchst du vergebens. Dafür lernst du die Menschen so kennen, wie sie wirklich sind. Keiner kann sich mehr hinter seiner Fassade verstecken. Jeder ist irgendwann in dieser Woche an seiner Grenze, ist höflich oder auch nicht, verhält sich wie ein Idiot oder wie ein feiner Kerl. Du tauschst bei diesem Rennen deinen Alltag für eine Woche gegen ein Abenteuer ein. Der volle Kühlschrank wird zum 30-Liter-Rucksack, die 100-Quadratmeter-Wohnung zum Zelt, dein Bett zur Isomatte und die Wohnzimmerleuchte zur Stirnlampe.

Etappenlauf in Eigenversorgung, so steht es auf der Website des Veranstalters. Das bedeutet im Klartext: Unterwegs und im Ziel gibt es keine Cola, keine Riegel, keinen Kuchen. Nichts. Nur Wasser darf man an den Checkpoints, die alle fünf bis acht Kilometer kommen, und im Ziel entgegennehmen. Dieses ist jedoch sehr genau

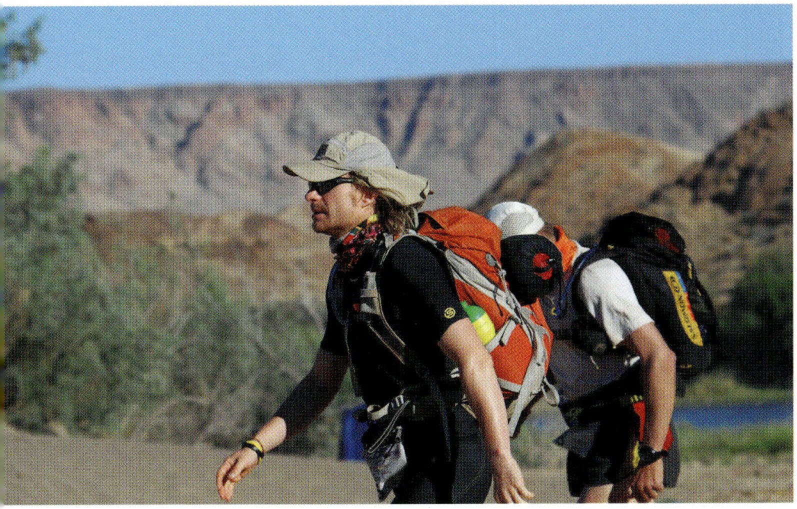

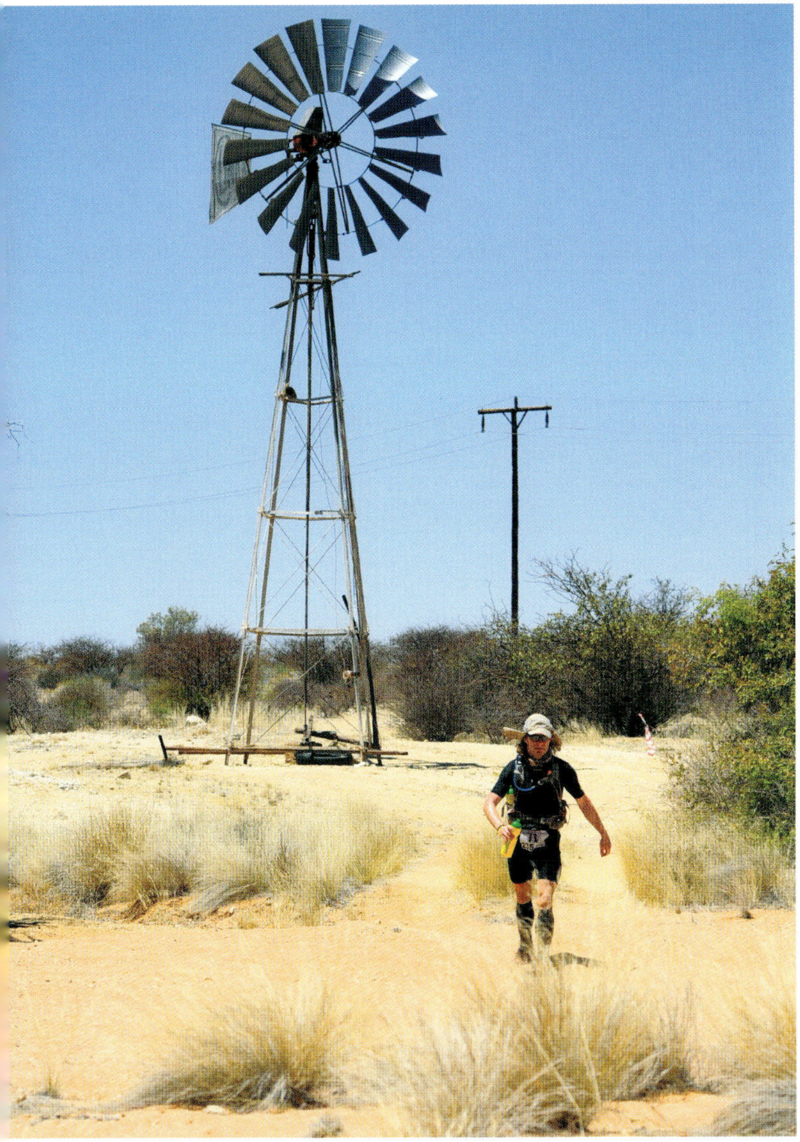

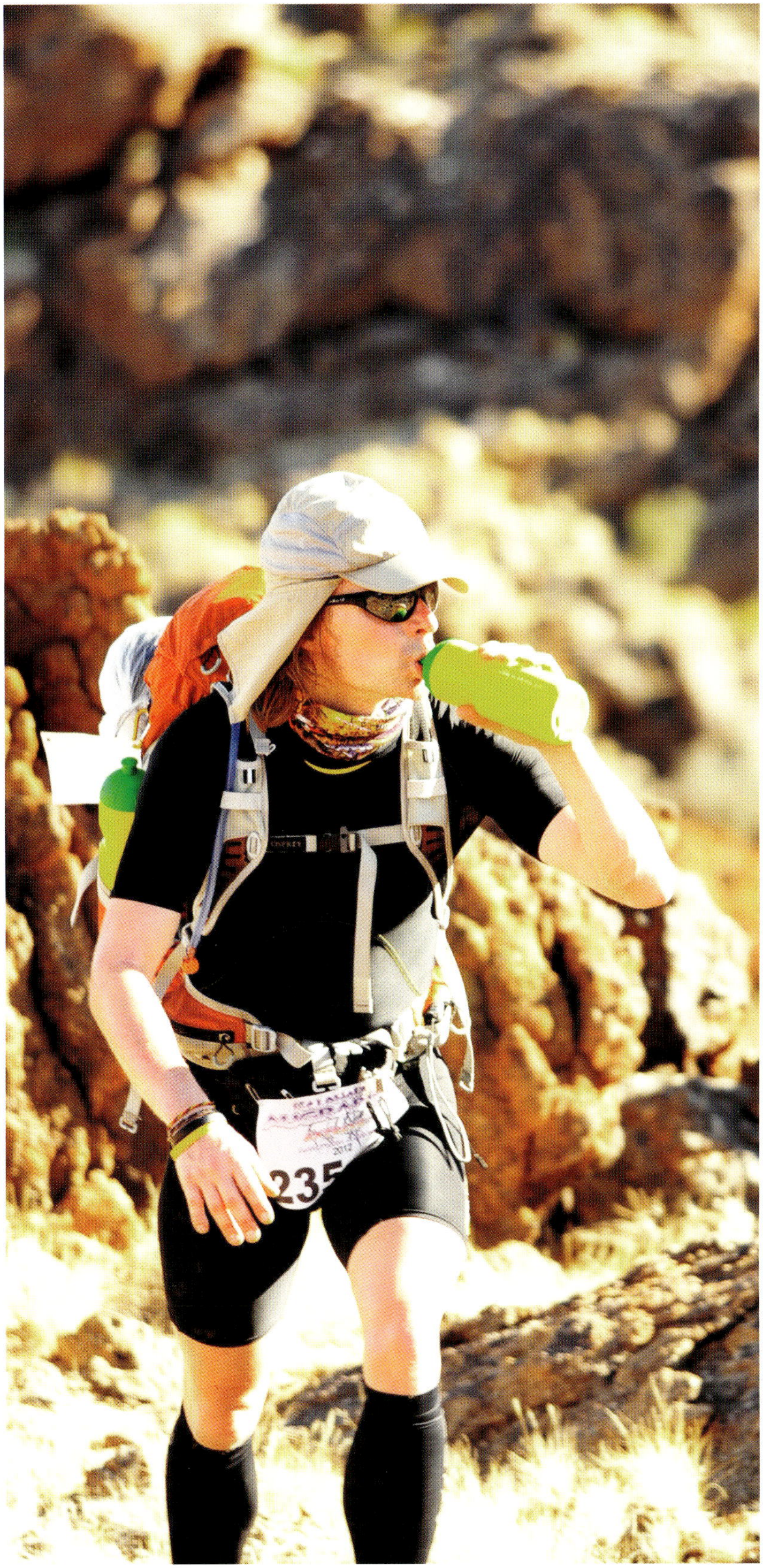
235

portioniert. 1,5 Liter erhält man an den Verpflegungspunkten und fünf Liter bekommt jeder Läufer im Camp nach der Etappe. Das bedeutet: gut haushalten. Der Wasservorrat muss dabei auch mit der täglichen Körperpflege in Einklang gebracht werden. Dabei gilt: Trinkbedürfnis vor Hygiene. Die Prioritäten sind in diesen Tagen ganz klar gesetzt. Am Abend kocht sich jeder seine Mahlzeit selbst. Vom Kartoffeltopf über die indische Nudelpfanne bis zu Chili con carne gibt es eine breite Vielfalt an kulinarischen Köstlichkeiten. Als Fertignahrung oder in Pulverform wohlgemerkt. Meine Wahl fällt heute auf Spaghetti Bolognese. Fast mechanisch schaufle ich die Nudeln in meinen Mund. Auf das Geschmackserlebnis kommt es dabei weniger an. Dieses rückt in der Woche definitiv in den Hintergrund. Vielmehr ist die aufgenommene Energiemenge entscheidend. Mindestens 2.000 Kalorien pro Tag empfiehlt der Veranstalter. Das stellt das absolute Minimum dar. Ich habe für diese sieben Tage fast 24.000 Kalorien dabei. Und ich werde jede einzelne brauchen. Als kulinarischen Höhepunkt nach meinen Spaghetti gönne ich mir am Abend ein Stück von meinem Parmesan. Ein absoluter Luxus hier in der Wüste! Der Käse schmeckt köstlich, gibt mir Energie und macht satt. Der Gedanke, sich abends mit solch einer besonderen Leckerei belohnen zu können, hat mir heute während der Etappe wahrhaft Flügel verliehen.

Schlaflos in der Wüste

Die Nacht ist schrecklich für mich. Ich kann nicht einschlafen. Auf meiner Isomatte drehe ich mich von links nach rechts. Und dann wieder von rechts nach links. Den Reißverschluss meines Schlafsacks ziehe ich herunter. Die Nacht ist mild, zweistellige Plusgrade begleiten uns. Immer wieder nicke ich für ein paar Minuten weg, um gleich wieder hellwach zu sein. Mal ist es ein Rascheln in den Büschen, das mich aufschrecken lässt, dann wieder der sanfte Wind, der über das Zelt weht. Und schließlich hält mich das Schnarchen eines Mitläufers vom Schlafen ab. Trotz Ohrenstöpsel nehme ich den Laut wahr. Das Tröten eines Elefanten ist leise dagegen. Dabei bin ich hundemüde und müsste eigentlich von alleine wegnicken. Was soll ich tun? Schafe zählen? Das passt irgendwie nicht in die Wüste. Ich denke an die heutige Etappe und wie wohl die nächsten Tage verlaufen werden. Irgendwann schlafe ich dann ein.

Wüstenlauf – Prachtkerl und Fiesling

Wer auf der ersten Etappe Schwierigkeiten hatte, der wird heute so richtig Probleme bekommen. Denn die zweite Etappe ist mit 38 Kilometern noch ein wenig länger als die gestrige. Gleich zu Beginn geht es steil hinauf. Über

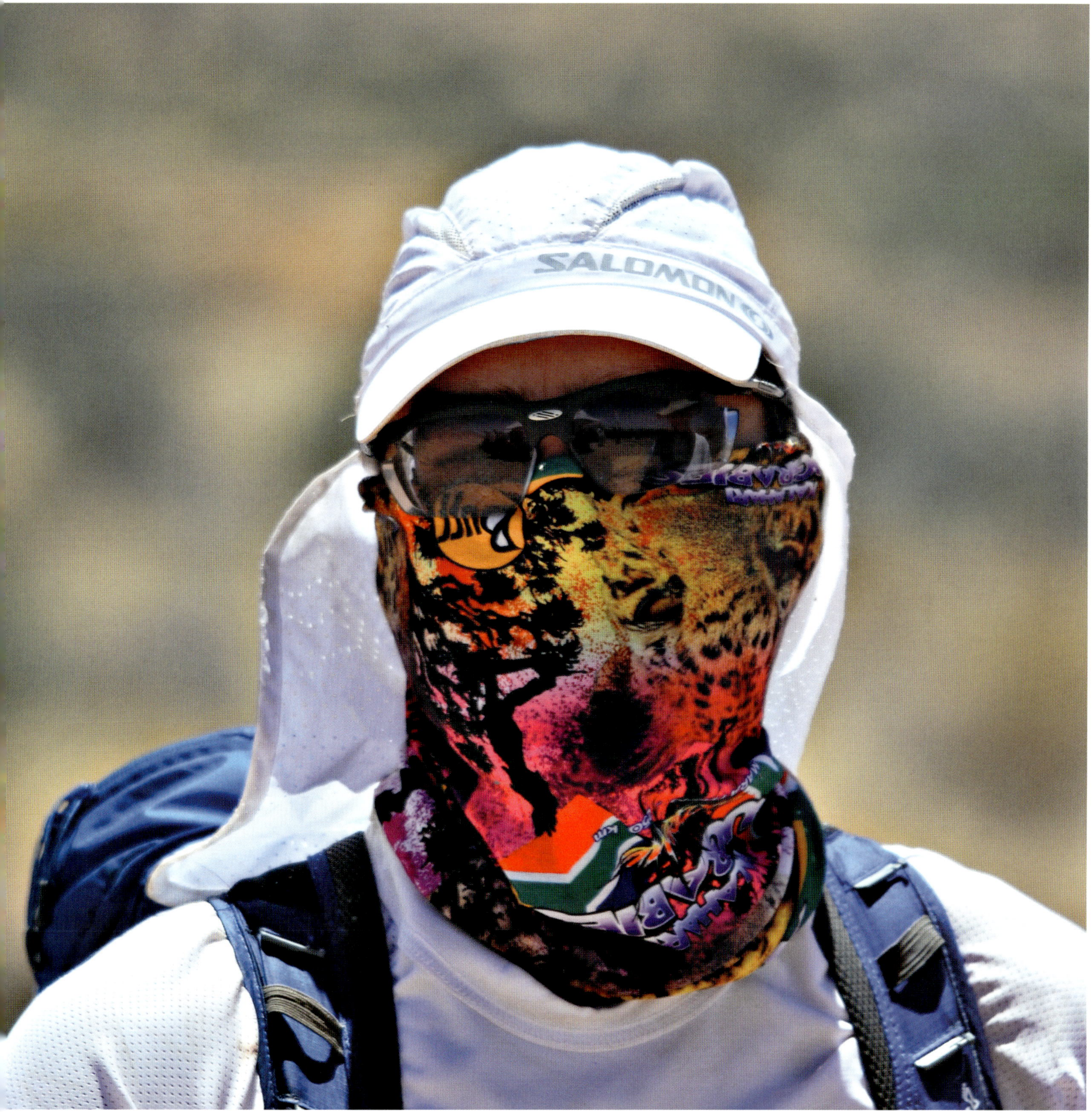
SALOMON

lose Steine und kantige Felsen führt der Pfad fast senkrecht aufwärts. Das habe ich bei einem Wüstenlauf nicht erwartet. In der Vorbereitung habe ich mich eingehend mit der Strecke und dem Profil des Rennens beschäftigt. Ich habe mir Bilder vom Lauf aus den Vorjahren besorgt, Erfahrungsberichte von anderen Läufern gelesen und habe mir immer wieder vorgestellt, wie ich diesen Lauf erfolgreich beenden werde. Ich habe gewusst, was mich in der Kalahari ungefähr erwarten und auf was ich mich einlassen würde. Doch Training und Wettkampf sind bekanntlich nicht dasselbe. Mein Puls rast, meine Lungen brennen, der Schweiß läuft. Ich bin nach gut zwei Kilometern schon außer Atem. Allerdings nicht nur aufgrund des steilen Aufstiegs, sondern auch wegen des sagenhaften Ausblicks, den man von hier oben genießen darf. Eindrucksvolle Felsformationen, gewaltige Schluchten und die Weite der Wüste mache ich aus.

Die Kalahari ist flächenmäßig betrachtet riesig. Sie erstreckt sich von der Nördlichen Kapprovinz in Südafrika durch Namibia und Botswana hindurch bis nach Angola und Sambia hinein über eine Fläche von mehr als 1,2 Millionen Quadratkilometer. Doch an diese gewaltigen Dimensionen verschwende ich keine Gedanken. Vielmehr beschäftigt mich mein Flüssigkeitshaushalt. Mein Durstgefühl nimmt zu. Meine Kehle fühlt sich an, als ob sie bei jedem Atemzug zusammenkleben möchte. Ich muss mehr trinken. Zwei Dinge entscheiden ganz wesentlich darüber, ob du bei diesem Rennen durchkommst, hat Estienne, der Organisator des Rennens, beim Briefing gesagt: dein Trink- und Essensmanagement. Das kommt mir jetzt in den Sinn. Ich schwitze wie ein Hund. Der Rucksack klebt an meinem Rücken. Dabei ist es erst kurz nach acht Uhr und das Thermometer zeigt für die Kalahari Wüste bescheidene 30 Grad an. Nicht zu dehydrieren ist bei solch einem Wüstenlauf eine große Herausforderung. Deshalb habe ich drei Trinkbehälter dabei. Zwei Flaschen à 800 Milliliter und eine Trinkblase, die für maximal 1,5 Liter Flüssigkeit Platz bietet. In die Blase fülle ich Wasser. Die Flaschen habe ich für Elektrolytgetränke- beziehungsweise für Salztabletten vorgesehen. Glücklicherweise kommt wenig später der erste Checkpoint. Für diese ersten 2,5 Kilometer habe ich fast 45 Minuten benötigt. Fünf Läuferinnen und Läufer werden heute ausscheiden. Vor allem wegen der Hitze. Brutale 46 Grad sollen heute an einem der Verpflegungspunkte gemessen werden. Doch das macht auch die Faszination dieses Wüstenlaufs aus. Auch deswegen habe ich mich für den Kalahari Augrabies Extreme Marathon entschieden. Meine Ziele wähle ich nach gewissen Kriterien aus. Die sportlichen Fakten wie die Distanz und die Anzahl an Höhenmetern spielen wesentliche Rollen. Aber auch die äußeren Rahmenbedin-

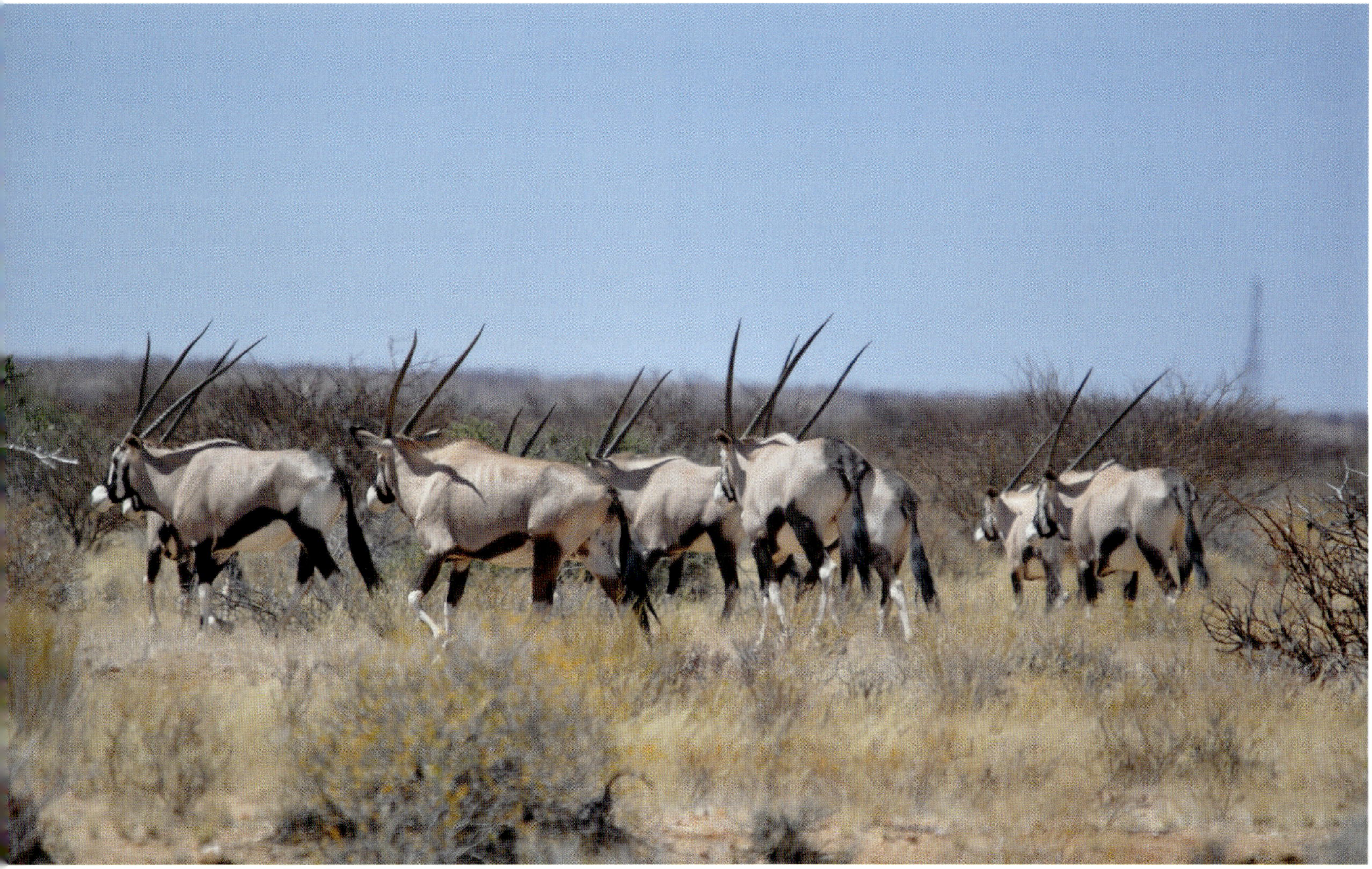
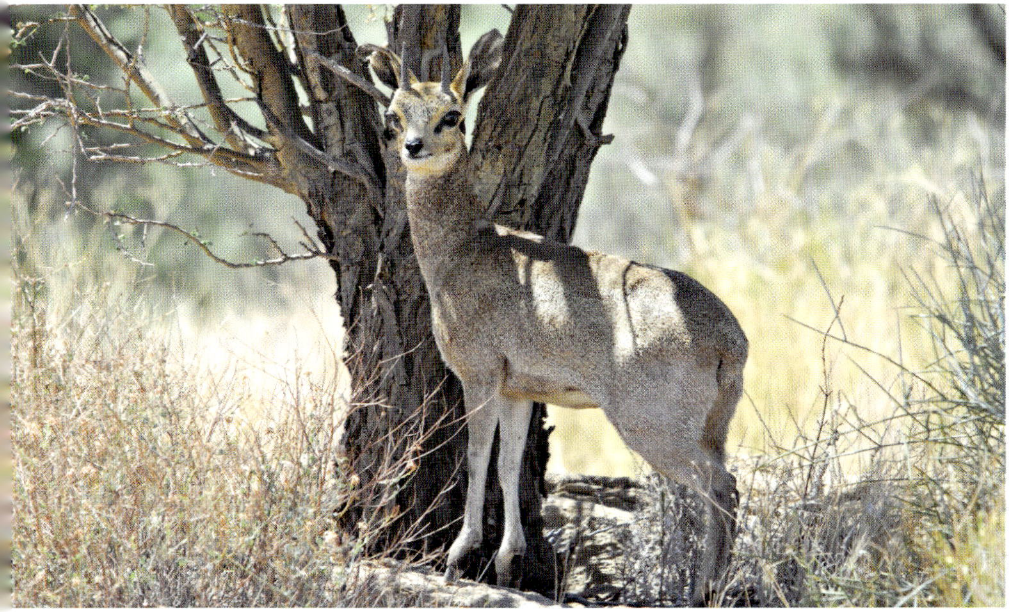
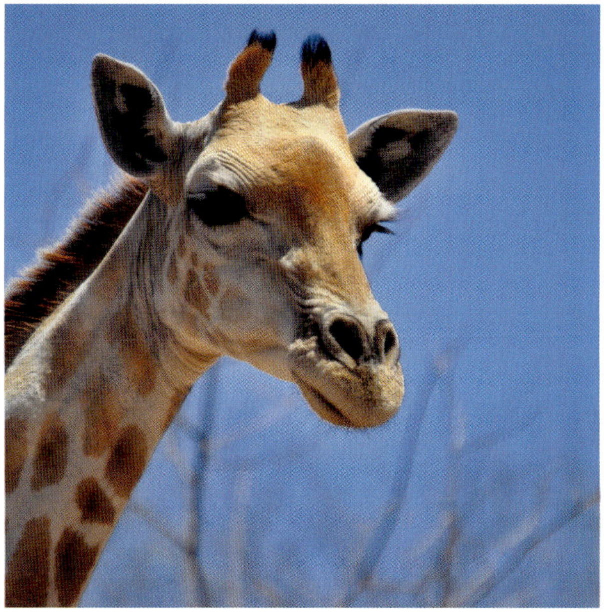

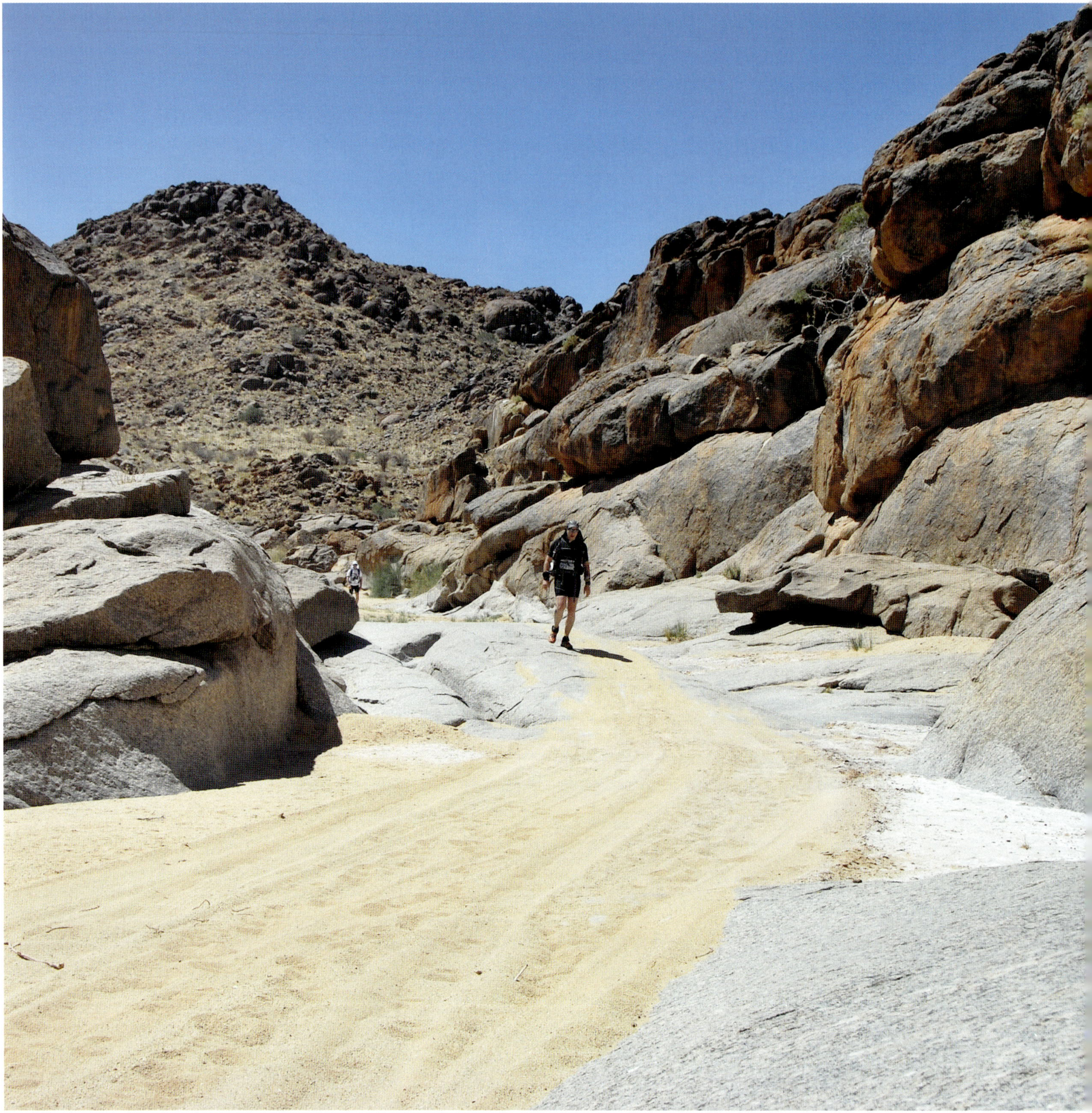

gungen wie Hitze, Kälte und Höhe sind für mich wichtig. Und ich mag die Hitze. Ich mag die Sonne. Bei mir zuhause im Nordschwarzwald soll es gestern geschneit haben. Unvorstellbar! Ich versuche mir die weißen Schneeflocken, den Raureif an den Sträuchern und den kalten Atem vorzustellen. Das gelingt mir hier in der Wüste nur bedingt. Auuh! Ein scharfer Dornbusch, den ich streife, reißt mich aus meinen Gedanken. Eine kleine Wunde an meinem linken Arm tut sich auf. Glücklicherweise erreiche ich wenig später das Etappenziel und das Camp. Gut sieben Stunden habe ich für Etappe 2 benötigt.

Das Leben kann so einfach sein

Mein tägliches Ritual nach der Ankunft im Ziel: den 5-Liter-Eimer Wasser, den jeder Läufer bekommt, in Empfang nehmen. Dann trinken, essen, ausruhen, trinken, essen, ausruhen. Es ist alles so einfach hier. Die Komplexität des Alltags hat sich enorm vereinfacht: laufen, essen, schlafen. So überschaubar ist das. In jedem Etappenziel stehen ein Medizinzelt und ein kompetentes Ärzteteam den Läufern bis in den Abend zur Verfügung. Ob Blasen, Kreislaufprobleme oder muskuläre Beschwerden – im Zelt herrscht meistens Hochbetrieb. Clint, ein sympathischer Südafrikaner, sitzt im Zelt und bekommt eine Kochsalzlösung in den Arm. Die sengende Hitze hat ihm heute stark zugesetzt. Sein Gesicht ist blass und seine Motivation zu kommunizieren geht gegen null. Doch ein paar Minuten später kehren seine Lebensgeister wieder zurück. So eine Infusion bringt den Kreislauf gleich wieder in Schwung, weil dem Körper Flüssigkeit zugeführt wird und der Blutzuckerspiegel sofort steigt. Als ich Clinton so sitzen sehe, kommen mir sofort wieder Bilder vom Jungle Marathon in den Sinn, bei dem ich ebenfalls mehrere solcher Infusionen erhalten hatte. Eine Gänsehaut läuft mir bei diesem Gedanken den Rücken hinunter.

„Wollen wir heute zusammen etwas kochen?", fragt mich Brigid. Sie ist mit mir die zweite Deutsche bei diesem Rennen. Wir haben uns vor dem Lauf am Frankfurter Flughafen zum ersten Mal gesehen. Ihr Werdegang beeindruckt mich. Als alleinerziehende Mutter von zwei Kindern und mit einem Fulltimejob als Übersetzerin schafft sie es mehrmals im Jahr, an anspruchsvollen Läufen in der ganzen Welt teilzunehmen. Während unser Linsentopf vor sich hin köchelt, erzählt sie mir von ihrem Lauf in Laos vor zwei Jahren. Besonders die Freundlichkeit und Herzlichkeit der Menschen haben sie beeindruckt. Als gebürtige Amerikanerin lebt sie nun schon seit fast 25 Jahren in der Nähe von Freiburg im Südschwarzwald. Sie liebt die Natur, das Reisen, die Freiheit, andere Kulturen und Menschen. Auch deswegen verstehen wir uns so gut. Die Zeit im Camp empfinde ich fast so faszinierend wie das Laufen selbst. 45 verschiedene Persönlichkeiten sind hier bei diesem Rennen dabei. Interessante Menschen aus der ganzen Welt. Banker, Landwirte, Dolmetscher, Ärzte oder Feuerwehrmänner. Unterschiedliche Sprachen und verschiedene Kulturkreise haben sich hier versammelt. Um so etwas zu erleben, müsste man normalerweise ins Olympische Dorf gehen. Neben mir liegt heute Brett aus Dallas. Mit seinen kurzen Haaren und seinem schmalen Gesicht erinnert er mich ein wenig an Lance Armstrong. „Did you have a good stage today?", fragt er mich. „Oh yes, I did." Brett ist eigentlich Triathlet. Für ihn ist dieser Wüstenlauf das erste Etappenrennen überhaupt. Er erzählt mir von seinen zwei Töchtern, die er über alles liebt und in diesen Tagen in der Wüste sehr vermisst. Nebenan hat sich Genis seinen Schlafplatz eingerichtet. Genis lebt in Südafrika und arbeitet als Berater in verschiedenen Ländern auf dem afrikanischen Kontinent. Er ist auch für das Weltwirtschaftsforum in Davos tätig und erzählt mir unglaubliche Geschichten aus seinem erfahrungsreichen Leben. Wir reden über Politik, Wirtschaft, das Reisen, das Laufen, ... ja, über Gott und die Welt. Die Menschen sind es, die solch einen Lauf zu einem besonderen Erlebnis machen.

Berglauf in der Wüste

Im Roadbook des Veranstalters, das wir beim Briefing vor dem Rennen bekamen, steht über Etappe drei: „This rocky gorge will require some upward climbing, so please be very careful. If you feel unsafe about climbing, please do this section with somebody." Was wird da wohl kommen? Als ich diese Zeilen zum wiederholten Male lese, schießen mir Gedanken von der „Diagonalen der Verrückten", einem der anspruchsvollsten Ultra-Cross-Rennen der Welt auf der Insel La Réunion, durch den Kopf. Dort war ich im Jahr 2008 dabei. Senkrechte Felswände, steinige Lavawüsten und dichte Dschungelpfade stellten nur einige Hindernisse bei diesem Rennen dar. Doch im Vergleich mit den extremen Kletterpassagen auf der Vulkaninsel im Pazifischen Ozean ist die Kletterpartie hier in der Wüste noch überschaubar.

Aus einem Flussbett geht es über riesige Felsen nach oben. An Seilen, die uns die Streckenposten herunterreichen, ziehe ich mich hoch. 500 Meter. Kurz, aber knackig. Die Streckenposten helfen uns diese steile Passage zu meistern. Oben erstmal kurz durchschnaufen, dann geht es weiter. Wieder mal durch Sand. Der feinpulverige, rote Sand wird in dieser Woche zu deinem ständigen Begleiter. Die jeweiligen Kilometer ziehen sich so gewaltig in die Länge.

Warum laufe ich hier überhaupt? Diese Frage kommt mir immer wieder in den Sinn. Ich habe sie schon zuhause vor dem Rennen wiederholt beantwortet. Plausible Gründe und klare Motive – das ist es, was ich in meiner Saisonplanung

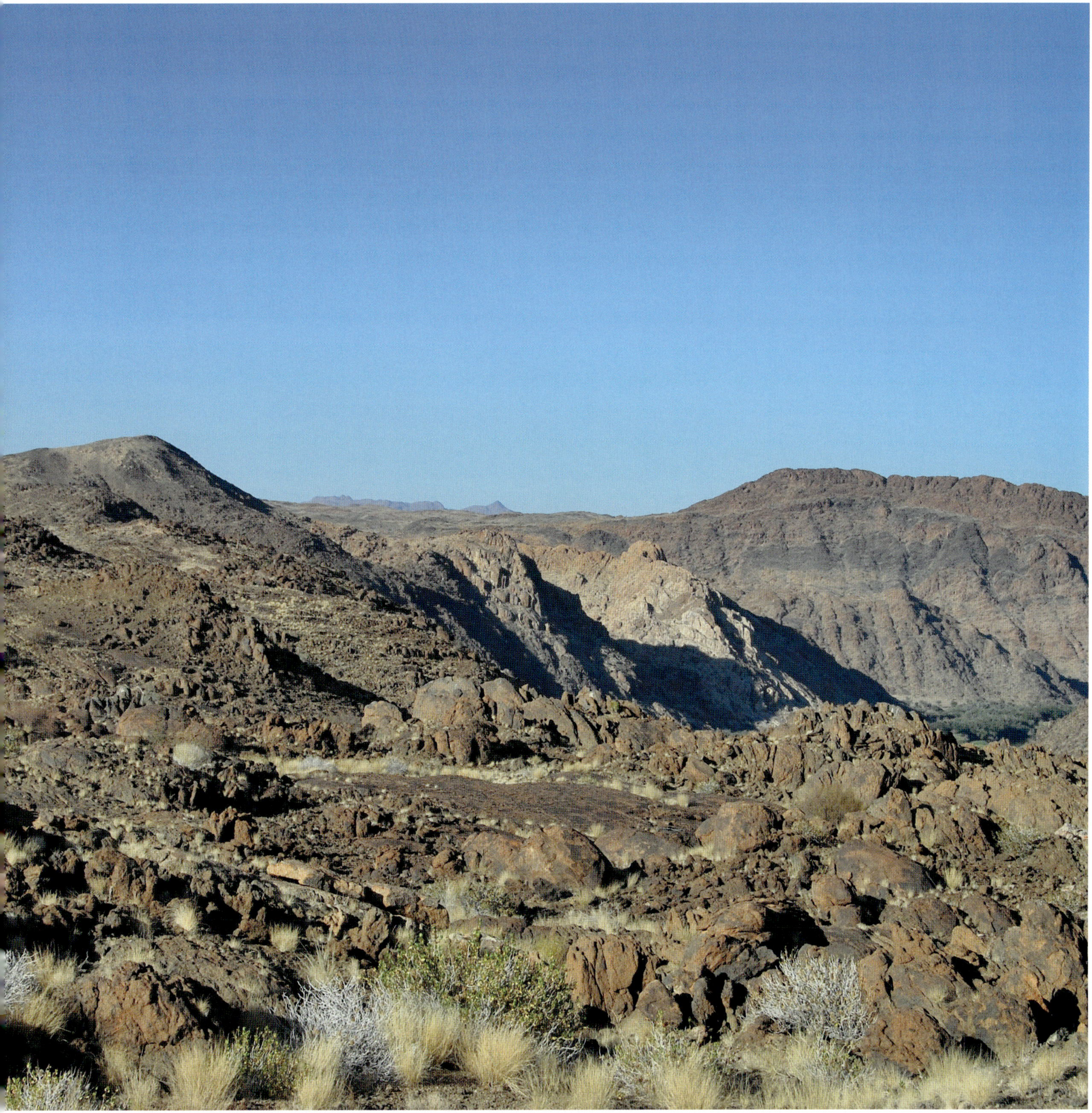

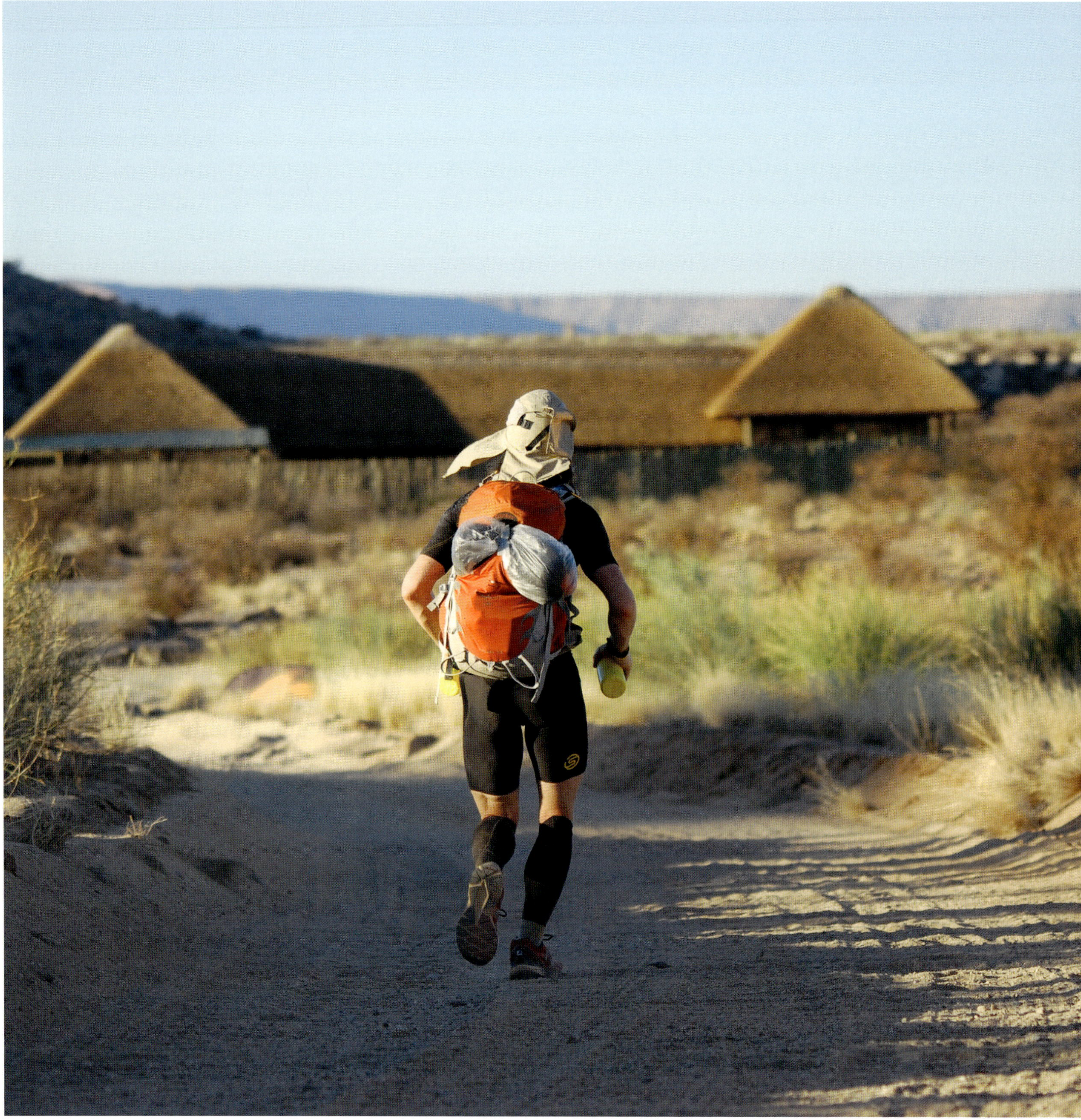

und bei einem Ziel suche. Für mich muss ein Rennen stets einen Sinn, einen Grund haben. Es geht nicht nur um „höher, schneller, weiter". Immer mehr Kilometer und Höhenmeter aneinanderzureihen. Klar könnte ich auch 250 Kilometer an einer befahrenen Straße durch China laufen. Oder sogar 600 Kilometer, irgendwo von A nach B. Doch das ist nicht dasselbe. Denn dann fehlt dem Ganzen eben dieser Sinn, dieser Grund zu laufen. Bei dem Rennen um Superlative kannst du nur verlieren. Ein gutes Rennen braucht mehr als nur die schiere Anzahl an Kilometern und Höhenmetern, um interessant zu sein. Zum Beispiel eine ansprechende Kulisse. Bei diesem Abenteuer habe ich diese: Imposante, hochwachsende Akazienbäume, unzählige Wüstengräser und immer wieder die endlos erscheinende Steppe faszinieren mich.

Geist schlägt Körper

Nach fast sechs Stunden habe ich es geschafft und auch die dritte Etappe über dreißig Kilometer erfolgreich beendet. Wir liegen also wieder im Zelt auf unserer Isomatte, darunter der steinige Boden der Wüste, und diskutieren über Gott und die Welt. Mein Zeltnachbar heute: Kian aus Singapur, 34 Jahre alt, Vater von zwei Kindern und fast immer gut drauf. Als ich ihn vor dem Lauf in Johannesburg zum ersten Mal gesehen habe, konnte ich gar nicht glauben, dass er hier mitläuft. Stolze 105 Kilo bringt er auf die Waage, erzählt er mir. Doch er habe durch das Training für diesen Wüstenlauf bereits 20 Kilo abgenommen. Im Vergleich zu den anderen Läufern wirkt er fast wie ein Sumo-Ringer. Mit meinen 66 Kilo komme ich mir wie ein Fliegengewicht dagegen vor. Als er mit seinen kräftigen Oberschenkeln und seinem breiten Gesicht vor mir steht, kann ich mir nicht so recht vorstellen, wie er 250 Kilometer mit vollgepacktem Rucksack in der brutalen Hitze durch die Kalahari laufen wird.

„Wie viele Marathons bist du denn schon gelaufen?", frage ich ihn interessiert. Und er antwortet mir in seinem sehr guten Englisch: „Ich habe noch keinen einzigen Marathon gemacht. Mein längster Wettkampf ging bisher über zehn Kilometer." Bei dieser Antwort wurde ich so richtig neugierig und wollte wissen, wie er denn überhaupt auf die Idee gekommen ist, hier mitzulaufen. Und Kian erzählt mir: „Mein Chef ist begeisterter Läufer und hat mich und drei weitere Kollegen zu diesem Rennen eingeladen. Er hat den Flug, das Startgeld und die Ausrüstung gesponsert." Ich frage ihn weiter: „Warum läufst du hier? Was ist denn dein Motiv?" Bei dieser Frage wird Kian ein wenig nachdenklich und sagt mir: „Mir geht es vor allem um das soziale Projekt, das ich unterstütze. Um die Kinder und die Waisenhäuser. Dafür laufe ich." Was für eine Einstellung! Von der menschlichen Seite her ist es ein absoluter Gewinn, solch einen unglaublich sympathischen Menschen dabei zu haben. Doch rein sportlich betrachtet habe nicht nur ich so meine Bedenken, ob er der Herausforderung Kalahari Augrabies Extreme Marathon auch gewachsen ist. Doch auch wenn Kians längster Wettkampf bisher nur zehn Kilometer lang war, hatte er sich offensichtlich auf den Wüstenlauf sehr gut vorbereitet. Auf den ersten Etappen war er sehr langsam unterwegs und kam fast immer als der letzte Läufer ins Etappenziel, aber er gab nicht auf. Kian besitzt einen unglaublich starken Willen und er kämpfte wie ein Löwe.

Lange Nachtetappe als besondere Herausforderung

Drei Etappen und fast 100 Kilometer liegen bereits hinter uns. Doch morgen geht es richtig zur Sache. 79 Kilometer, die Königsetappe, stehen auf dem Programm. 79 Kilometer durch Hitze, Sand und auch durch die Dunkelheit. Deshalb heißt es jetzt: jede Minute zur Regeneration nutzen und den Energiehaushalt bestmöglich auffüllen. Ein Großteil der Läufer genießt den Luxus einer Massage, andere lassen ihre Füße behandeln. Blasen zählen zu den größten Problemen bei diesem Rennen. Es gibt kaum Läufer, die keine haben. Der Umgang mit Blasen an den Füßen will gelernt sein. Es gibt dabei so viele Therapien wie Läufer. Wer es luxuriös mag, geht am Ende der Tagesetappe zum Medizinzelt und lässt sich ärztlich versorgen. Andere ziehen es vor, Blasen unbehandelt zu lassen. Meine zwei kleinen Blasen an der Ferse steche ich mit einer Sicherheitsnadel auf, drücke sie aus, trockne sie mit einem Taschentuch, desinfiziere sie und lasse sie an der Wüstenluft heilen. Zur Prävention von Blasen helfen sicherlich Gamaschen, um den Sand möglichst lange aus den Schuhen fernzuhalten. Dabei gibt es ganz unterschiedliche Varianten und Möglichkeiten. Kommerzielle Modelle, welche per Klettverschluss an den Schuhsohlen befestigt werden. Andere Läufer schwören auf Damen-Nylonsocken, die über den Laufschuh gestreift werden. Zwar halten diese maximal eine Etappe, sie sind aber federleicht und effektiv. Andere stehen auf Stulpen Marke Eigenbau, mit Sekundenkleber am Rand der Schuhsohle befestigt und mit elastischem Band an Knöchel oder Kniebeuge befestigt. Der Fantasie sind dabei keine Grenzen gesetzt.

Nach einer weiteren unruhigen Nacht steht dann die 79-Kilometer-Etappe an. Da die Leis-

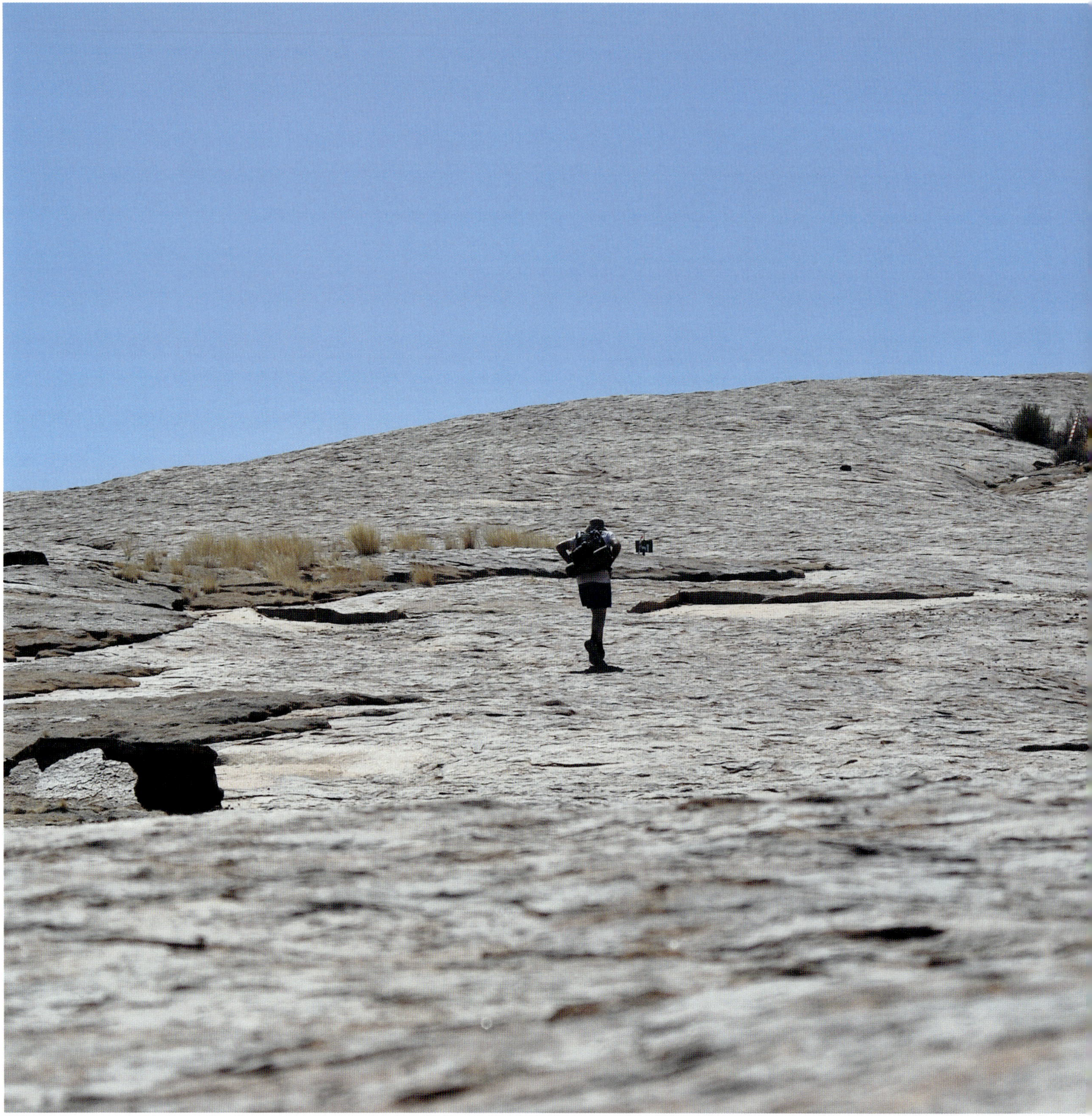

tungsunterschiede unter den Läufern teilweise enorm sind, wird in Blöcken gestartet. Die langsamsten Läufer starten schon um sechs Uhr, die schnellsten um 13 Uhr. So macht sich jede Stunde eine kleine Anzahl an Läufern auf den langen Weg. Auch auf der heutigen Etappe dienen wieder knüppelharte Schotterwege, steile Felsanstiege und kräftezehrende, sandige Flussbetten als Laufuntergrund. Das rötlich schimmernde Gestein und die Weite der Wüste bilden einen atemberaubenden Kontrast zum strahlend blauen Himmel. Keine einzige Wolke bedeckt ihn. Vereinzelte Büsche, die nach Wasser schreien, säumen den Weg. Die Sonne ist wieder da, jedoch weht immer wieder eine leichte Brise. Wo sind denn auf einmal alle hin? Vor und hinter mir ist keine Menschenseele. Niemand. Eine faszinierende und gleichzeitig etwas beängstigende Stille umgibt mich. Ich laufe ganz alleine. Zum ersten Mal bei diesem Rennen. Auf den ersten Etappen befanden sich immer in überschaubarem Abstand vor oder hinter mir Läufer. Doch die Königsetappe hat das Läuferfeld stark auseinandergerissen.

Die ersten drei Etappen bin ich sehr verhalten losgelaufen. Du kannst das Rennen auf den ersten Etappen nicht gewinnen, aber schon alles verlieren, wenn du zu Beginn über deine Verhältnisse läufst. Diesen Gedanken hatte ich ständig im Hinterkopf. Heute wird sich definitiv die Spreu vom Weizen trennen. Heute wird sich zeigen, wie sich jeder das Rennen bisher eingeteilt hat.

Ich fühle mich stark und erhöhe das Tempo. Sechs Minuten auf den Kilometer. So schnell war ich diese Woche noch nicht unterwegs. Das gute Training in den letzten Monaten und die intensive Vorbereitung machen sich jetzt bemerkbar. Fast 40 Kilometer liegen bereits hinter mir. Es ist schon später Nachmittag und die Sonne brennt weiterhin unerbittlich auf den heißen Boden. Sonne, Sand und Staub pur. Ich sehne wieder den Wind herbei. Doch dieses Mal leider vergebens. Glücklicherweise erreiche ich kurze Zeit später den nächsten Verpflegungspunkt.

Eine kleine Farm dient als Basis für diesen Checkpoint. Ich nehme meine 1,5-Liter-Wasserflasche in Empfang und fülle diese in meine Trinkblase. Kurz runterkommen, trinken, essen. Dann geht es wieder weiter. Doch zuvor gönne ich mir noch den Luxus, meine Mütze in den Brunnen zu halten und dann Gesicht und Nacken zu befeuchten. Was für ein Genuss!

Die Sonne ist schon fast weg. Eine kleine rot schimmernde Kugel kann ich am Horizont noch ausmachen. Nur ein paar Minuten später ist es dunkel. Das heißt nicht ganz: Der volle Mond gibt mir Orientierung und sorgt für eine fast mystische Stimmung. Trotzdem setze ich meine Stirnlampe auf, um mich auf dem holprigen und sandigen Weg besser orientieren zu können. Wenn ich meinen Kopf hebe, bietet sich mir ein Panorama, das mich schier aus den Laufschuhen haut. Es funkelt und glänzt am ganzen Himmel. Nichts als Sterne. Ich laufe wie auf Wolke sieben. Alles scheint automatisch zu funktionieren. Die Beine fühlen sich so leicht an. So, als wäre ich gerade erst losgelaufen. Begleitet von den Klängen von Michael Jackson's „Man in the Mirror" laufe ich in eine andere Welt hinein. Ich vergesse den Rucksack, der an meinen Schultern zerrt. Ich nehme die Strapazen der letzten Tage nicht mehr wahr. Ich bin nur im Hier und Jetzt, genieße jeden Meter und fliege förmlich dem Tagesziel entgegen. Um 23:09 Uhr laufe ich über die Ziellinie, 13 Stunden und neun Minuten, nachdem ich gestartet bin. Nur sechs Läufer sind an dem Tag schneller gewesen.

Für die 79-Kilometer-Etappe gibt es kein Zeitlimit. Wer die Strecke an einem Tag schafft, hat einen Tag Pause. Hylton Dunn, der Führende in der Gesamtwertung, beendet diese Etappe als Erster in unglaublichen acht Stunden und zwölf Minuten. Als Kian als letzter Läufer fast einen ganzen Tag später über die Ziellinie läuft, stoppt die Uhr bei 26 Stunden und 26 Minuten. Es war ein bewegender Moment, als er ins Ziel kam. Fast alle Läufer liefen oder humpelten zur Ziellinie, um ihn mit großem Applaus auf seinen letzten Metern anzufeuern. Ein sehr emotionaler Augenblick!

Bewegender Zieleinlauf

Nach dem Bewältigen der Königsetappe steht nun die Marathonetappe an. Genauer gesagt sind es 44 Kilometer. Diese fünfte Etappe wird uns nochmals alles abverlangen. Doch Bedenken, es zu schaffen, hat fast niemand mehr. Das Finishen der 79-Kilometer-Etappe hat definitiv viel Kraft gekostet, aber gleichzeitig dem Ego grenzenlose Power verliehen. Wieder mal bin ich erstaunt, wie schnell der Körper fähig ist zu regenerieren. Ich fühle mich prächtig. Mein Kopf ist frei. Die Vorfreude auf das Ziel nimmt immer mehr zu. Auch mein Rucksack wird immer leichter. Von den anfangs gut zwölf Kilogramm sind schätzungsweise fünf bis sechs übriggeblieben. Was für eine Wohltat! Leicht und beschwingt laufe ich dann auch. Immer wieder geht es ein wenig bergauf und bergab, über Stock und Stein. Mich zieht es ins Ziel. Als Gesamtsiebter beende ich die heutige Etappe im Bewusstsein, den Kalahari Augrabies Extreme Marathon erfolgreich zu beenden. Die morgige finale Etappe über 24 Kilometer macht keinem mehr Angst. Und so ist es dann auch. Die Vorfreude auf das große Ziel lässt mich noch einmal die letzten Kraftreserven mobilisieren. Ich fliege förmlich ins Ziel. Du hast immer im Hinterkopf, dass es nach der heutigen Etappe keine weitere mehr gibt. Also: Du kannst jetzt nochmals alles geben und dann deinem Körper die verdiente Auszeit gönnen.

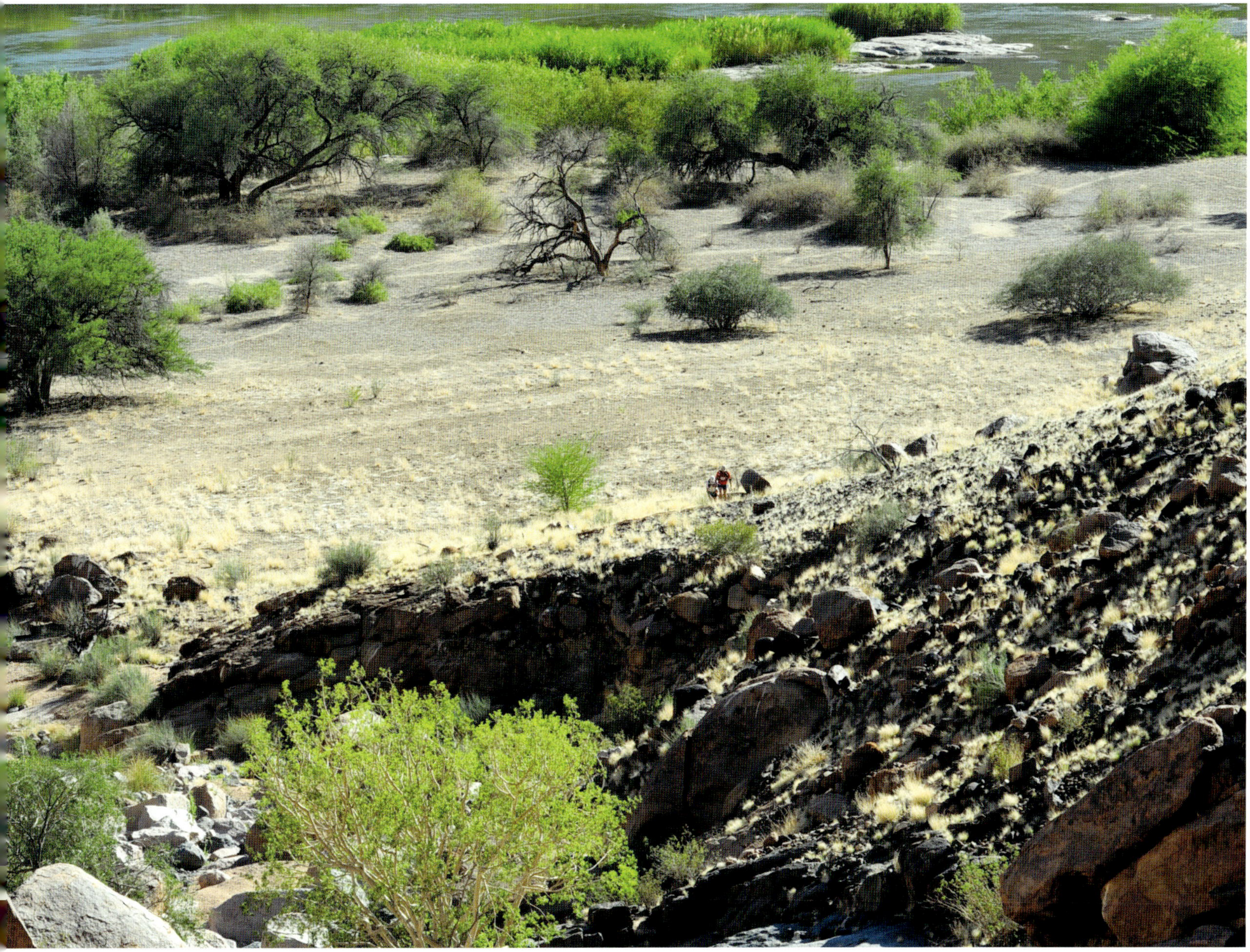

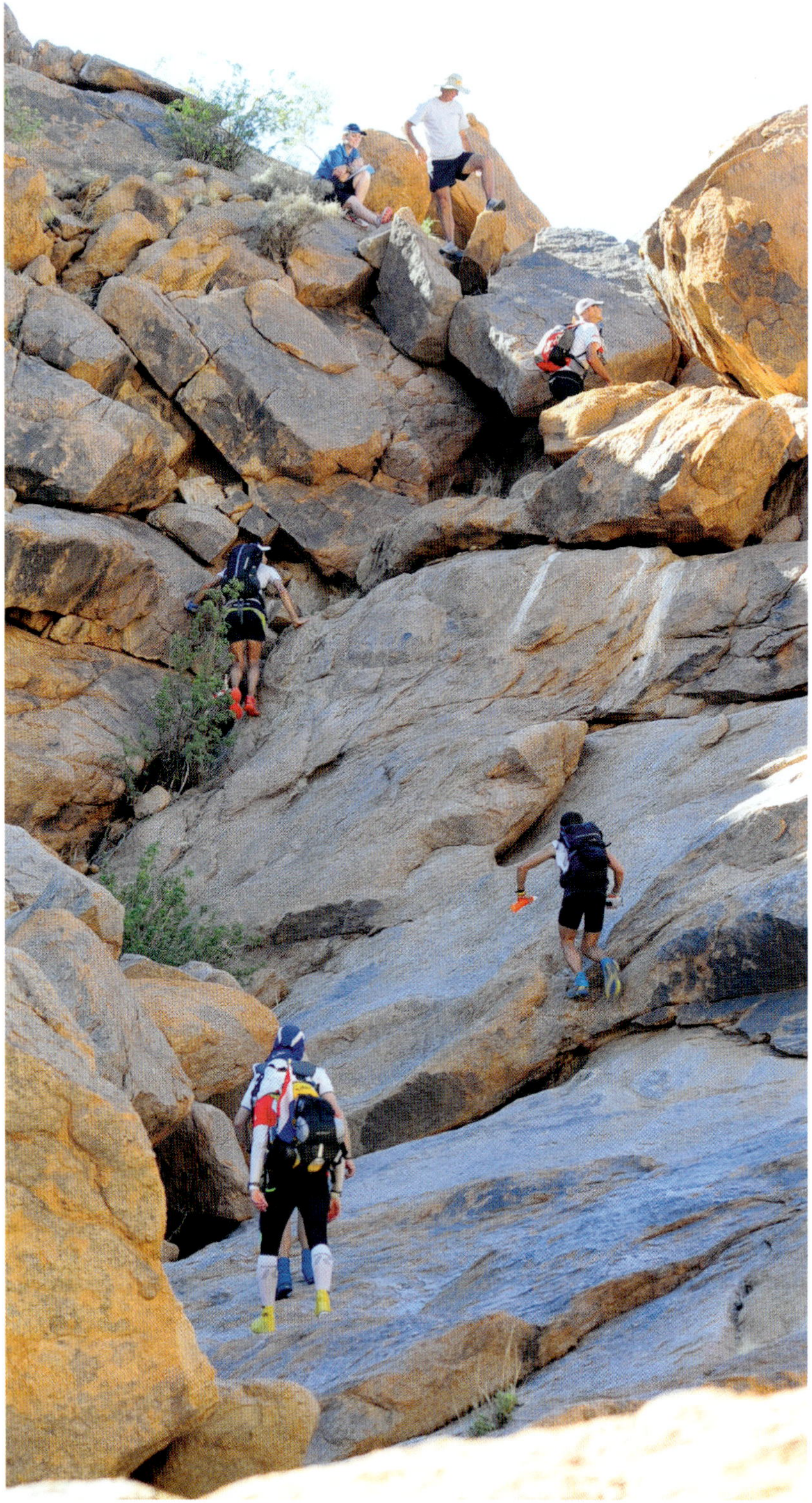

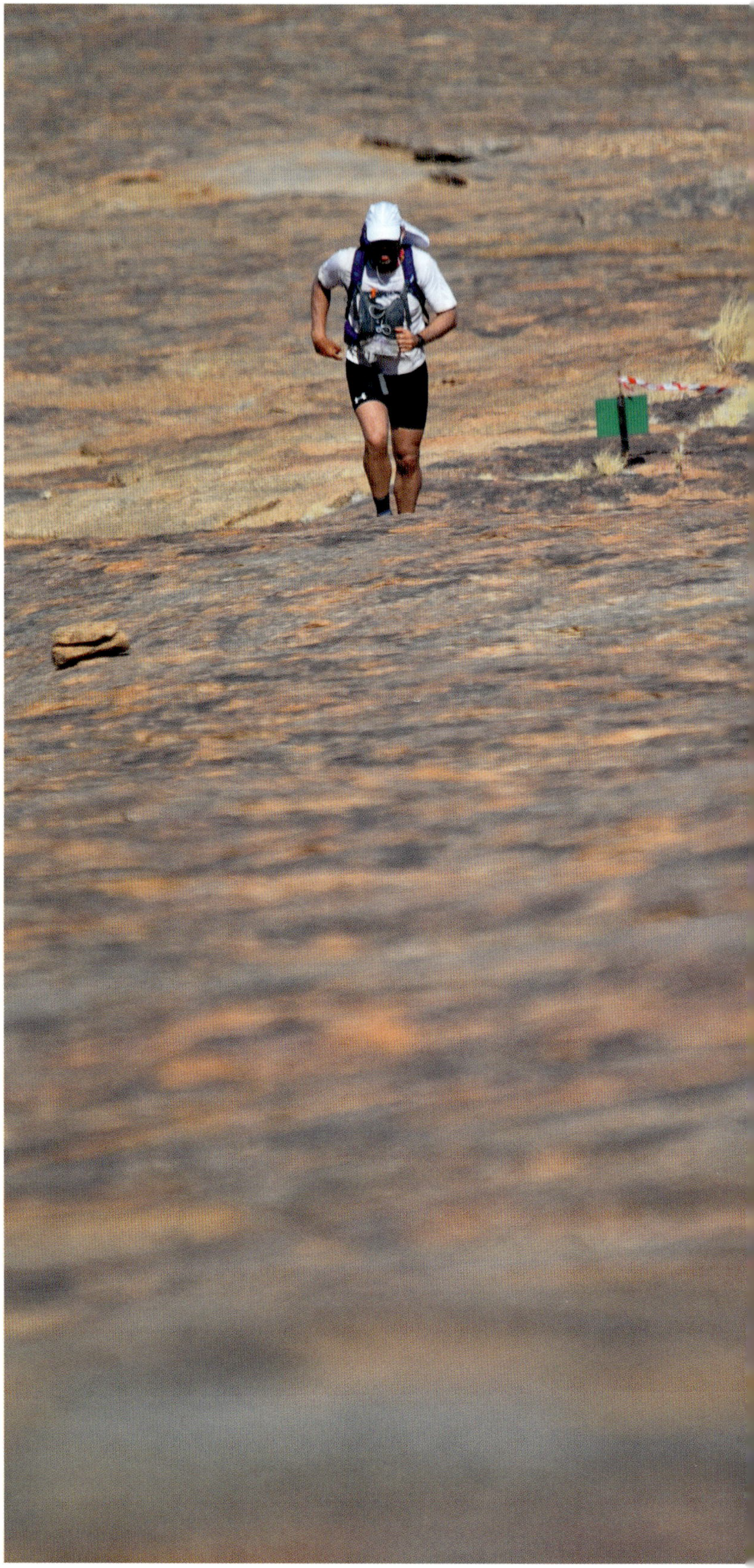

Die letzten Kilometer sind sehr bewegend. Ich erreiche den Augrabies Falls Nationalpark, den Ort, wo vor einer Woche alles begonnen hat. Wie ein kleines Kind kann ich es nicht mehr erwarten, endlich das Ziel zu sehen. Dann die letzten Meter. Yes, ich habe es geschafft!

Freudestrahlend nehme ich die Glückwünsche von Nadia und Estienne, den Organisatoren des Laufs, entgegen. Ein grandioses Lauferlebnis und großartiges Rennen geht damit zu Ende.

Was für ein Genuss! Nach einer Woche Laufen und spartanischer Kost halte ich endlich wieder mal Obst in den Händen. Selten zuvor habe ich einen Apfel so sehr genossen wie hier im Augrabies Falls Nationalpark nach dem Lauf. Ich lasse nochmals meinen Blick über den Park schweifen. Was für eine Woche! Ich habe in den letzten Tagen wieder sehr intensiv gelebt und mein Lebens- und Erfahrungskonto um ein wunderbares Erlebnis bereichert. Mit einem zufriedenen Lächeln schlage ich mein Notizbuch zu und begebe mich in mein Chalet. Die Welt ist einfach schön!

PS: Von den 45 gestarteten Läuferinnen und Läufern kamen am Ende 38 ins Ziel. Darunter auch, und das freute mich ganz besonders: Kian.

Danksagung

An erster Stelle möchte ich mich bei meiner Familie bedanken, insbesondere bei meiner Frau Sabine, die mich in allem unterstützt und mir bei all meinen Reisen immer den Rücken freihält. Auch meine Tochter Marla musste oft auf ihren Papa verzichten. Ihnen widme ich vor allem dieses Buch. Danke für Eure Liebe!

Mein besonderer Dank gilt meinen Eltern Lothar und Helga, die mich in jeder Phase meines Lebens unterstützten und mir immer noch helfen, meine Träume zu leben. Danke für Eure Liebe und Inspiration!

Des Weiteren bedanke ich mich bei meinem Kumpel und Fotografen Christian, der nicht nur die fantastischen Bilder gemacht hat, sondern für mich der beste Reisepartner ist, den ich mir vorstellen kann. Danke für die gemeinsame Zeit und Deine Freundschaft!

Ein wahrer Freund und treuer Begleiter ist auch Heinrich Kürzeder und das gesamte 5 Sterne Team, die meine Vorträge organisieren. Danke für die wunderbare Zusammenarbeit!

Dem Goldegg Verlag, insbesondere Elmar Weixlbaumer und Verena Minoggio-Weixlbaumer, möchte ich ebenfalls einen besonderen Dank aussprechen. Danke für das erneute Vertrauen in mich!

Zudem bedanke ich mich bei Monika Paitl, Nicole Harant, Martin Kerner & alle Basislagerer, Peter Dolderer, Rudolf Scheipers, Ralf Klein, Eberhard Oehler, Ulrich Welzel, Reinhard Ematinger, Klaus Duwe, Jochen Schmitz, Benjamin Opferkuch, Marian Mok, Kevin Beeh, Michael Bätzler, Franz Jakobi, Michael Steinmaier, Ralf Ziebula, Tobias Gritz, Manuel Vogel, Petra Jörger, Christine Porzelt, Ralf Mietzner, Bernd Kamleitner, Johannes Wagner, Teo Jägersberg, Dennis Meckler, Reiner Meutsch, Nicole Köster, Daniel Wieland und all denen, die mich in den letzten Jahren tatkräftig unterstützten und an mich glaubten.